C000271920

COLONISATION

ET

AGRICULTURE

DE L'ALGÉRIE

Par L. MOLL

Professeur au Conservatoire royal des Arts et Métiers,
Membre de la Société royale et centrale d'Agriculture,
Membre correspondant de l'Académie des Sciences de Madrid,
des Sociétés d'Agriculture de Besançon, Colmar, Évreux, Nancy, Nevers, etc.

TOME PREMIER

PARIS

LIBRAIRIE AGRICOLE DE LA MAISON RUSTIQUE

RUE JACOB, N° 26

DANS LES DÉPARTEMENTS

Chez les Libraires et Correspondants du Comptoir central de la Librairie

1845

In the interest of creating a more extensive selection of rare historical book reprints, we have chosen to reproduce this title even though it may possibly have occasional imperfections such as missing and blurred pages, missing text, poor pictures, markings, dark backgrounds and other reproduction issues beyond our control. Because this work is culturally important, we have made it available as a part of our commitment to protecting, preserving and promoting the world's literature. Thank you for your understanding.

COLONISATION

ET

AGRICULTURE

DE L'ALGÉRIE.

S471
A5 M6
v.1

PRÉFACE.

J'avais depuis longtemps le désir de visiter l'Algérie; je le souhaitais d'autant plus qu'aucun agriculteur connu n'avait encore publié son opinion sur notre colonie, où l'agriculture est cependant appelée à jouer un si grand rôle, où seule elle peut trancher les questions si controversées de l'occupation et de la colonisation. Les diverses commissions envoyées successivement en Algérie renfermaient à peu près tous les éléments nécessaires, sauf l'élément agricole; non pas que je veuille refuser aux savants qui s'étaient chargés de cette partie toute connaissance en agriculture, mais aucun n'était agriculteur de profession, aucun n'a pu dès lors envisager cette grande question sous toutes ses faces et dans tout son développement. Et quant à quelques ouvrages spéciaux émanés de colons algériens, outre qu'ils offraient le même défaut, ils avaient, aux yeux du public, le tort d'être l'œuvre de

965

personnes intéressées directement à la conservation
de l'Algérie. On continuait donc à émettre les opinions les plus contradictoires sur tout ce qui concernait l'agriculture de la régence.

M. le maréchal duc de Dalmatie voulut bien m'ai-
der dans mes projets d'exploration, en m'accordant
toutes les facilités nécessaires, et en m'indemnisant
d'une partie de mes frais. C'est ainsi que j'ai pu
passer les mois de juillet, août et septembre 1842 à
parcourir les diverses provinces de l'Algérie; et, grâce
à l'appui de M. le ministre de la guerre, grâce à la
bienveillance que j'ai rencontrée chez les diverses
autorités militaires et civiles, notamment chez M. le
maréchal Bugeaud, chez M. le comte Guyot, directeur
de l'intérieur, chez MM. les généraux Randon, Levas-
seur, etc., etc.; grâce ensuite à la paix qui, à cette
époque, régnait presque partout, je pus visiter et
explorer avec assez de soin non-seulement une partie
des côtes, mais encore beaucoup de points dans l'intérieur. J'ai visité ainsi les environs d'Alger, Blidah,
Coléah, toute la plaine de la Mitidjà, les environs de
la Calle, ceux de Bône, la grande plaine de la Seybouse
à la Maffrag, les montagnes de l'Edough, le lac Fet-
zara, Guelma et Hammam-ès-Koutin, Announa, les

environs de Philippeville, la vallée du Saf-Saf, sur
une grande étendue, Constantine et ses environs,
Dgigelli, Bougie, Mostaganem et leurs alentours,
Oran, Misserghin, les plaines de Tlélat et de Méléta, etc., etc. Partout j'ai pu recueillir des renseignements précieux, soit des colons, soit des militaires
occupés d'agriculture, soit même des indigènes. Ces
renseignements ne se sont pas bornés aux lieux que
j'ai parcourus; j'en ai obtenu sur beaucoup de localités importantes où je n'ai pu aller, et dont j'ai pu
néanmoins me faire une idée assez exacte, en rappro-
chant ces renseignements de ce que j'avais sous les
yeux.

Trois mois sont bien peu pour explorer un pays
comme l'Algérie; mais je crois avoir bien utilisé mon
temps. J'ai été favorisé par les circonstances, et,
comme je l'ai déjà dit, j'ai mis à profit l'expérience
et les études d'un grand nombre de personnes qui ont
longtemps résidé en Algérie. Initié d'ailleurs à l'agriculture du Midi, il ne m'a pas été difficile de me
mettre au courant des circonstances agricoles du pays.

L'ouvrage que je soumets ici au jugement du public
n'est pas, tant s'en faut, une œuvre complète; c'est
un simple essai que l'absence d'ouvrages spéciaux sur

l'agriculture de l'Algérie et sur la colonisation envisagée d'un point de vue agricole m'a seule déterminé à publier. Tout imparfait qu'est cet ouvrage, je crois qu'il aura quelque utilité. D'autres viendront après moi qui en rectifieront les erreurs et en combleront les lacunes.

L. MOLL.

Paris, ce 31 janvier 1845.

AVANT-PROPOS.

Une cause qui n'a pas médiocrement contribué à la mobilité de l'opinion publique sur l'Algérie et à la variation des systèmes qu'on y a suivis, c'est qu'un grand nombre de personnes, placées de manière à exercer de l'influence, y sont venues avec des idées arrêtées et une opinion toute faite. Il arrivait alors ce qui arrive toujours en pareil cas : c'est qu'on ne so donnait plus la peine d'observer, d'approfondir les faits et de remonter des conséquences aux causes.

J'ai cru pouvoir m'expliquer ainsi l'extrême divergence d'opinion que j'avais remarquée sur les mêmes sujets, chez des personnes également bien placées pour voir et connaître l'Afrique.

Frappé des inconvénients de cette manière de procéder, je me suis appliqué à en suivre une tout opposée. J'ai tâché d'oublier tout ce que j'avais lu et entendu concernant l'Afrique, et j'ai réussi à débarquer à Alger complétement exempt d'opinion, laissant aux choses et aux faits le soin de m'en créer une.

Toujours préoccupé de cette crainte des systèmes arrêtés et de leur funeste influence sur l'observation des choses, ce n'est qu'après mon retour en France que j'ai cherché à rassembler mes souvenirs, à coordonner mes impressions, et à classer les faits recueillis de manière à en tirer, comme conséquences, des principes et un système complet.

Peut-être cette manière timide de procéder offre-t-elle des inconvénients? Elle prouve, dans tous les cas, que je suis dépourvu de ce coup d'œil d'aigle, aujourd'hui si fréquent chez nous, et qui permet de trancher les questions les plus complexes à la première vue, et même sans voir ; mais du moins elle m'aura évité, je l'espère, de tomber dans la faute grave que je viens de signaler.

Avant d'aborder les deux sujets principaux de ce rapport, l'*agriculture* et la *colonisation*, j'ai cru devoir exposer mon opinion sur quelques points d'une haute importance et qui se lient intimement à l'avenir, on pourrait dire à l'existence de la colonie.

Il règne en France un tel préjugé contre les agriculteurs, que je crois nécessaire de rappeler ici, aux personnes qui pourraient s'étonner que j'aie osé soulever des questions étrangères à l'industrie rurale, que l'individu qui a cultivé, et surtout cultivé en grand, s'est vu forcé, par cela même, de faire une étude toute spéciale des hommes, de la manière de les diriger, de les stimuler, d'en tirer le meilleur parti possible; et cette étude est d'autant plus fructueuse qu'elle se fait généralement dans des circonstances plus difficiles que celles que rencontrent, dans les autres carrières, les hommes appelés également à exercer le commandement. On a dit qu'une grande ferme était un état en miniature. Cela ne veut pas dire qu'un agriculteur est, par le fait seul de sa profession, un homme politique; mais il est permis de croire que celui qui a dirigé avec succès une grande exploitation, trouvera dans ce tact et ce coup d'œil qu'il a dû acquérir, et dans cette habitude d'observer et de juger ses semblables, de grandes facilités pour l'examen des questions relatives aux hommes et aux circonstances sociales, questions qu'il résoudra parfois avec plus de justesse que le savant qui s'est uniquement occupé de théories et d'abstractions.

Qu'il me soit permis d'ajouter ici qu'ayant été élevé hors de France, et qu'ayant passé une partie de ma vie chez divers peuples étrangers, l'étude que j'ai dû faire du caractère de ces différentes nations m'a été d'un grand secours pour l'étude du caractère arabe. Si je mentionne ce fait, c'est parce qu'un des défauts les plus saillants de notre caractère national, celui qui nous attire, de la part de l'étranger, les plus vifs et les plus justes reproches, c'est précisément cette étrange manie de tout juger au point de vue français. Si nous ne pouvons nous refuser d'admettre en principe qu'il y a des différences de caractère, de tendances, de besoins chez les diverses nations, toujours est-il que d'ordinaire nous en restons, sous ce rapport, à la théorie pure, et que, dans l'application, nous ne paraissons pas soupçonner que le peuple avec lequel nous sommes en relation puisse différer de nous en quoi que ce soit, puisse ne pas trouver bon ce qui nous paraît bon, mauvais ce qui nous paraît mauvais, demande enfin à être étudié, observé avec soin avant que nous adoptions une règle de conduite à son égard. De là ces incroyables méprises commises à toutes les époques de notre histoire, mais surtout sous la république et sous l'empire, et qui contribuèrent si puissamment à la chute de ce dernier gouvernement. En examinant l'histoire de notre occupation en Afrique, on s'aperçoit que ces méprises n'y ont pas été moins fréquentes et moins fâcheuses.

J'ai dit qu'en débarquant en Algérie je n'avais aucune opinion arrêtée sur ce pays. Je dois avouer cependant qu'en présence des sommes énormes que nous a coûtées et que doit encore nous coûter cette conquête, en voyant les routes nombreuses qu'on y exécute, les desséchements qu'on y entreprend, les reboisements mêmes qu'on y essaie, tandis que dans notre vieille France, et faute de fonds, tant de contrées manquent de voies de communication; que plus d'un demi-million d'hectares de marais couvre encore notre territoire, et que d'immenses chaînes de montagnes, aujourd'hui dénuées de bois et même de terre, menacent les plaines et les vallées adjacentes d'une avalanche de galets, et le reste du royaume d'un manque de combustible; en présence, dis-je, de ces témoins vivants de notre pauvreté ou de notre incurie à l'égard du sol natal, comparée à la sollicitude et à la libéralité qu'on déploie pour cette terre d'Afrique, je ne pus me défendre d'un sentiment hostile à l'Algérie. Je n'aurais pas été fâché d'y trouver un sol stérile, un climat affreux, une population indomptable; de pouvoir enfin conclure, avec

des motifs fondés, à l'abandon, ou au moins à l'occupation restreinte. S'il n'en a pas été ainsi, ce n'est
pas ma faute.

Rentré en France depuis deux ans; placé, depuis
cette époque, tout à fait en dehors de la sphère où
pourrait s'exercer l'influence algérienne, je n'en ai
pas moins conservé mes convictions tout entières.
Les arguments plus ou moins spécieux qu'on accu-
mule pour et contre l'Algérie ont cessé d'être présents
à mon esprit; il n'y est plus resté que les grands faits,
les points capitaux : d'un côté, les avantages très
grands qu'offrent le sol, le climat et la position de
l'Algérie à qui saura coloniser ce pays; d'un autre,
les difficultés non moins grandes que doit y rencontrer l'établissement des Européens.

Comme tous les ouvrages qui ont paru sur l'Algérie, celui-ci a précisément pour objet de faire connaître non-seulement les ressources du pays, mais
encore la manière d'en tirer le meilleur parti possible
et les moyens de surmonter les obtacles qui s'y
opposent.

Je sais combien cette prétention de la part d'un
homme qui n'a passé que trois mois en Algérie doit
paraître outrecuidante aux personnes qui habitent ce

pays depuis longtemps ; mais, d'abord, mon livre
s'adresse aussi au public français, qu'il est assez utile
d'éclairer, attendu qu'il a voix prépondérante au chapitre ; ensuite, je ferai remarquer que ce n'est pas un
militaire, un administrateur, un ingénieur qui, après
une courte visite, vient trancher des questions que
les militaires, les administrateurs, les ingénieurs placés sur les lieux n'avaient pas osé résoudre après un
long séjour ; c'est un agriculteur qui, riche de l'expérience acquise par lui dans une contrée rapprochée
de l'Algérie (la Corse), est venu recueillir des faits,
réunir des documents, et a cru pouvoir en déduire
non-seulement un système de culture approprié à
l'Algérie, mais encore les combinaisons qui lui ont
paru les plus propres à favoriser la colonisation.

Qu'il me soit permis d'ajouter, en terminant, que
des personnes complétement étrangères à l'agriculture
ont seules pu émettre l'opinion que l'intelligence des
colons était un guide bien plus sûr que la science
pour la direction à donner aux opérations agricoles.
Si jamais l'utilité d'un traité rationnel d'agriculture
a été évidente, c'est certainement en Algérie, où l'on
voit chaque année tant de cultivateurs européens
épuiser leurs faibles ressources en tâtonnements coû-

teux et en tentatives infructueuses pour appliquer sur cette terre d'Afrique les procédés de culture de leurs localités.

Du reste, homme de pratique, je connais les difficultés de l'exécution, et je crois avoir su, dans tout le cours de cet ouvrage, me garder de ces théories brillantes, mais impraticables, qui ont séduit et séduisent tous les jours tant de têtes ardentes et d'esprits généreux.

COLONISATION

ET

AGRICULTURE
DE L'ALGÉRIE.

PREMIÈRE PARTIE.

DE L'OCCUPATION ET DU GOUVERNEMENT.

CHÁPITRE PREMIER.

Système d'occupation.

Pendant longtemps on a agité en France la question du genre d'occupation. La grande masse de la nation, par des motifs plutôt de sentiment que de calcul, s'est prononcée pour l'occupation étendue. Les événements se sont du reste chargés du soin de trancher la question dans ce sens. Mais, avec la mobilité et l'irréflexion de l'opinion publique en France, il n'y aurait rien d'étonnant à ce que, au moment même où ce système commencera à porter d'heureux fruits, la majorité ne lui devînt aussi hostile qu'elle lui était favorable jusque-là. On me pardonnera donc de dire quelques mots sur ce sujet.

§ 1. Occupation restreinte.

Aucun système ne semblait, au premier abord, plus rationnel, plus avantageux que celui de l'occupation restreinte. Nous nous établissions à Alger, Bône, Oran. Dix mille hommes tout au plus suffisaient pour cette occupation. Ces ports étaient améliorés. On les rendait propres à recevoir des navires de guerre. Nous obtenions ainsi trois stations importantes de l'autre côté de la Méditerranée. Les indigènes, que nous laissions tranquilles possesseurs de leurs terres, de leurs droits, de leur religion et de leurs coutumes, bien loin de nous considérer comme ennemis, voyaient en nous des libérateurs. A l'ombre de la généreuse protection de la France, la nationalité arabe se reconstituait. Les beaux jours de Grenade et de Cordoue allaient reluire par elle sur l'Afrique. Et si, dans le début, le fanatisme l'emportait et parvenait à nous susciter des ennemis, le commerce devait bientôt nous en faire des amis. Les Arabes avaient besoin de nous acheter nos produits comme de nous vendre les leurs. Les avantages qu'ils devaient retirer de ce commerce garantissaient de jour en jour plus solidement la paix. Les manifestations hostiles auxquelles nous devions nous attendre de la part de quelques chefs ambitieux, étaient aussitôt réprimées et contribuaient à rehausser la considération de la France, car une colonne de six mille hommes pénètre partout en Afrique. Les cadeaux, les présents, les subsides, étaient également employés à propos, dans le même but. La civilisation pénétrait ainsi peu à peu et sous toutes les formes jusqu'aux confins du désert, et, dans un avenir plus ou moins rapproché, la France trouvait en Afrique deux ou trois millions de sujets dévoués, mûrs pour une participation entière aux droits et priviléges des citoyens français, et pour une fusion complète avec le reste de la nation.

Je crois que c'est un malheur pour le pays que ces idées n'aient pu se réaliser. Bien des millions eussent été épargnés qui auraient reçu en France une destination plus utile. Mais ce malheur était inévitable. Le système d'occupation restreinte avait contre lui et les circonstances physiques du pays, et surtout la position, le caractère, les idées, les mœurs, l'organisation particulière des habitants.

Peu de mots suffiront, je pense, pour le démontrer à tout homme qui n'a pas déjà un parti pris.

La côte algérienne ne présente, on le sait, aucun bon port. Pour en avoir, il faudra les faire, et les faire à grands frais. Ce sera une nécessité pour tout système d'occupation; mais les avantages purement

ques d'une station dans la Méditerranée ne sau-
ht, je crois, justifier des dépenses aussi considérables. Dans l'état actuel des choses, non-seulement
les navires français ne trouveraient pas en Algérie un
refuge assuré contre l'ennémi ou la mer ; mais, à défaut du premier, la seconde seule suffirait pour amener une interruption de communications entre la
métropole et les points occupés, et compromettre
l'existence des garnisons et de la population de ces
points.

L'espoir que nourrissaient et que nourrissent encore de bons esprits de voir les Arabes se rapprocher
des Français et vivre en paix avec eux, du moment où
ceux-ci se borneraient à l'occupation des villes principales de la côte, ne peut venir que d'une ignorance
complète du caractère et des mœurs arabes. *Le premier résultat de l'occupation restreinte serait l'hostilité
volontaire ou forcée de toutes les tribus environnantes*,
et cela en tout temps, mais surtout lors d'une guerre
avec une autre puissance européenne. Et c'est en vain
que les tribus voisines, séduites par l'appât du gain,
voudraient commercer et vivre avec nous en bonne
intelligence. Les autres, plus éloignées, les en empêcheraient. « La place d'Oran, disait M. le général
« Boyer à la commission d'Afrique, était alimentée
« par trois tribus voisines qui ne laissaient pas appro-
« cher de notre marché les autres tribus ou qui acca-
« paraient leurs denrées dont elles se réservaient le
« monopole. Les tribus éloignées ne pardonnaient pas

« à nos voisins leurs relations amicales, et ces der-
« niers étaient souvent forcés de se joindre à elles,
« lorsqu'une attaque de nos postes était arrêtée entre
« leurs coreligionnaires musulmans. »

Des faits analogues se passaient à Bône, avant la
prise de Constantine. Les tribus qui voulaient nous
vendre des bestiaux étaient obligées de les amener à
notre portée sous prétexte de pâturage. Nos troupes,
informées d'avance par ces mêmes Arabes, simulaient
une razzia et s'emparaient des troupeaux dont les
gardiens ne faisaient naturellement aucune résistance,
et qu'on payait ensuite au prix convenu. Cela pouvait
se faire à Bône, parce qu'il existait un pouvoir indigène établi à une grande distance et en horreur au
pays. Mais supposez l'absence de ce pouvoir, supposez les tribus livrées à leurs propres inspirations,
mues seulement par la haine du nom chrétien et
par l'appât du pillage, ces transactions, tout incomplètes qu'elles-étaient, ne pourraient même plus
se renouveler. Les tribus se surveilleraient mutuellement.

A la vérité, l'état d'anarchie aurait un terme; un ou
plusieurs hommes s'empareraient du pouvoir. Mais
alors, de deux choses l'une : ou ces hommes se seraient élevés sans notre concours, et dès lors ils
nous seraient nécessairement hostiles; ou ils nous
devraient le pouvoir, et alors il faudrait les installer
et les défendre. On sait aujourd'hui où mène cette
obligation.

Vient ensuite la question de la limite de l'occupation, qui n'est pas moins embarrassante. S'enfermera-
t-on dans la ville? Dans ce cas, nous verrions se renouveler infailliblement l'état de choses qui existait à
Ceuta et Oran, sous les Espagnols : pour monter sans
risque sur les remparts, il faudrait, au préalable, faire
une battue aux abords de la place, et tout homme
isolé qui dépasserait la porte serait assassiné. Les
Arabes ne manqueraient pas de détruire les conduites
d'eau. Les puits et citernes deviendraient la seule
ressource de la population. Une vie pareille serait
intolérable. Il ne peut donc être question de ce
système.

Chaque point occupé aurait, au contraire, une zone
plus ou moins étendue, défendue par un moyen quelconque. Quel sera ce moyen pour être efficace contre
des hommes qui grimpent le long des murailles non
crépies et qui feront une lieue à plat ventre pour voler
ou tuer un ennemi? Depuis la levée de boucliers de
Si-Zerdout, on ne parvint à empêcher les maraudeurs
arabes de pénétrer chaque nuit dans Philippeville,
malgré le mur d'enceinte et les nombreuses sentinelles
échelonnées à courte distance les unes des autres,
qu'en crépissant ce mur et en lissant parfaitement la
face extérieure.

On voit à quelles conditions la zone réservée autour
de chaque ville pourrait être bien gardée.

Mais, ensuite, le danger dont je parle ne serait pas
conjuré; il serait seulement transporté un peu plus

loin. Qu'on se borne à l'enceinte des villes ou qu'on s'étende plus ou moins loin dans la campagne, il y aura toujours, tant que nous ne dominerons pas tout le pays, une ligne où s'exerceront les hostilités, qu'on ne pourra franchir qu'en force, et dont la garde même sera pleine de dangers sans gloire pour nos soldats.

Il est cent fois plus facile, comme j'espère le démontrer plus loin, de prévenir, en Algérie, les incursions des Arabes, que de s'en défendre et de les repousser. La défensive est, avec ce peuple, le plus mauvais système possible ; c'est le moyen sûr d'être sans cesse attaqué et de l'être toujours avec désavantage. Cela se comprend, du reste, par un simple retour sur ce qui se passe chez nous. Où en serait la sécurité de nos grandes villes, si la police, au lieu de traquer les malfaiteurs, de les poursuivre jusque dans leurs repaires, se bornait à repousser leurs tentatives?

L'opinion que j'émets ici est d'ailleurs confirmée par les faits. Aussi longtemps que l'occupation restreinte a été suivie, nos établissements ont été en butte à des hostilités continuelles. Aujourd'hui même, les deux seuls points où ce système soit encore appliqué, Bougie et Dgigelli, sont les seuls aussi où la guerre n'ait pas cessé un instant et où les relations commerciales avec les indigènes soient nulles. On peut à peine sortir de l'une ou l'autre de ces deux places malgré les forts qui les entourent, et souvent les détachements qui vont relever les garnisons de ces forts sont assaillis dans leur court trajet.

Qu'une route se fasse de Bougie à Sétif, et qu'on établisse un ou plusieurs centres d'occupation dans l'intervalle qui sépare ces deux bases d'opération, et on verrait probablement les choses changer immédiatement de face.

Arrivons au commerce. On sait combien sont bornés les besoins des Arabes. Tapis, haïcks, burnouss, étoffes pour tentes, bonnets, bottes, selles, tout ou presque tout se fait chez eux. La quantité d'étoffes de laine, de soie et de coton qu'ils demandent à l'industrie européenne est insignifiante et restera telle tant que leurs mœurs n'auront pas été modifiées par notre contact. Et quant aux armes, à la poudre et au plomb qui sont les objets les plus en faveur auprès d'eux et les seuls dont on puisse espérer un grand débit en Algérie, je ne pense pas que les partisans de l'occupation restreinte les mettent en ligne de compte.

Du reste, qu'on ne se fasse pas illusion, étoffes ni armes ne seraient fournies par la France. Trop de puissances, l'Angleterre en tête, sont aujourd'hui à l'affût de débouchés, dans l'intérêt de leur industrie souffrante, pour ne pas profiter de ceux qui leur seraient offerts sur la côte d'Afrique. Pour que Gibraltar, Gênes, Livourne et Trieste ne s'emparent pas exclusivement du faible commerce avec les indigènes, il faudrait occuper tous les ports de la Régence et entretenir de nombreux croiseurs. Et tout cela serait encore insuffisant, car on ne pourrait

mettre une ligne de douanes le long des frontières de
Tunis et de Maroc.

Enfin, pour ce qui est des impôts arabes, les documents ministériels en ont fait connaître à la France
le chiffre exigu. Ce chiffre s'accroîtra certainement,
mais à une condition, celle de dominer tout le pays
et de pouvoir châtier toute tribu qui refuserait la contribution. Ce qu'on ne sait pas ensuite aussi généralement, c'est que la rentrée de ces impôts, par suite
de notre système peut-être exagéré de ménagements
et de mansuétude vis-à-vis des indigènes, nous coûte
d'ordinaire cinq et même dix fois la somme recueillie. D'ailleurs, avec l'occupation restreinte, il ne peut
être question d'impôts. S'il est vrai qu'une colonne
française de six à huit mille hommes peut pénétrer
partout en Algérie, ce n'est qu'à une condition, celle
de traîner avec elle un immense matériel qui retar-
dera sa marche, et ne pourra cependant la faire vivre
au delà de vingt à vingt-cinq jours. Les tribus éloignées seraient donc toujours hors d'atteinte, et quant
aux tribus voisines, plus mobiles que nos corps, elles
fuieraient à notre approche pour revenir après notre
passage. Et si, par hasard, l'une d'elles, surprise, se
rendait et payait l'impôt, notre retraite la laisserait
exposée à la vengeance des autres.

Ainsi tombent un à un, par un examen attentif et
fait avec connaissance de cause, ces avantages si grands
et si nombreux que l'on croyait trouver dans l'occupation restreinte.

Ces stations pour nos flottes, nous ne les aurons qu'autant que nous y dépenserons des sommes au moyen desquelles nous en établirions d'aussi bonnes sur le premier rocher venu de la Méditerranée. Garnisons et habitants des points occupés seraient, pour les subsistances, dépendants des arrivages. Le commerce avec les Arabes serait nul ou à peu près, et, quant à la transformation progressive des mœurs de ceux-ci, il n'y faudrait point songer avec un système qui leur laisserait la faculté de fuir notre contact, car on peut être certain qu'ils useraient de cette faculté.

A la vérité, avec le système opposé, le contact est forcé, et ce contact peut, doit même, dans le début, surtout avec nos imprudences habituelles, accroître encore la haine et le fanatisme des Arabes ; mais insensiblement ces sentiments diminueront d'énergie, ces farouches indigènes s'accoutumeront à ce qui leur paraissait monstrueux d'abord, et ils apprécieront des avantages dont ils ne tenaient aucun compte auparavant, parce qu'ils n'en avaient aucune idée. Tout cela se voit déjà aujourd'hui de la manière la plus évidente.

Mais quand même la génération actuelle devrait ne subir qu'imparfaitement l'effet de nos relations, on ne peut douter que la jeune génération, grandissant au milieu de nous, habituée à notre vue, à nos manières et à nos mœurs, n'éprouve un changement complet. Élevée, au contraire, en dehors de tout contact avec nous, ne nous connaissant que par nos re-

présailles et nos razzias, cette nouvelle génération
grandirait probablement dans une haine plus invété-
rée encore contre les Français. On pourrait voir quelque jour, dans les écoles arabes, un commentaire de
l'Alcoran rédigé dans le sens de ce fameux catéchisme
espagnol de 1809, si bien qu'après un tiers de siècle
de présence en Afrique, nous trouverions devant nous
des ennemis non moins irréconciliables qu'aujour-
d'hui, mais probablement plus habiles, car ce serait
là une modification qui s'opèrerait infailliblement
chez eux.

Pour appuyer le système de l'occupation restreinte
et de l'abandon de toute domination directe sur les
Arabes, on a dit que notre contact forcé avec eux
produisait le même effet que le mariage sur deux
conjoints à caractères incompatibles et qui finissent
par devenir ennemis, tandis qu'ils seraient restés amis
avec des relations moins fréquentes et moins intimes.
Cette comparaison est fausse. On met ici en parallèle,
d'un côté, deux individus bien disposés ou du moins
indifférents l'un pour l'autre au début; d'un autre,
deux peuples dont l'un nourrit déjà contre le second
une haine féroce que ses chefs cherchent encore à accroître par des accusations mensongères et absurdes.
Il est évident que si les conjoints perdent à se connaître plus intimement, les deux peuples ne peuvent
au contraire qu'y gagner. Soit dit en passant, c'est
surtout le cas à l'égard des Français. Leur étourderie,
leur légèreté, les imprudences continuelles qui en

sont le résultat, donnent souvent aux yeux des autres peuples un caractère odieux à leur conduite. On attribue à d'ignobles calculs ce qui n'est que l'effet de l'inconséquence, jusqu'à ce qu'on finisse par apprécier le caractère étrange, mais noble et généreux de notre nation. Si l'on veut à toute force des comparaisons, on en trouverait de plus justes dans ces réconciliations qui s'opèrent si fréquemment dans le monde par le seul fait d'un rapprochement, d'une simple conversation entre hommes qui se haïssaient sans se connaître. Que de conversions politiques opérées de cette manière, et auxquelles la foule n'attribue que des motifs méprisables !

Les raisons qui doivent faire repousser l'occupation restreinte acquièrent encore plus de poids aujourd'hui que la force des choses a amené, comme on pouvait facilement le prévoir, l'application du système opposé ; aujourd'hui qu'une foule de chefs, de tribus et de villes se sont soumis et se sont compromis pour nous. Ce n'est plus seulement une question d'intérêt matériel, c'est une question de loyauté et d'honneur pour la France. Nous ne pouvons abandonner nos alliés à la vengeance de nos ennemis, et si nous le faisions, ces alliés deviendraient nos adversaires les plus acharnés, par vengeance d'abord, par nécessité ensuite, pour se réconcilier avec les autres tribus.

§ 2. Occupation mixte.

Depuis que le système de l'occupation illimitée a été appliqué, l'absence de résultats immédiats, qu'on s'obstine avec si peu de raison à demander à tout ce qui s'entreprend en Afrique, a fait naître une opinion qui semble aujourd'hui prévaloir dans le public. On admet la colonisation, on admet l'occupation, non-seulement des villes du littoral, mais encore de quelques points importants de l'intérieur, mais on repousse l'occupation illimitée. « N'étendez votre action, dit-on, que là où vous pouvez facilement dominer ; commencez par y établir votre pouvoir d'une manière solide ; puis, ce résultat une fois obtenu, avancez, créez de nouveaux centres d'occupation qui deviendront des bases d'opérations pour soumettre la zone suivante. De cette manière, vous arriverez graduellement à la domination entière du pays sans ces dépenses énormes, cette armée si nombreuse et ces expéditions lointaines qui déciment nos soldats, et surtout sans être amenés à faire de ces pas rétrogrades qui nuisent tant à notre considération en Afrique. Jusquelà, ne vous occupez point des localités insoumises, n'y intervenez pas, n'y nommez point de chefs pour ne pas être obligé de les soutenir. »

Cette opinion, spécieuse au premier abord, ne supporte pas l'examen pour quiconque connaît l'Algérie. C'est tout simplement le système de l'occupation res-

treinte appliqué à une superficie plus grande, et par
conséquent devenu moins praticable encore. Que seront, en effet, les *pays non soumis dont nous ne nous
occuperons pas, où nous nous interdirons même de pénétrer,* sinon des foyers d'hostilité d'où l'émir, ou tout
autre aventurier du même genre, nous fera tout à son
aise une guerre incessante, ruinant les tribus soumises et les forçant à se tourner contre nous ? Nous a-t-il
jamais été possible d'établir notre domination d'une
manière *solide,* sur un territoire quelconque, tant
qu'a duré·le système de l'occupation restreinte ou
mixte? N'a-t-on pas vu, au contraire, en 1839, 1840
et 1841, les Arabes venir égorger nos colons jusqu'aux portes d'Alger, malgré la présence de nos
troupes dans Blidah, le Fondoukh, Bouffarik, Douéra,
Coléah, et dans toute la nombreuse série de forts et de
blockhauss qui couvraient la plaine et le Sahel ? Si,
aujourd'hui, plaine, Sahel et même petit Atlas sont
tranquilles et offrent une complète sécurité, il faut l'attribuer beaucoup moins aux forts et aux garnisons qui
s'y trouvent qu'à ce fait dont nous avons à plusieurs
reprises fourni la preuve aux Arabes et qui les a si
vivement impressionnés, qu'*aucun lieu n'est impénétrable pour nous et ne peut les mettre à l'abri de nos
coups* [1].

(1) C'est sous ce point de vue que l'expédition du maréchal
Bugeaud, contre les Kabaïles du Jurjura, a été, quoi qu'en ait dit
la presse, un acte de haute et sage politique.

Il faut bien que la France le sache, nous n'aurons nulle part une paix réelle en Algérie tant qu'il restera un seul point inaccessible à notre drapeau, un seul point où nos soldats ne puissent pénétrer et ne se montrent à la moindre apparence de révolte. C'est là une nécessité dure, mais qu'il faut se résoudre à accepter, si l'on veut conserver l'Algérie ; car, pour ma part, je ne vois pas de milieu entre l'abandon ou la domination générale.

Plus loin j'indiquerai, du reste, un moyen qui me semblerait de nature à permettre une réduction notable des dépenses que nécessite l'application de ce dernier système.

CHAPITRE II.

Gouvernement de l'Algérie.

C'est là une question bien délicate et que je ne me serais pas permis de soulever si elle n'était d'une importance vitale pour l'existence de la colonie, et si la conduite des uns, la passion des autres, ne menaçaient de la résoudre dans un sens que je considère comme funeste pour l'Algérie.

Il est probable que, dans cette circonstance, j'aurai le malheur de déplaire aux deux opinions qui se partagent le pays. Mais, comme cela arrive presque toujours aux hommes désintéressés et impartiaux, il faut bien que j'en prenne mon parti.

§ 1. État actuel de l'administration algérienne.

Nos possessions d'Afrique sont, comme on le sait, placées sous un gouvernement militaire. Après avoir, sans succès, essayé de mettre, à côté du gouverneur militaire, un administrateur civil indépendant, on a rendu au premier une omnipotence qui n'est mitigée que par l'autorité suprême du ministre de la guerre, et, jusqu'à un certain point, par le conseil supérieur d'administration. Il en résulte que l'administration algérienne en général, soit dans la création, soit dans l'exécution des lois et règlements, présente un caractère essentiellement militaire. Or, il y a entre la discipline militaire et la liberté dont jouissent les citoyens français, entre les relations d'inférieur à supérieur dans le militaire et les relations d'administré à administrateur en France, entre les formes de l'autorité militaire et celles de l'autorité civile, des différences telles qu'il n'est pas étonnant que cet état de choses ait soulevé, en Algérie, des plaintes amères qui ont trouvé souvent un écho passionné dans la presse métropolitaine.

§ 2. Fautes de l'autorité militaire.

Pour qu'il en fût autrement, il aurait fallu d'abord une population civile mieux composée dès le début ; et ensuite, disons-le franchement, des chefs

militaires plus habiles dans l'art difficile de l'administration. La plupart de ces chefs, il faut bien l'avouer,
n'ont nullement compris leur nouvelle position. Ils
n'ont vu dans l'Algérie qu'un champ de bataille, et
non une colonie à établir. De leur double mission de
guerroyer et de fonder, c'est-à-dire de détruire et de
créer, ils ne se sont préoccupés que de la première,
sans remarquer que les circonstances étaient, en
Afrique, toutes différentes de ce qu'elles sont en Europe, et que la France ne pourrait longtemps s'imposer les dépenses énormes que nécessite l'Algérie, dans
le seul but de fournir à une partie de notre armée les
occasions de se distinguer.

On a dit et répété souvent, trop souvent même,
pour la prospérité de la colonie, que la population
civile de l'Algérie était l'écume des grandes villes de
l'Europe. Vraie peut-être dans les premiers mois de
la conquête, cette assertion devient d'année en année
plus fausse et plus calomnieuse, et néanmoins on la
reproduit encore; elle est passée en principe chez
beaucoup de nos militaires, et semble être devenue la
base de leur conduite vis-à-vis de la classe bourgeoise
dans laquelle ils affectent de ne voir que des banque-
routiers, des agioteurs ou des cabaretiers.

Lors même que cette opinion serait fondée, on
me permettra de dire qu'il serait bien impolitique de
la proclamer si haut, de faire savoir à la France et à
l'Europe entière que notre nouvelle possession est devenue l'exutoire, le Botany-Bay de la Méditerranée.

Espérerait - on ainsi y attirer ce qui seul peut lui
donner l'existence et la prospérité, le travailleur honnête et le capitaliste entreprenant?

Cette manière de voir et d'agir est encore déplorable sous un autre point de vue : elle accroît, outre
mesure, en les justifiant, les tendances déjà trop
prononcées à l'arbitraire et au despotisme que les militaires ont toujours et partout manifestées chaque
fois qu'ils ont été appelés à administrer des populations civiles. En effet, quels ménagements mérite une
population civile composée de pareils éléments? Le
chef le moins tyran de son naturel se croit donc
obligé, en conscience, d'user de rigueur à son égard,
et celui qui est despote par tempérament parvient
facilement à étouffer les légers scrupules que pourraient faire naître en lui les souvenirs de la France, en
se répétant chaque jour que ses administrés sont un
ramassis de misérables.

§ 3. Nécessité d'un pouvoir à peu près absolu en Algérie.

Sans doute il faut, pour toute grande création,
un pouvoir à peu près absolu. Aucune colonie, dans
quelque lieu que ce soit, ne s'est fondée sans une espèce de puissance dictatoriale qui a présidé à son
établissement. Mais de la possession de cette omnipotence à son application exagérée, vexatoire, il devrait y avoir toute la distance que mettent les États
civilisés entre posséder une armée et l'employer con-

tre les voisins. Dans les deux cas, ce sont des forces
dont on ne doit faire usage qu'à la dernière extrémité,
et qui sont, avant tout, destinées à agir moralement,
à prévenir le mal bien plus qu'à le réprimer.

Dans aucune colonie un pouvoir presque illimité
n'était plus nécessaire qu'à Alger. Nulle part aussi
une grande modération dans l'emploi de ce pouvoir
n'était plus essentielle. A quelques mille lieues de sa
patrie, le Français peut bien se décider à accepter le
régime plus ou moins absolu des colonies ; le retour
est trop difficile pour qu'il s'abandonne à ses premières impressions, et plus tard, il s'y est fait. Mais
à deux journées de Marseille, presque en vue des côtes
de France, le citoyen de l'État le plus libre de l'Europe supportera-t-il ce même régime exercé avec arbitraire et rudesse ? S'il le supporte, soyez certain que
cela ne sera que temporairement, en vue d'un gain
rapide qui lui permettra de revenir bientôt jouir de
sa fortune à l'abri des lois protectrices de la métropole. Aussi voyez : un pays éminemment agricole
comme la France n'a pu, jusqu'ici, faire d'Alger
qu'une colonie de marchands ; et encore, plus de la
moitié de la population européenne qu'elle renferme
se compose-t-elle d'étrangers auxquels le régime militaire a sans doute paru moins antipathique qu'aux
Français.

Il est très certain que cet état de choses a repoussé
de la colonie une foule d'hommes utiles, notamment
parmi les agriculteurs et les capitalistes, beaucoup

plus que ne l'a fait l'absence de sécurité, et autant au moins qu'ont pu le faire l'insalubrité de plusieurs points et l'incertitude qui planait sur le sort du pays tout entier.

Il eût été beau cependant, sous plus d'un rapport, de voir réussir à Alger cette omnipotence éclairée et paternelle qui, par les bienfaits de son administration et par sa sollicitude habile pour les intérêts matériels, a su faire oublier à certains peuples, fort avancés du reste en civilisation, qu'il y avait des formes plus parfaites de gouvernement, et a su fréquemment les faire jouir des avantages attachés au système constitutionnel, sans les priver de ceux inhérents au régime absolu.

Il n'en a pas été ainsi, et l'état de choses dont je viens de parler, outre les résultats matériels mentionnés, a eu un effet moral que je crois devoir signaler ici.

§ 4. Substitution de l'autorité civile à l'autorité militaire.

Il n'est pas dans le caractère français de *modifier* et d'*améliorer*. Dès qu'une chose le blesse, il la repousse et procède à un *changement radical*, sans examiner si cette même chose, moyennant quelques modifications bien simples, ne serait pas devenue excellente. Pour exprimer mon idée en quelques mots et par une comparaison burlesque peut-être, mais juste, je dirai que le Français jette son soulier lorsqu'il s'y trouve un grain de sable qui le gêne.

C'est un malheur, un malheur très grand, qui nous a déjà fait commettre une immense quantité de fautes, qui nous en fera commettre encore beaucoup d'autres; car, avec une pareille disposition d'esprit, on ne sort d'un extrême que pour tomber dans l'extrême opposé, on ne se dégage du fossé de droite que pour aller s'embourber dans le fossé de gauche. Mais comme les nations ne se corrigent ni facilement, ni promptement, ce malheur il faut l'accepter comme un fait accompli, et c'est aux hommes qui gouvernent et administrent à éviter toutes les occasions d'alimenter cette tendance. C'est ce qu'on aurait dû et c'est ce qu'on aurait pu faire en Afrique. Ajoutons que, sauf quelques exceptions, ce n'est pas en général ce que l'on a fait. Il en est résulté qu'aujourd'hui, d'un bout de l'Algérie à l'autre, il n'y a, dans la population civile, qu'un cri contre le pouvoir militaire, qu'un désir, celui de le voir remplacé par un pouvoir civil.

C'est arrivé à un point tel, sous ce rapport, que non-seulement des hommes haut placés, des pairs, des députés, mais encore des militaires qui connaissent l'Afrique, se sont prononcés dans ce sens [1].

Si je partageais cette opinion, j'aurais laissé la force

(1) J'écrivais cela en 1842. L'impartialité me fait un devoir de reconnaître que, depuis, les actes de la plupart des chefs militaires, grâce probablement à l'impulsion qui leur a été donnée d'en haut, sans être complétement exempts de despotisme, semblent néanmoins indiquer un retour vers un système plus rationnel, plus favorable surtout à l'agriculture, et plus en harmonie avec notre nation et notre époque.

des choses finir par lui donner raison. Mais, convaincu que le changement qu'on réclame aurait de funestes effets pour l'Algérie, j'ai cru de mon devoir d'exposer ici les motifs qui me guident. Ma position et la franchise avec laquelle j'ai exposé les fautes de l'autorité militaire doivent prouver suffisamment que mon opinion est tout-à-fait désintéressée.

Comme de coutume, les partisans de l'innovation exagèrent les avantages qu'elle doit présenter et les inconvénients du régime actuel. On serait presque tenté de croire, à les entendre, qu'avec un gouverneur civil, non-seulement la guerre cesserait et les Arabes fraterniseraient avec nous, mais que le climat et le sol deviendraient plus favorables.

J'avoue que je n'ai été que médiocrement touché de ces riants tableaux et du sombre contraste qu'on leur donne comme pendant. Trop souvent, dans ces discussions passionnées, les affirmations prennent la place des preuves.

§ 5. Griefs contre l'autorité militaire.

A part les fautes que j'ai signalées, je n'ai trouvé de vraiment sérieux, parmi les nombreux reproches adressés à l'autorité militaire, que les suivants :

Pour ce pouvoir, a-t-on dit, la guerre est devenue le but ; il lui a tout sacrifié, s'en est occupé exclusivement, tandis que le véritable but, le développement de la prospérité et de la richesse de l'Algérie par le

commerce et surtout par l'agriculture, a été complétement oublié, voire même entravé et arrêté dans
l'essor qu'il prenait spontanément.

En outre, a-t-on ajouté, ce même pouvoir, belliqueux par essence, n'a vu que la guerre pour soumettre les Arabes, et a beaucoup trop négligé les
moyens diplomatiques, et notamment les négociations
appuyées sur de l'argent, moyens puissants dans le
pays, bien moins coûteux que la guerre, mais qui ré-
pugnent aux militaires, et dans l'emploi desquels ils
montrent peu d'habileté.

Le premier de ces reproches est malheureusement
fondé. Je viens de signaler moi-même les fautes commises, sous ce rapport, par beaucoup de nos chefs
militaires transformés subitement en administrateurs.

Le mal existe; c'est positif. Mais, pour le faire
cesser, est-il indispensable de remplacer le gouverneur militaire par un gouverneur civil, et le remède,
dans ce cas, ne serait-il pas pire que le mal? C'est là
ce que nous allons examiner.

§ 6. La colonisation peut marcher, même avec un gouvernement
militaire.

La répartition des fonds appartient au ministère.
Libre à lui d'en consacrer une part convenable aux
dépenses qui intéressent la colonisation, l'agriculture
et le commerce. Les militaires ne sauront pas bien
l'employer, dit-on ; que ce soient des fonctionnaires

civils qui en reçoivent la mission, et qu'il leur soit,
en outre, donné, sous ce rapport, une certaine indépendance, sinon vis-à-vis du gouvereur général, du
moins à l'égard des autres chefs militaires ; que ceux-ci
même soient intéressés à la grande œuvre de la colonisation ; qu'ils puissent y voir, comme dans les faits
d'armes, une occasion d'avancement; en un mot,
qu'une impulsion forte, énergique, émanant du pouvoir suprême, pousse vers la colonisation et vers le
développement des intérêts matériels de la colonie, et
bientôt on verra toutes les autorités rivaliser de zèle
pour atteindre ce but: c'est ce qui a lieu aujourd'hui.
Aussi la colonisation marche-t-elle, lentement peut-
être au gré de quelques esprits impatients, mais d'un
pas sûr et de façon à ne plus rétrograder, quels que
soient les événements qui surviennent.

§ 7. Dangers des moyens diplomatiques auprès des indigènes.

Quant à la seconde objection, s'il est vrai que les
moyens diplomatiques appuyés sur des cadeaux, sur
de l'argent, soient souvent plus puissants et surtout
moins chers que la guerre pour amener la soumission des indigènes, il n'est pas moins vrai, pour quiconque s'est donné la peine d'observer le pays, que
ces moyens n'ont de valeur que comme accessoires de
la guerre, et qu'ils deviendraient non-seulement inutiles, mais des plus dangereux, si l'on en faisait le
principal. Les tribus finiraient alors par nous atta-

quer uniquement pour nous faire acheter la paix. Ce
serait une réminiscence du Bas-Empire.

On se tromperait ensuite étrangement si l'on croyait
que l'emploi de ces moyens est facile. Peut-être des
fonctionnaires civils seraient-ils plus aptes à surmonter les difficultés de leur application que les militaires
dont la franchise s'accommode mal des détours de la
diplomatie; mais, d'abord, je le répète, les négociations avec les Arabes n'ont de chances de succès
qu'appuyées par des forces militaires. Les traités,
avec eux, doivent être écrits sur un canon. Les cadeaux n'ont de valeur que lorsque la main qui les
donne leur a déjà fait sentir le tranchant du sabre.

Puis, si nos généraux sont peu diplomates, nos
fonctionnaires civils le seront-ils davantage? N'y a-t-il
pas quelques raisons de douter, en général, de l'aptitude des Français pour la diplomatie, malgré de brillantes exceptions? N'est-on pas fondé à croire que la
légèreté de leur caractère, le manque de jugement et
d'esprit d'observation qui en sont la conséquence, les
rendent inférieurs, sous ce rapport, à la plupart des
autres nations, malgré des apparences contraires,
malgré, ou peut-être à cause de cet esprit qui les distingue parmi tous les autres peuples? Or, qu'on ne s'y
trompe pas, en fait de roueries et de duplicité, les
diplomates européens les plus retors sont des ingénus
auprès des Arabes. Nous pourrions donc nous attendre
à avoir souvent le dessous dans ces luttes de ruse, quel
que soit le négociateur, civil ou militaire; et une défaite,

en pareil cas, peut compromettre l'honneur plus que
la perte d'un combat. Avec des soldats comme les
nôtres, un combat malheureux nous assure dix vic-
toires, et ce combat même ne peut avoir lieu que
dans des circonstances honorables pour nos armes ;
avec des diplomates peu habiles, nous pourrions
souvent être dupes, à la grande risée des indigènes.

Il est indubitable, à mes yeux, qu'on n'a que trop
usé de ces moyens diplomatiques. Beaucoup de nos
chefs militaires, sensibles aux reproches qui leur ont
souvent été adressés de sacrifier les intérêts de l'Algérie à la manie des bulletins, ou désireux de cueillir
des palmes dans le champ de la diplomatie, ont né-
gocié lorsqu'il aurait fallu combattre. Ajoutons qu'il
s'en faut que ces négociations aient toujours accru la
haute opinion qu'il importe que les indigènes conservent de la France.

Et comment en serait-il autrement, lorsqu'il s'agit
d'un peuple qui, comme je viens de le dire, nous est
si supérieur pour ce genre de guerre, et qui, de plus,
considère toujours comme la plus faible ou la plus
lâche celle des deux parties belligérantes qui prend
l'initiative des négociations ?

Loin de moi tout système exclusif et par-dessus tout
celui de la guerre ; mais, pour réussir, les nations
comme les individus doivent employer les moyens qui
sont le plus en harmonie avec leur aptitude, leur génie
spécial.

Je suis si frappé des difficultés et des dangers qu'offre l'emploi inconsidéré des moyens diplomatiques appuyés sur des cadeaux, que si je pouvais être appelé à donner mon avis dans une question aussi grave, je me prononcerais même contre toute avance et toute initiative de nos généraux dans les négociations; à plus forte raison repousserais-je d'une manière absolue toute espèce de dons faits dans le but d'obtenir une soumission ou la paix.

Je ne voudrais voir user de l'influence très grande qu'exerce l'appât de l'or et des distinctions honorifiques sur les indigènes que d'une seule manière, en récompensant magnifiquement les chefs qui nous auraient rendu des services et donné des preuves manifestes de fidélité; au moins nous agirions ainsi avec connaissance de cause; nous ne risquerions plus d'être joués par des intrigants qui se donnent pour des gens d'importance, ou par des tribus qui spéculent sur leurs trahisons et leurs soumissions successives. Nous engagerions tous les hommes influents à embrasser notre cause, à se dévouer à nous par l'espoir de participer un jour à ces récompenses; et si les soumissions étaient peut-être moins nombreuses dans le début, elles seraient, dans tous les cas, plus sûres, et nous nous attacherions davantage nos alliés, au lieu de les dégoûter et de les décourager comme le font ces cadeaux prodigués à nos ennemis. Nous ne leur ferions plus dire que *les Français ne savent ni châtier leurs ennemis, ni protéger et récompenser leurs amis.*

§ 3. Impossibilité d'un gouvernement civil.

Ce qui précède suffit pour expliquer mon opinion sur la nature du gouvernement qui convient à l'Algérie. Du moment où la guerre doit rester le principal moyen d'amener et de maintenir la soumission des indigènes, on ne comprend plus un gouverneur civil.

Haut dignitaire de l'administration civile, placé néanmoins sous le ministre de la guerre et ayant à commander à des militaires, à s'occuper avant tout d'affaires et de questions militaires, sa position serait nécessairement fausse. De deux choses l'une : ou il serait débordé par l'influence militaire, et, au lieu de donner l'impulsion, il la recevrait de ceux qu'il aurait mission de diriger, circonstance toujours et partout fâcheuse, mais surtout déplorable dans la situation où se trouve l'Algérie ; ou bien, homme à volonté forte, il voudrait et saurait maintenir son autorité, et, dans ce cas, deux alternatives seules se présentent : ou le gouverneur, pour éviter de donner de la prépondérance au militaire, ferait de la diplomatie le principal ou l'unique moyen d'action sur les Arabes, et négocierait lorsqu'il faudrait combattre ; ou, entraîné lui-même par des idées de gloire militaire qui séduit souvent d'autant plus qu'on lui est plus étranger, il ferait la guerre, et, fort de son pouvoir, voudrait cueillir personnellement des lauriers. Inutile d'ajouter

que ce seraient l'or et le sang de la France qui solde-
raient les frais d'éducation du général improvisé. Que
si, n'admettant aucune de ces trois hypothèses, on
comptait sur une espèce de terme moyen, sur un gouverneur civil assez fort pour ne pas se laisser dominer,
assez sage pour ne pas repousser les moyens militaires
lorsqu'ils seraient utiles, et assez exempt de vanité pour
ne pas désirer sa part de succès guerriers, qualités
qu'il est difficile de trouver réunies, on ne saurait,
dans tous les cas, se dissimuler la répugnance qu'é-
prouveraient nécessairement les chefs militaires à
obéir à un fonctionnaire civil, surtout après avoir
longtemps commandé en maître, les tiraillements,
les luttes sourdes d'inférieur à supérieur qui en naî-
traient ; en un mot, les rivalités entre deux pouvoirs
dont l'un serait prépondérant par la volonté du gouvernement, l'autre par la force des choses, antagonisme incessant entre le droit et le fait qui, en ruinant
le pouvoir, frappant d'impuissance toute autorité, et
compromettant d'avance le succès des combinaisons
les plus habiles, suffirait pour désorganiser une société
déjà établie et serait, à plus forte raison, désastreux
dans une colonie dont l'établissement rencontre déjà
tant d'autres obstacles.

D'ailleurs, soyons juste, si beaucoup de chefs militaires ont montré peu d'entente, n'ont pas su comprendre leur nouvelle position et ont fait servir le
pouvoir absolu dont ils étaient investis plutôt à empêcher, à décourager la colonisation, qu'à la favoriser,

la plupart de ces reproches s'appliquent, avec non moins de justice, à certains fonctionnaires civils. Malgré la haute capacité et les vues grandes et larges de l'homme qui est à la tête des finances en Algérie, beaucoup d'agents inférieurs de cette administration se sont montrés presque aussi despotes et plus tracassiers que l'autorité militaire. Ils n'ont pas mieux compris leur mission, et, au lieu de voir dans la colonie une chose à créer, ils n'y ont vu qu'une matière à exploiter. Tondeurs de profession, ils n'ont pas fait attention que l'agneau n'avait pas encore de laine, et ils se sont mis à l'écorcher à qui mieux mieux [1].

C'est une chose triste à dire, mais dont la connaissance importe trop à la stabilité des choses en France pour qu'on ne la signale pas toutes les fois que l'occasion s'en présente : s'il y a, chez le peuple français, une tendance déplorable à l'opposition vis-à-vis de toute autorité; si nous voyons, jusque dans les classes supérieures, le particulier enfreindre de gaieté de cœur les ordres du pouvoir, cette tendance est malheureusement justifiée, jusqu'à un certain point, par la conduite d'un grand nombre de fonctionnaires pour lesquels *administrer* c'est *briser* ou *faire ployer à plaisir toutes les volontés sous la leur.* A part d'honorables exceptions qui, disons-le, sont aujourd'hui plus nom-

(1) La manière dont la loi d'expropriation a été et est encore appliquée dans beaucoup de circonstances, en Algérie, est bien de nature à faire naître des doutes sur la supériorité du pouvoir civil sur le pouvoir militaire.

breuses que jamais, les administrateurs, sous tous les
régimes, cédant à ce malheureux esprit d'abus, ont
cru faire d'autant mieux leur devoir, montrer d'autant plus leur zèle et leur dévouement, qu'ils appor-
taient plus de rigueurs inutiles dans l'accomplissement de leurs fonctions, qu'ils mettaient plus d'entraves à la marche naturelle des choses et aux vœux
de leurs administrés. Il est vrai que c'est là un moyen
simple et très efficace de se donner de l'importance et
de faire sentir son autorité, sans grands frais de capacité et de génie.

Avec une tendance pareille, qui, plus que toute
autre chose peut-être, a contribué à la chute du régime impérial, on peut tant bien que mal administrer
une société déjà ancienne, un pays organisé, mais on
ne saurait rien fonder de grand et d'utile.

Ce mal, une des causes qui ont empêché le développement de la colonisation en Algérie, je le signale
sans pouvoir lui indiquer d'autre remède que celui
qui résulte de sa connaissance même.

Il suffit, en effet, que le gouvernement en soit averti
et formule en conséquence ses instructions aux divers
fonctionnaires, pour que ces abus diminuent. Or, cela
peut se faire aussi bien pour les chefs militaires que
pour les employés civils.

Il est enfin une dernière raison qui milite en faveur
d'un gouvernement militaire, c'est l'idée que se font
les Arabes du pouvoir, qu'ils ne comprennent et qu'ils
n'acceptent qu'appuyé sur le sabre ou sur l'Alcoran.

§ 9. Vice-roi.

Si, avant l'époque où, par la réduction de l'armée et l'augmentation de la population, le gouvernement civil pourra convenablement se substituer au gouvernement militaire, cette modification était rendue nécessaire par les abus que j'ai signalés plus haut, pour atténuer le mauvais effet de cette mesure anticipée, il ne faudrait placer à la tête de l'Algérie qu'un homme d'un grand nom, ou, ce qui est le vœu général des colons, ce qui semblerait concilier tous les intérêts, un prince du sang avec le titre de vice-roi.

Je sais que cette dernière combinaison a contre elle, sinon une partie de la France, du moins une partie de la presse. Mais si l'on développait en même temps les mesures utiles à la colonisation et les garanties dont jouit déjà la population civile de l'Algérie, si l'on évitait sagement une représentation fastueuse qui, quoi qu'on en dise, n'est nullement l'accompagnement obligé d'une vice-royauté, même occupée par un prince du sang, on verrait sans doute la France entière applaudir à une pareille décision.

Je ne crois pas calomnier la presse opposante en disant qu'elle serait la première à la réclamer si elle pouvait supposer qu'une nation rivale en empêche l'exécution.

CHAPITRE III.

Gouvernement et organisation des indigènes.

Il est peu de sujets sur lesquels les auteurs qui ont parlé de l'Algérie se soient aussi longuement étendus que sur les indigènes, et néanmoins il en est peu qui aient provoqué moins de controverse. Cela veut-il dire que l'opinion est ou était dans le vrai? J'en doute. Je crois que cela veut dire tout simplement que la mode était de traiter la matière sous un certain point de vue, de la juger d'une certaine façon : le vent était à la philanthropie.

Sans m'inquiéter du vent, je dirai mes impressions, ce que je considère comme vrai, comme utile.

J'aurai à revenir en partie sur des sujets déjà longuement et savamment traités, à relater des faits dont plusieurs sont connus, dont d'autres sembleront insignifiants ; à rappeler des principes généralement admis et qu'on paraît néanmoins avoir oubliés dans certaines circonstances. Mais tout cela est nécessaire à l'intelligence de ce qui va suivre sur la colonisation.

D'ailleurs, il faut bien qu'on se l'avoue, c'est là la question vitale pour l'Algérie, et, sur un sujet d'une telle gravité, l'opinion consciencieuse d'un homme désintéressé, qui a vu et observé avec soin, ne saurait être dénuée de toute importance.

Il faut, au reste, que je sois bien profondément convaincu qu'elle est juste, cette opinion, et qu'il est utile de la faire connaître, pour me risquer à l'émettre, car je ne me dissimule pas qu'elle heurte de front, non-seulement les idées philanthropiques des hommes éclairés, mais même les instincts de la nation.

C'est cette circonstance qui me force précisément à entrer dans certains détails; car ce n'est pas avec des phrases et de simples affirmations qu'on discute et réfute une opinion partagée par le grand nombre et qui s'appuie, d'ailleurs, sur les sentiments les plus nobles et les plus généreux d'un peuple.

Que les Kabaïles et plusieurs tribus du désert soient les restes des anciens Berbères, Numides et Gétules, et les Arabes et les Maures les descendants plus ou moins croisés de ces hordes de l'Yémen et de la Syrie qui envahirent l'Afrique peu après la mort de Mahomet, c'est là une question qui peut être fort intéressante sous le rapport scientifique, mais qui n'est d'aucune utilité pratique, à moins qu'on ne croie pouvoir en tirer des inductions sur l'aptitude respective plus ou moins grande que présentent ces diverses races à se civiliser.

Ce qui importe, c'est de connaître le caractère, les mœurs, les dispositions et l'organisation actuelle de ces peuples, afin de pouvoir juger s'il est permis de compter, dans un avenir peu éloigné et sans trop d'efforts et de dépenses, sur une soumission à peu près complète et durable de leur part; si nous pouvons espérer une transformation graduelle de leurs mœurs, de leurs coutumes et de leurs idées, et une

fusion plus ou moins entière avec la race européenne;
et enfin, dans le cas où ce triple but serait de nature à
être atteint, quels seraient les moyens à employer
pour y arriver.

Section I. — *État actuel des indigènes.*

§ 1. Possibilité de les soumettre et de modifier leurs mœurs.

Il n'est pas douteux, à mes yeux, qu'avec un bon
système on ne parvienne à soumettre l'Algérie d'une
manière plus complète que n'avaient pu le faire les
Turcs. Il y aura, sans doute, pendant longtemps encore, non-seulement des actes isolés de brigandages,
mais même des révoltes partielles, surtout parmi les
Kabaïles et à l'occasion du prélèvement de l'impôt;
mais il est à croire que ces faits deviendront de plus
en plus rares, et peut-être finiront-ils, les révoltes du
moins, par disparaître un jour complétement.

Je crois également que Maures, Arabes et même
Kabaïles finiront par subir l'effet du contact perma-
nent qu'ils auront avec nous, et se modifieront insensiblement sur un grand nombre de points. Toutefois,
cet effet sera nécessairement très lent et toujours in-
complet, d'abord à cause de la religion et à cause du
caractère particulier de la race arabe, qui est la race
stationnaire et réfractaire par excellence; ensuite,
parce que, à part l'irréligion et l'ivrognerie, nous ne
pouvons, à vrai dire, plus leur apprendre aucun vice.

Or, c'est un fait déplorable sans doute, mais malheu
reusement trop constant, que la civilisation pénètre
toujours par le mauvais côté.

§ 2. Impossibilité de la fusion.

Quant à la fusion, je la considère comme à peu près
impossible. Il n'y a de fusion réelle que par les unions
entre individus des deux sexes et de deux peuples différents : la religion s'opposera toujours à ce qu'elles
aient lieu entre nous et les Arabes. Nous pouvons en
juger, du reste, par ce qui se passe sous nos yeux.
Depuis dix-huit siècles que les juifs, disséminés par
toute la terre, se sont trouvés mêlés aux nations les
plus civilisées de l'Europe, il n'y a pas encore eu de
fusion proprement dite. Il est vrai que les juifs ont
presque partout suivi les progrès de la civilisation, et
quoiqu'en général ils n'en aient accepté que certains
côtés, on pourrait être satisfait en admettant que les
Arabes pussent arriver au même point. Mais on remarquera que les circonstances sont ici moins favorables que pour les juifs, les Arabes formant la majorité auprès de l'élément européen et civilisateur. En
général, les races orientales, quoique remarquables
sous plusieurs rapports, semblent peu aptes à recevoir
notre civilisation d'une manière complète. On en a la
preuve par l'état où se trouvent encore aujourd'hui
ces restes d'une nationalité mystérieuse, ces misérables
gitanos qui vivent depuis quatre cents ans au milieu

de la civilisation sans en avoir reçu la moindre atteinte, n'en adoptant que ce qu'on les force à en prendre, les pratiques religieuses en Espagne, les vêtements partout, mais, pour le reste, persévérant dans leurs mœurs, leurs habitudes, leurs notions, malgré l'action puissante des circonstances au milieu desquelles ils végètent. Le gitano d'Espagne, comme le bohémien de France et le zigeuner de l'Allemagne et de la Hongrie, est encore, à l'heure qu'il est, le Bédouin du désert.

Avant d'indiquer les moyens d'action que nous pouvons employer sur ce peuple si réfractaire, quelques données sur son caractère, ses mœurs et son organisation, expliqueront et justifieront mon système.

§ 3. Caractère et mœurs des indigènes.

Les hommes à imagination vive, à instincts généreux, mais à caractère faible, sont sujets à s'enthousiasmer pour tout ce qui est nouveau, étrange, et qui contraste fortement avec l'état des choses autour d'eux. Les grands criminels sont ordinairement l'objet de cet enthousiasme. Il était bien naturel que les féroces habitants de l'Algérie le devinssent également. A ces hommes se joignirent les avocats du droit abstrait, les philanthropes de profession ; puis des esprits honnêtes, sérieux, positifs, mais qui eurent le tort de juger les choses du point de vue européen ; enfin, sur les lieux mêmes, quelques individus qui crurent de leur inté-

rêt de se poser en amis et protecteurs des indigènes.
En voilà plus qu'il ne faut pour expliquer le grand
nombre de défenseurs officieux que trouvèrent ces
derniers partout et jusque dans les rangs de l'armée.

Tous exaltèrent à l'envi les vertus des Arabes, bien
entendu aux dépens de la population européenne, et
surtout de l'autorité française, dont ils stigmatisèrent
les actes toutes les fois qu'elle crut devoir agir avec
quelque énergie vis-à-vis des indigènes.

Tâchons de réduire ces éloges et ces reproches à leur
juste valeur.

L'habitant de l'Algérie a, je l'ai déjà dit, tous les
vices de la civilisation, sauf l'ivrognerie et l'irréligion.
Encore, beaucoup de Maures éludent-ils fort adroite-
ment les préceptes de Mahomet sous ce rapport, et
cela non pas seulement depuis, mais aussi avant
notre arrivée; d'autres, en plus grand nombre, comme
on sait, remplacent le vin par l'opium. Il en est enfin
qui cumulent.

Quant à la religion, le peu de morale qu'elle renferme n'est ni compris ni pratiqué. Un grand nombre
de tribus arabes et kabaïles observent d'ailleurs à
peine les pratiques les plus usuelles du culte musulman
et n'ont conservé de cette religion que la haine du
nom chrétien, ou plutôt ne se servent de leur croyance
que comme d'un prétexte de pillage.

La cupidité des Arabes est connue et passée en proverbe. Heureusement nous n'avons rien, nous autres
peuples corrompus par la civilisation, qui puisse se

comparer avec ce sentiment tel qu'il existe chez ces nobles et purs enfants du désert. Il est à peine nécessaire d'ajouter que tout ce qui en dérive et s'y rattache, mauvaise foi, ruse, tendance au vol, etc., est porté chez eux à un degré proportionné de développement. Aussi est-ce vraiment abuser de la permission que prennent certains écrivains de se moquer de leurs lecteurs, que de prétendre, par exemple, que la mauvaise foi de quelques colons, de quelques employés, et que les injustices et les rigueurs du pouvoir dans quelques occasions, nous ont rendus méprisables aux yeux de ces peuples et nous les ont aliénés. « La jus- « tice turque, ajoute-t-on, était prompte, sévère, « mais équitable ; notre administration a été lente, « tracassière comme toujours, et de plus déloyale. »

Je ne prétends pas me faire ici l'apologiste des colons ni de l'administration dans leurs actes vis-à-vis des indigènes ; autant que qui que ce soit, je déplore que la justice et la loyauté n'aient pas toujours présidé à ces actes, et je crois qu'il en est résulté un effet fâcheux pour nous ; car je suis de ces esprits étroits qui pensent que la morale et la politique, bien loin de hurler ensemble, doivent marcher de concert.

Mais, encore une fois, colons, employés et administration, même dans leurs écarts les plus répréhensibles, sont restés infiniment au-dessous de ce qui se pratiquait sous l'ancienne régence comme choses tout-à-fait usuelles, et de ce qui se fait encore aujourd'hui dans les pays voisins.

Il faut, en vérité, que le besoin de critique soit dégénéré en maladie pour avoir été mettre l'administration française, pour la justice, la bienveillance, la sollicitude à l'égard des indigènes, au-dessous de l'ancienne régence, de ce gouvernement dont l'action n'était qu'une longue et continuelle série de brigandages et d'exactions violentes, et qui, semblable au sauvage, n'a jamais su que prendre sans rien produire, et abattait l'arbre pour en avoir le fruit.

§ 4. Supériorité des Turcs sur nous.

Disons-le toutefois, le gouvernement turc avait auprès des indigènes un immense avantage sur le nôtre ; il n'avait pas à redouter, parmi les siens mêmes, des détracteurs qui vinssent jeter le blâme sur tout ce qui se faisait, prendre constamment parti pour les indigènes contre le pouvoir, et leur faire connaître, à leur grand étonnement, des griefs auxquels ils n'auraient jamais songé, des droits qu'ils ne connaissaient pas et dont ils ne se seraient jamais crus en possession. Les Turcs, enfin, ne s'empressaient pas de déconsidérer aux yeux des Arabes et de traîner dans la boue ceux d'entre eux que le gouvernement investissait de hautes fonctions sur les Maures ou sur les tribus. Aussi quelle puissance morale ces hommes, qui cependant n'étaient en rien supérieurs aux Arabes, pas même dans l'art de la guerre, n'exerçaient-ils pas sur le pays tout entier ? Cette puissance seule a soutenu l'ancien gouvernement pendant aussi longtemps. Cet ascendant moral que la puissance de la France, que notre supériorité militaire et que les prodiges de notre industrie, choses plus que suffisantes pour compenser la différence de religions, devaient nous conserver, cet ascendant moral nous l'avons perdu, avant tout, par ces critiques imprudentes, par ces allégations mensongères; car, il faut bien qu'on le sache, ces accusations, ces reproches, soit qu'ils retentissent à la tribune nationale, soit qu'ils paraissent dans nos journaux ou ailleurs, pénètrent jusque sous la tente de l'Arabe par l'intermédiaire des Maures, des agents d'Abd-el-Kader ou d'autres ennemis de notre établissement.

Et, je puis le dire ici sans crainte d'imiter ces détracteurs que je blâme, la conduite de beaucoup de nos chefs militaires à l'égard des colons et des Européens en général a dû contribuer à détruire encore ce prestige qui s'attachait et qui aurait dû s'attacher toujours à la population française. Ce résultat était d'autant plus inévitable que ces mêmes chefs, si rudes, si despotes vis-à-vis des Européens, étaient la plupart d'une urbanité, d'une mansuétude, d'une obséquiosité outrées, on pourrait dire ridicules, vis-à-vis des indigènes, en un mot traitaient les Français à la turque et les Arabes à la française, double erreur aussi déplorable d'un côté que de l'autre.

Avouons-le à notre honte, les sauvages dominateurs de l'Algérie étaient bien autrement habiles que nous sous ce rapport. On sait que leur politique allait si loin, à cet égard, que jamais un Turc, un homme de la race conquérante et privilégiée n'était jugé et puni publiquement. Tout, jusqu'à ces grotesques parodies exécutées annuellement par l'agha et le kassnadji aux portes d'Alger, était combiné de façon à pénétrer profondément les populations indigènes de l'idée de leur infériorité relativement à la race turque.

Beaucoup de nos chefs auraient voulu faire le contraire et déconsidérer à tout jamais le nom français aux yeux des Maures et des Arabes, qu'ils n'auraient pas agi autrement qu'ils n'ont fait.

Chose singulière, mais qui, du reste, n'est qu'une des nombreuses anomalies de notre caractère, cette bienveillance, ces gracieusetés s'adressaient avant tout à nos ennemis, et à nos ennemis les plus acharnés. Dès qu'une tribu ou un chef s'était franchement rallié à nous, s'était compromis pour nous, peu à peu le prestige semblait disparaître, et on finissait par les traiter presque aussi mal que des Européens.

C'est là ce qui indignait surtout, et avec raison, les Arabes ; c'est là ce qui a causé tant de défections parmi eux ; car faire tout le mal possible à ses ennemis, faire le plus de bien qu'on peut à ses amis, telle est la base de leur conduite privée et politique. Souvent ils en oublient la seconde partie, mais jamais la première.

Ce n'est pas ici le lieu d'analyser longuement les mobiles d'une conduite aussi étrange et aussi contraire à nos intérêts. Qu'il me soit cependant permis de dire

que j'y vois en même temps absence de jugement et
de calcul ; amour de ce qui est nouveau, bizarre, im-
prévu ; générosité mal placée, enfin et surtout vanité.
Faire du bien à ses amis est chose trop simple, trop
commune ; pardonner à une tribu qui a trahi, qui a
égorgé nos soldats et nos colons, lui rendre les troupeaux qu'on lui avait enlevés, conserver et confirmer
le chef qui avait fomenté la révolte, ce sont là des
actes retentissants qui semblent des sacrifices très
lourds, et qui, pour notre caractère peu vindicatif, ne
sont que des sacrifices très légers, qui d'ailleurs permettent de faire des phrases sonores.

Ce que nous ont conté les admirateurs officieux des
Arabes, de leur fierté, de leur esprit d'indépendance,
est aussi vrai que ce qu'ils ont dit de leur répugnance
pour nos vices. « Le caractère de l'Arabe, me disait
un homme qui habite l'Afrique depuis 1824, le caractère de l'Arabe est de n'en pas avoir. Fier et fort
avec le faible, il est bas et vil avec le fort. » La fierté
des Arabes vis-à-vis de nous est la condamnation
manifeste de notre système de conduite à leur égard ;
elle vient uniquement de notre condescendance outrée
et de nos avances maladroites. Parmi les nombreux
faits dont j'ai eu connaissance, et qui tous viennent à
l'appui de cette opinion, qu'il me soit permis d'en
citer trois seulement.

Après l'établissement de Philippeville, on fut obligé,
à mesure que la population augmentait, de réunir de
nouveaux terrains à la ville. Cela se fit par des trans-

actions avec le cheikh d'une tribu voisine pour laquelle
la création de Philippeville avait été, du reste, une
source de grands profits. Jusque-là tout avait marché
sans difficultés, lorsque, à l'occasion d'un terrain
dont la possession était devenue nécessaire à l'administration et qui appartenait au neveu de ce cheikh,
celui-ci déclara au commandant supérieur qu'il n'en-
tendait nullement le céder, et, après beaucoup de
pourparlers, termina en menaçant, si on osait s'en
emparer, de se joindre à nos ennemis. Le commandant supérieur, poussé à bout, lui dit avec véhé-
mence : « Pars à l'instant, j'aime mieux avoir des
gens comme toi pour ennemis que pour amis. Dans
quelques heures, je viendrai avec mes soldats répondre à tes menaces. » A l'instant, la colère du cheikh
se dissipa. Il descendit de cheval, vint baiser respec-
tueusement la main du commandant en lui disant :
« Que ta volonté s'accomplisse, ce que tu feras sera
bien fait. Moi et ma tribu, nous ne cesserons jamais
d'être tes serviteurs dévoués. »

Peu de jours avant mon arrivée à un camp des environs de Bône, gardé par un petit détachement de
tirailleurs indigènes et de spahis, sous le commandement d'un officier français, il y avait eu une émeute à
l'occasion du balayage du camp. Des soldats envoyés
à Bône en correspondance s'étaient plaints de ce
travail, et, ayant cru trouver de l'appui chez quelques
officiers de leur corps, se refusèrent, à leur retour, à
faire la corvée, et réussirent à mettre de leur côté

tout le reste de la garnison. Le jeune lieutenant manda immédiatement le fait au commandant supérieur de Bône, en sollicitant l'autorisation de recourir, si besoin était, à des moyens de rigueur. Cette autorisation, accordée sur-le-champ, fut portée à la connaissance des mutins, et l'officier, homme d'énergie, qui d'ailleurs parle très bien l'arabe, leur déclara qu'il brûlerait la cervelle à quiconque lui résisterait. Tous se soumirent. Il fit appliquer la bastonnade aux meneurs, et condamna les autres pendant un mois à une double corvée qu'ils continuaient encore lors de mon arrivée.

A cela, quelques personnes feront peut-être observer que cette soumission prouve en faveur des indigènes qui, vingt contre un et à six lieues de tout poste français, pouvaient facilement ne pas obéir et faire un mauvais parti à l'officier; mais qui ne voit que leur conduite, dans cette circonstance, est la conséquence naturelle de ce caractère de l'Arabe : fort contre le faible et faible contre le fort? L'histoire d'Orient abonde en faits analogues. On y voit constamment la volonté de fer d'un seul faire plier toutes les autres volontés sous la sienne, et les mêmes hommes qui supportent impatiemment des devoirs légers, imposés avec douceur et humanité, courber la tête sous les caprices sanguinaires du despote, en un mot, l'esclave se révolter et devenir tyran, ou redevenir esclave, suivant que le joug s'allége ou s'appesantit. Ce qui s'est passé à Constantine avant la conquête en est une autre preuve plus évidente encore.

On sait que Salah-Bey, cet homme si remarquable par son intelligence et ses qualités morales, au lieu de suivre les errements de ses prédécesseurs, de pressurer et de décimer les populations, avait pris à tâche de rendre son gouvernement aussi paternel que ceux-ci avaient rendu le leur tyrannique, et de favoriser, par tous les moyens possibles, le développement de la prospérité publique. Il importa, dans son beylikh, la culture du riz, celle des arbres fruitiers et plusieurs industries urbaines. Juste, libéral, plein d'humanité, il n'exigeait des populations que ce qui lui était strictement nécessaire, accordait facilement des sursis, et ne recourait à la force qu'après avoir épuisé tous les autres moyens à l'égard des tribus récalcitrantes. Une pareille politique ne faisait pas l'affaire des grands, de la milice turque et des mékhazeni qui tous avaient leur part dans les confiscations, les pillages et les moissons de têtes. Salah-Bey l'avait prévu ; mais il pensait que l'intérêt bien entendu et l'amour des populations lui donneraient un appui plus fort que celui dont il se privait volontairement à leur seul avantage. Il n'en fut pas ainsi. Les tribus qui, sous la main de fer des autres beys, payaient sans murmurer plus qu'elles ne devaient légalement acquitter, refusèrent le tribut modéré que leur demandait Salah-Bey. La province presque entière finit par être en pleine insurrection. Attaqué de toutes parts, cet excellent prince mourut assassiné de la main de ceux mêmes dont il avait voulu faire le bonheur.

A la vérité, les Arabes chantent aujourd'hui des complaintes en son honneur. C'est une consolation comme une autre, et à laquelle nous pourrions peut-être aussi participer, si un jour nous étions chassés de l'Algérie. Mais, dans l'intérêt de la civilisation et pour l'honneur de la France, il est à désirer que nous en soyons à tout jamais privés.

Si l'on rapproche ce dénouement de ce qui est arrivé depuis, de l'influence et du pouvoir sans bornes qu'exerçait le féroce successeur de Salah-Bey, *Achmet*, dont le gouvernement ne fut qu'une longue série de spoliations, d'actes sanguinaires, de crimes plus épouvantables les uns que les autres, et qui, malgré cela ou plutôt à cause de cela, a su maintenir son autorité, non-seulement dans les circonstances ordinaires, mais encore depuis la conquête, alors que l'appui du pouvoir central et des milices turques lui manquait et que l'anarchie menaçait de pénétrer dans toute la province, on ne pourra, certes, quelque mauvaise volonté qu'on y mette, s'empêcher de reconnaître la vérité de ce que j'ai dit sur le caractère arabe. Il a fallu deux expéditions pour renverser cette bête féroce, et tels sont encore la terreur et le respect qu'il inspire, que, traqué de toutes parts par nos troupes, privé d'une grande partie de ses trésors, et n'ayant plus avec lui qu'un petit nombre de cavaliers, il trouve néanmoins l'hospitalité presque partout, et prélève même encore des impôts sur plusieurs tribus.

Il en est ainsi dans toute l'Algérie. Si l'on s'informe

des anciens chefs dont les populations ont conservé un grand souvenir et dont elles parlent encore aujourd'hui avec respect, on trouve toujours que c'étaient des hommes violents et sanguinaires.

Il suffit, au reste, de voir ces populations de près, d'étudier leur caractère avec quelque attention, pour s'expliquer ces faits qui nous paraissent si étranges. L'Arabe est très peu susceptible d'attachement ou de reconnaissance. Le sentiment le plus naturel à l'homme, l'amour des parents pour leurs enfants et réciproquement, existe même à peine chez lui; et, en général, l'esprit de famille qui, chez les peuples arriérés et belliqueux, est ordinairement très développé et remplace en quelque sorte l'esprit public des nations policées, ne se rencontre pas, à vrai dire, parmi ces nomades, ce qui d'ailleurs vient autant de la polygamie que de leur caractère particulier. La mère, qui chez nous est le lien principal de la famille, l'être vers lequel convergent tous les sentiments d'affection de ses membres, devient bientôt, chez ces peuples, aux yeux de son fils, ce qu'elle est aux yeux de son mari, une créature d'un ordre inférieur faite pour servir l'homme et le procréer, mais ne participant, du reste, à aucun des priviléges de sa nature. Aussi les mauvais traitements des fils à l'égard de leur mère sont-ils fréquents. Pendant mon séjour à Bône, un jeune Arabe des environs tua sa mère à coups de maillet, parce que la malheureuse, âgée et infirme, ne le servait pas assez vite au gré de ses désirs. Les Arabes en parlaient comme d'une chose de peu d'importance et s'étonnaient de notre indignation. Les femmes, qui ont pour leurs fils une grande tendresse aussi longtemps qu'ils sont jeunes, finissent par les craindre et les haïr à l'égal de leurs maris à mesure qu'ils grandissent.

Quant au père, il est presque toujours plutôt le tyran que le chef de la famille. L'intérêt fait de ses fils des ennemis contre lesquels il se met en garde comme contre ceux du dehors. Jamais l'Arabe ne fait connaître sa fortune à son fils. Jamais il ne lui indique le lieu où il a enfoui son trésor. Une masse notable de numéraire et de valeurs d'or et d'argent disparaît ainsi de la circulation parce que, espérant toujours se rétablir, des pères de famille meurent sans avoir découvert à leurs fils le lieu où ils avaient enfoui leur argent.

Les marques de douleur que donnent les Arabes, les femmes surtout, à la mort de leurs proches, ne sont que de vaines cérémonies imposées par la religion, mais auxquelles le cœur n'a aucune part, comme ont pu s'en convaincre tous ceux qui ont vu des familles pendant et après l'enterrement.

Aucune confraternité de langue, d'origine et de religion n'existe chez les indigènes de l'Algérie, quoique les races y soient assez tranchées. L'Arabe et le Kabaïle ne connaissent que la tribu.

On sait que lors de l'expulsion des Maures d'Espagne, la plupart de ces malheureux, qui se réfugiaient en Afrique, furent massacrés par leurs coreligionnaires, parce qu'on les supposait possesseurs de grandes richesses. Ce fait, dont on m'a fourni la preuve par des mémoires du temps, explique l'absence complète de vestiges qu'aurait nécessairement dû laisser, en Afrique, cette population musulmane de l'Andalousie qui était parvenue à un si haut degré de civilisation et de lumière.

Des faits semblables se reproduisaient d'ailleurs journellement sous l'ancienne régence et se reproduisent encore actuellement, non-seulement dans les guerres de tribu à tribu, mais encore dans les expéditions des deys, des beys et de nos propres généraux contre les tribus hostiles. On sait, en effet, que presque toute la cavalerie de l'ancienne régence se composait d'indigènes qui, sous les noms de *Deirah*, *Mékhazeni*, etc., formaient une espèce d'aristocratie militaire à laquelle étaient dévolus certains priviléges, comme exemption d'une partie ou de la totalité des impôts, distribution de terres, etc., et qu'on renforçait, dans certaines occasions, par l'adjonction des *goums* ou contingents de tribus soumises, sur la fidélité desquelles on croyait pouvoir compter. Tous ces hommes marchaient aux razzias dirigées contre leurs frères comme à une véritable fête. Il en est de même aujourd'hui; toutefois nos alliés ne nous accompagnent plus avec la même ardeur, parce que, comme je l'ai dit plus haut, nos généraux ont fréquemment eu l'imprudence de rendre aux vaincus les troupeaux qu'on leur avait enlevés, et qu'ensuite on a cessé de

donner 5 francs par tête d'ennemi coupée. Les beys
payaient 20 francs. Il est vrai qu'une part notable du
butin leur revenait ; il est vrai aussi que quand un de
ces dignes auxiliaires avait fait une trop ample récolte
de têtes, le bey ou ses officiers trouvaient bien moyen
de lui faire rendre gorge. La justice turque, si équitable suivant les détracteurs de notre administration
en Afrique, était en effet bien supérieure à la nôtre
sous ce rapport.

Mais tout cela ne diminuait en rien l'ardeur des
bourreaux. A 20 francs par tête, l'ancien gouvernement aurait pu faire égorger une moitié de la population par l'autre, si cela fût entré dans ses vues.

§ 5. Quelques traits spéciaux du caractère arabe.

Maintenant, faudra-t-il, pour compléter ce portrait
de l'Arabe, signaler son hospitalité dont on a fait tant
de bruit et qui a donné lieu à tant d'historiettes dignes
des *Mille et Une Nuits?* Parlerai-je de cette vanité, de
ce talent de comédien qui transforment l'Arabe, de
sa nature prolixe, criard, gesticuleur, souple, en un
de ces héros antiques, au maintien noble, à la dé-
marche grave et fière, à l'air méditatif et indif-
férent, dès qu'il se croit l'objet de l'attention d'un
étranger? Combien de Français, à commencer par
nos braves officiers, ont été pris à ce piége! Nos
soldats seuls ne s'y sont pas trompés. Ils avaient,
eux, le privilége de voir ces impayables charlatans

derrière la coulisse. Ferai-je mention de cette haine et
de ce mépris du travail, de cette indomptable volonté
de jouir et de posséder sans labeur, tendances qui,
réunies à la rapacité de ces mêmes hommes, en font
des brigands de naissance? Parlerai-je enfin, puisqu'on
a prétendu que nos vices nous avaient rendus méprisables aux yeux de ces peuples, parlerai-je de ces
crimes honteux et contre nature que mentionne la
Bible pour les vouer à l'exécration, qui ne sont heureusement que de rares exceptions même dans les
lieux les plus dépravés de notre vieille Europe, et qui,
chez les Arabes, sont choses tout à fait usuelles,
comme il paraît en avoir été chez les anciens juifs?

Au total, la race d'Ismaël s'est conservée digne de
son premier père; c'est bien toujours l'homme *qui
lève la main contre tous et contre lequel tous lèvent la
main.* Mais elle offre aujourd'hui, comme je l'ai dit
plus haut, un trait caractéristique qui peut-être
manquait au fils d'Agar : l'Arabe actuel, malgré les
apparences contraires, *est essentiellement du bois
dont on fait les esclaves.* C'est là ce que nous n'aurions jamais dû perdre de vue dans nos rapports
avec lui.

Ajoutons qu'il est brave, sobre quand il mange à
son compte, d'un esprit aventureux et remarquable-
ment intelligent, mais de cette intelligence qui s'applique exclusivement aux relations d'homme à homme,
et qu'on ne saurait qualifier que de ruse, et non de
cette véritable intelligence qui maîtrise la nature, qui

crée, produit et fait progresser l'industrie et les
sciences.

Disons enfin, pour être impartial, que l'Arabe
possède encore, à un haut degré, une vertu dont nous
aurions pu tirer un meilleur parti, vertu qui nous
manque à nous autres Français : il a le sentiment
inné de la subordination, du respect pour l'autorité.
L'Arabe sait obéir et, par suite, sait commander,
car l'un est ordinairement la conséquence de l'autre.
Il est de pauvres cheikhs de douars qui pourraient donner des leçons, sous ce rapport, à beaucoup de nos
chefs supérieurs, et leur enseigner cet art du commandement, cette gravité, cette dignité qui devraient
toujours accompagner les fonctions élevées.

Disons encore que, malgré les mauvais penchants
de ce peuple, malgré l'action démoralisatrice de l'ancien gouvernement, il semble avoir conservé un certain sentiment d'équité qui lui fait accepter sans mur-
mure les châtiments les plus sévères lorsqu'ils sont
justes, pourvu toutefois que la *justice* soit accompagnée de la *force ;* car, encore une fois, la force est la
première des divinités pour l'Arabe, celle devant
laquelle il se courbe partout et toujours. *Dieu est
avec les forts.*

Ce portrait de l'Arabe, pris sur les lieux par un
observateur, je ne saurais trop le répéter, complète-
ment désintéressé, pourra bien ne pas être du goût
de tout le monde, révolter même beaucoup de personnes, et, dans tous les cas, détruire des illusions et

des espérances ; mais, dans une question aussi importante, les illusions de cette partie de la nation qui
exerce de l'influence sur le gouvernement peuvent
être trop dangereuses pour qu'on ne se hâte d'y mettre un terme. La France doit connaître, avant tout,
les hommes qu'elle s'est donné mission de soumettre
et de civiliser. D'une connaissance parfaite de l'état
des choses peut seul résulter un bon choix des moyens.

Du reste, que l'on consulte officiers et soldats qui
sont restés longtemps en Afrique ; tous, j'en suis sûr,
confirmeront ce que je dis ici.

§ 6. Kabaïles.

Ce qui précède s'applique plutôt aux Arabes qu'aux
Kabaïles. Il existe, sans doute, sous plusieurs rapports, des analogies entre ces deux races ; mais on y
remarque aussi des différences assez notables. Plus
féroces, plus fiers, plus laborieux, plus braves et
tout aussi cupides et pillards que les Arabes, les Kabaïles semblent moins rusés, moins fourbes, moins
dissimulés que ceux-ci. Ils possèdent à un plus haut
degré cette intelligence productrice qui distingue les
nations civilisées, et que révèlent chez eux une meilleure culture et des succès réels dans plusieurs branches d'industrie, comme la confection des armes à
feu et des armes blanches, la fabrication de la poudre,
du savon, de la poterie, de la fausse monnaie[1]. L'hospi-

(1) J'ai cru remarquer dans la forme de la tête, chez ces deux
peuples, des différences qui viendraient à l'appui de ce que j'avance

talité n'est pas un vain mot chez eux, et leur parole a
encore quelque valeur. Ils opposeront probablement
plus de résistance que les Arabes, mais, une fois soumis, on pourra, je crois, plutôt compter sur eux.

§ 7. Maures.

Je n'ai, jusqu'ici, parlé ni des *Maures*, ni des *Juifs*.
Les premiers, peuple fanatique, souple, mou, rusé,
comme on l'a fort bien dit, subissent notre domination, mais ne l'acceptent pas. Notre contact exercera
certainement de l'influence sur la génération qui s'é-
lève, mais nous n'avons pas à nous en préoccuper
beaucoup. Ils ne peuvent rien, ni pour ni contre nous,
si ce n'est comme espions de nos ennemis de l'intérieur ou de l'extérieur.

§ 8. Juifs.

Cela s'applique à plus forte raison aux juifs, qu'on
peut considérer, en quelque sorte, comme des Maures
renforcés. La réhabilitation intempestive de cette
race, si méprisée des indigènes, nous a fait grand tort
aux yeux de ces derniers, sans nous rattacher les juifs.
On avait cru que cette population, jusque-là en butte
à toutes les exactions, à toutes les avanies des grands
et des petits, nous recevrait comme des libérateurs et

ici. Le Kabaïle a la partie antérieure de la tête plus développée, le
front moins étroit, moins oblique, et le derrière du crâne moins
large que l'Arabe.

deviendrait pour nous un allié non douteux ; les faits
ont prouvé que nous étions dans l'erreur. Si les juifs
avaient beaucoup à souffrir sous l'ancien gouvernement, ils gagnaient aussi beaucoup, et, pour le juif
barbaresque, souffrir n'est rien quand il gagne. En
possession de presque tout le commerce, ils voyaient
nécessairement passer par leurs mains le produit des
razzias et des confiscations. Un gouvernement régulier ne peut plus leur offrir les mêmes avantages.
« On nous tourmentait beaucoup, me disait naïve-
ment un riche juif de Constantine, on nous faisait
même quelquefois périr, mais nous avions de grands
profits. »

Pour ces deux populations, justice mais sévérité,
surveillance active et exclusion à peu près absolue de
toutes les affaires du gouvernement.

§ 9. Règles de conduite à suivre avec les indigènes.

Je pourrais m'en tenir là et laisser au lecteur le soin
de déduire de ce qui précède les conséquences relatives au système à suivre vis-à-vis des indigènes ;
mais je craindrais que quelques esprits absolus n'ar-
rivassent à cette terrible conclusion que beaucoup de
partisans et presque tous les adversaires de la colonisation considèrent comme le seul moyen de trancher
les difficultés, l'*extermination* des indigènes. Je craindrais surtout qu'on ne m'attribuât également une pareille pensée.

Si je croyais que l'extermination fût nécessaire à l'existence et à la prospérité de notre établissement en Afrique, quels qu'eussent été l'opinion du pays et les avantages de la colonisation, chrétien et homme avant d'être Français, je n'aurais pas hésité à me prononcer franchement et d'une manière absolue contre la conservation de l'Algérie. Mais je suis loin de croire qu'il soit jamais nécessaire de recourir à cet affreux moyen. Je dirai plus : non-seulement il me semble très mauvais, politiquement parlant, mais je le crois à peu près impossible [1].

Si j'ai cru devoir mettre à nu le caractère et les vices de cette population indigène, qui semble n'avoir conservé de l'état sauvage et emprunté à la civilisation que ce que l'un et l'autre ont de plus mauvais ; si, dans tout le cours de cet ouvrage, perce une prédilection marquée pour les moyens de rigueur, pour une prompte et sévère justice à l'égard de ce peuple, c'est précisément parce que je crois que c'est le seul moyen d'éviter que nous n'arrivions, sinon en principe, du moins en fait, au système d'extermination.

Dans la sphère des choses morales comme dans

(1) On s'étonnera peut-être que j'envisage l'extermination des indigènes seulement comme *à peu près* impossible, tandis qu'on y voit une impossibilité absolue. La question est controversée même par des hommes également à même de bien juger. D'après ce que j'ai vu et ce que j'ai entendu dire, je ne serais pas éloigné de croire qu'avec la fameuse maxime de Louis XI, appuyée d'un nombre suffisant de troupes et de beaucoup d'argent, on ne parvienne à exterminer et à refouler la majeure partie de la population indigène.

...s physiques, toute transition brusque a
...nt de mauvais résultats, occasionne par-
...ours des déchirements. S'il est vrai que
...ion de l'homme adulte serait mortelle pour
... ...ui vient de naître, il n'est pas moins vrai
que les idées et les systèmes de gouvernement en usage
chez les peuples civilisés ne sauraient avoir que les
plus tristes résultats, appliqués aux peuples encore
barbares. Ce n'est pas chez une population longtemps
courbée sous le joug abrutissant des Turcs, ou n'ayant
conservé quelque liberté que par une guerre incessante de ruses et de violences, qu'on pourra introduire,
de plein saut, nos mœurs, notre organisation, nos
idées sur l'équité, sur l'action du pouvoir, sur le droit
des administrés. Ce qu'il faut aux indigènes, c'est une
simple amélioration de l'ancien état de choses, c'est
un acheminement graduel et lent vers une organisation plus parfaite; c'est, en un mot, le gouvernement
du sabre, toujours prompt, toujours terrible, mais
équitable; frappant toujours avec la même force,
mais ne frappant que pour punir et non plus pour
enlever au travailleur pacifique le fruit de son labeur.

Je reviendrai sur ces propositions générales, en les
formulant d'une manière plus précise.

Qu'on me permette auparavant de rappeler en
quelques mots l'organisation actuelle des habitants
de l'Algérie.

§ 10. Organisation actuelle des Arabes.

J'en reviens aux Arabes. On sait que leur organisation est toute féodale ; c'est un avantage pour nous, car cela facilite notablement l'action du pouvoir sur des populations encore à demi-sauvages. Sans entrer ici dans des détails bien connus, je me bornerai à rappeler que les Turcs avaient conservé et modifié cette organisation, en ce sens qu'ils s'étaient réservé la nomination et l'investiture des divers chefs, en ayant soin toutefois de ne les prendre que dans les familles les plus riches et les plus considérées et de ne rompre l'hérédité que pour des motifs graves.

Je rappellerai également que le *douar*, ou réunion de vingt-cinq à trente tentes, est administré par un ancien ou petit cheikh ; que la tribu, composée d'un nombre plus ou moins grand de douars, souvent aussi une simple fraction de tribu ou *ferkah,* est gouvernée par un *cheikh*, placé lui-même sous l'autorité d'un *kaïd* qui administre soit un certain nombre de tribus, ordinairement de la même souche, soit toutes les fractions d'une même grande tribu, et qui relevait directement du dey ou des beys, remplacés aujourd'hui, sous ce rapport, par nos commandants supérieurs.

On sait également que si le *douar* ou la fraction de tribu change de place, suivant les saisons et d'autres circonstances, il n'en est pas de même de la tribu tout entière qui a toujours un territoire plus ou moins

bien limité et ne le quitte jamais, à moins de guerre.
On comprend dès lors que les migrations du douar
ne s'étendent pas loin. Il n'y a de réellement nomades
que les tribus vivant sur les confins du désert, lesquelles parcourent le Sahara pendant l'hiver et passent l'été sur les contreforts du grand Atlas.

§ 11. Organisation actuelle des Kabaïles.

La plupart des tribus kabaïles ont une organisation
en apparence à peu près semblable à celle des Arabes,
mais en réalité très différente. Leurs hameaux ou
dechrahs, composés de chaumières, sont également
administrés par un chef, placé sous l'autorité du
cheikh qui commande à la *kharoubah* ou réunion
d'un certain nombre de hameaux. Mais, d'ordinaire,
les fonctions de ces chefs ne sont pas héréditaires et
n'étaient pas davantage dévolues à la nomination des
autorités turques. Ils sont élus et on en change tous
les trois, six ou douze mois. Dans la plupart des localités de la régence, ces cheikhs ne reconnaissent point
de kaïds ; mais les cheikhs des diverses kharoubahs
d'une même tribu ou *aarch* se réunissent en espèce de
conseil sous la direction de l'un d'eux, décoré du titre
de *mésouar* et dont l'autorité est également temporaire. Ces divers chefs exercent en réalité peu d'influence.

On voit que les Kabaïles ont une organisation tout
à fait démocratique. Cette circonstance est fâcheuse
pour nous. Plus peut-être que l'inaccessibilité des lieux

habités par cette population, elle entravera notre action sur elle, car les difficultés du terrain sont en partie compensées par la stabilité de séjour de ce peuple qui, on le sait, n'est pas nomade comme les Arabes.

Il est un certain nombre de tribus kabaïles qui ont toujours su conserver leur indépendance à l'égard des Turcs. Je crois que ce que nous pouvons faire de mieux, c'est de les laisser tranquilles dans leurs montagnes, tant qu'ils ne nous attaqueront pas ou ne donneront pas refuge et rendez-vous aux mécontents et aux vagabonds des autres tribus, et qu'ils ne nous embarrasseront pas trop par leur fabrication de fausse monnaie. Sinon, aucun effort ne doit nous coûter pour les châtier.

Quant aux tribus que les Turcs étaient parvenus à soumettre à l'impôt, nous devons, je crois, également l'exiger d'elles et tout faire, en outre, pour y établir l'organisation régulière dont il va être question.

Si je ne me trompe, on a déjà commencé à suivre ce système, et, malgré les obstacles qu'on rencontrera, il faut le pousser jusqu'au bout.

SECTION II. — *Organisation nouvelle des indigènes.*

§ 1. Nécessité d'une organisation nouvelle.

On ne s'attend pas sans doute à ce que je présente ici un système complet sur une matière aussi neuve et aussi difficile que celle-ci.

Poser quelques principes généraux, examiner quelques points qui me paraissent les plus importants, tirer de là les conséquences que semble indiquer la logique, telle est la tâche à laquelle je dois me borner.

Ici comme ailleurs, ou même ici plus qu'ailleurs, doit régner ce principe : perfectionner plutôt que changer, améliorer ce qui existe plutôt qu'innover.

Le seul système aujourd'hui possible en Algérie, pour l'administration des indigènes, est le gouvernement par des chefs indigènes, à la nomination de l'autorité française et placés comme intermédiaires entre celle-ci et les habitants.

Mais pour qu'un système pareil soit exempt de dangers, on comprend la nécessité, pour le gouvernement, de tenir ces chefs indigènes constamment sous sa dépendance et d'établir entre eux et lui des liens tels que jamais ils ne puissent se soustraire à son action.

C'est ce qu'on obtiendra en établissant parmi ces chefs un ordre hiérarchique habilement combiné, en choisissant bien les hommes que l'on investira d'un commandement sur leurs coreligionnaires, enfin en leur accordant une grande autorité sur les populations qu'ils seront appelés à gouverner.

Cette hiérarchie des autorités n'est du reste que la conséquence de la première base de toute organisation régulière d'un pays, la *division du territoire* en circonscriptions déterminées soit par les circonstances physiques (relief du pays, limites naturelles, etc.), soit par les circonstances de population (affinités de races, de langues, de mœurs, etc.).

J'ai dit qu'ici plus qu'ailleurs il fallait tâcher de perfectionner plutôt que d'innover. Nous pourrons rester fidèles à ce principe, car on a pu voir que, sous le précédent gouvernement, il existait déjà un ordre hiérarchique se rattachant à une certaine division territoriale. Nous n'avons donc qu'à prendre cette organisation, à lui donner plus de régularité et à l'étendre successivement sur toute la surface du pays.

Ainsi, à la tête de chaque *douar* serait placé un *sous-cheikh ;* à la tête de chaque tribu, ou, si la tribu était trop grande, à la tête de chaque fraction importante ou *ferkah* de la même tribu, un *cheikh.* Un certain nombre de tribus ou toutes les ferkahs d'une même grande tribu seraient réunies en *outhan*, placé sous l'autorité d'un *kaïd ;* enfin un certain nombre d'outhans constitueraient l'*aghalikh*, administré par l'*agha* avec l'aide de son *khalifah* ou lieutenant.

Si je ne me trompe, depuis l'arrivée du maréchal Bugeaud en Algérie, on a déjà commencé à organiser, sur des bases analogues, certaines portions du pays. J'ignore s'il conviendra de procéder partout de même. Je serais porté à croire que, dans certaines circonstances, les faits antérieurs, une organisation déjà ancienne nous forceront à dévier du système qu'on aura adopté, et il est à désirer que la tendance, souvent utile, mais parfois aussi fâcheuse, de notre administration pour l'uniformité mathématique, tendance qui réalise fréquemment la fable du lit de Procuste, ne nous cause pas ici des embarras qu'on aurait pu facilement éviter.

J'ai à peine besoin de dire que les délimitations territoriales n'étant encore que vaguement déterminées et répondant mal aux idées reçues chez les indigènes, on sera forcé de prendre les populations et non le territoire pour base. Quoiqu'il soit utile d'établir le plus promptement possible les circonscriptions territoriales, ce ne sera que plus tard que cela pourra se faire d'une manière exacte et définitive.

Je vais passer rapidement en revue quelques-uns des points les plus importants que soulève cette grande question de l'organisation des indigènes. Encore une fois, je ne prétends pas résoudre le problème, présenter quelque chose de complet; je donne ici mes impressions et la conclusion logique de ce que j'ai vu et entendu dire sur les lieux.

§ 2. Choix des chefs.

On comprend facilement de quelle importance doit être pour nous le bon choix des chefs, *cheikhs*, *kaïds*, *khalifahs* et *aghas*.

Il importe que ce soient des hommes influents, sans quoi ils nous seront de peu de secours, parfois même ils deviendront un embarras; car la France ne peut, ne doit jamais permettre qu'un chef qu'elle a nommé soit repoussé par les populations. Ajoutons qu'aujourd'hui que nous connaissons mieux les hommes et le pays, les bons choix, sous ce rapport, sont plus faciles et deviendront la règle lorsque nous nous serons débarrassés du reste d'influence qu'exercent encore quelques Maures et juifs dans ces questions.

Il est surtout nécessaire que ces chefs nous soient dévoués, et, pour cela, il faut que leur intérêt soit lié au nôtre. C'est même là, je crois, la considération décisive; car, pour l'influence, avec une certaine somme proportionnée à l'importance du poste et donnée au nouveau titulaire pour se créer des partisans, avec la menace, appuyée de quelques exemples d'une punition sévère, d'une punition à la turque, dans le cas où les tribus repousseraient leur nouveau chef, on sera presque toujours sûr d'établir et de maintenir son autorité, en supposant qu'on ait choisi d'ailleurs un homme d'intelligence et d'énergie.

L'état d'anarchie peut bien convenir à quelques individus; mais il est opposé à l'intérêt de tous, des populations d'abord, qui perdent par l'anéantissement de l'agriculture et du commerce, et des grandes familles dominantes ensuite, dont les principaux revenus consistent dans la part qu'elles perçoivent sur les impôts, part qui cesse du moment où la destruction du pouvoir central permet aux administrés de refuser ces impôts.

De là cette ardeur avec laquelle gouvernants et gouvernés ont embrassé la cause d'Abd-el-Kader. Ils voyaient en lui une autorité ayant puissance et volonté d'intervenir dans tout ce qui les concernait, d'empê-

cher l'oppression des tribus faibles par les tribus fortes
et la révolte des sujets contre leurs autorités. A part les
considérations religieuses, moins fortes qu'on ne le
pense, il n'y avait pas à balancer entre un pouvoir
pareil et celui des Français qui se tenaient claquemurés
dans quelques villes du littoral, ou ne nommaient des
chefs que pour les abandonner à la merci des populations révoltées.

§ 3. Perception du tribut.

A cette question des chefs indigènes se rattache la
question financière. Rien de régulier, comme on le
sait, n'existait, sous les Turcs, pour la perception du
tribut. Les chefs chargés de le prélever sur les populations soumises à leur autorité, et d'en rendre compte
au pouvoir central, tâchaient de tirer aux premières
le plus, et de donner à celui-ci le moins possible. Les
fonctionnaires qui recevaient le tribut du cheikh, pour
le déposer dans la caisse de l'État, faisaient de même,
de sorte que c'était une série d'exactions et de vols
aux dépens des populations et de l'autorité suprême.

Celle-ci ne s'inquiétait que d'une chose, recevoir
le plus possible; le chef qui lui donnait de grosses
sommes était sûr d'avoir son appui, quels que fussent les moyens employés.

Cependant, pour être vrais, ajoutons que, quand ce
chef avait réussi à s'enrichir, le gouvernement se rap-
pelait souvent que le susdit chef avait fortement pres-

suré les populations, et alors on tâchait de l'attirer au
chef-lieu, et on le condamnait à une grosse amende,
ou, ce qui était plus simple, on le faisait périr, et on
confisquait ses biens lorsque cela était praticable.

Naturellement il ne peut plus être question d'un
pareil système sous l'égide de la France. Ce qui nous
revient sera déterminé ; jamais on ne cherchera à prélever davantage. Mais en sera-t-il de même des chefs,
nos intermédiaires obligés ? Adopteront-ils notre manière de voir et de procéder ? Se contenteront-ils
d'une part déterminée et raisonnable dans les impôts
qu'ils percevront au nom de la France ?

Si on avait pu conserver quelque illusion à cet
égard, les faits qui se sont passés, depuis l'extension
de notre domination en Afrique, n'en permettraient
plus. Les chefs arabes que nous nommerons conti-
nueront, vis-à-vis des populations, le même système
de concussions et de rapines qu'ils suivaient du temps
des Turcs. N'ayant plus à craindre de provoquer la
cupidité du pouvoir par leurs richesses, et de devenir
ainsi victimes de leurs propres exactions, ils n'auront
même plus aucun frein, et, probablement, feront
pis qu'auparavant, si le gouvernement n'y met bon
ordre.

Quel moyen emploiera-t-il à cet effet ? Admettra-t-
on les populations à se plaindre auprès de l'autorité
française, à accuser leurs administrateurs, à demander justice ? Oui, sans doute ; il ne saurait en être autrement. Mais donnera-t-on toujours suite à ces accu-

sations? L'Arabe, s'il espère être écouté, criera et se
plaindra toujours; et si ces plaintes et ces accusations,
quoique mal fondées, ce qui peut souvent arriver,
obtiennent la moindre créance auprès de l'autorité
française, ou même sont reçues par elle à simple titre
de renseignements, mais sans que les délateurs soient
punis, à l'instant tout l'ascendant moral du chef est
détruit, son autorité est compromise, il risquera fort
de rencontrer de l'opposition aux mesures les plus
justes.

Entre ces deux écueils de laisser exploiter les populations par une aristocratie rapace, ou de rendre
tout gouvernement impossible en déconsidérant le
pouvoir dans la personne des chefs que nous aurons
nommés, et en les forçant à devenir nos ennemis, il
y a, je crois, une ligne à suivre qui pourrait atteindre,
tant bien que mal, le double but qu'on se propose.
Je n'ai pas la prétention de l'indiquer ici. Qu'il me
soit seulement permis de dire que, dans notre intérêt
et même dans celui des populations, la première condition me semble être de conserver le pouvoir intact,
et de ne pas nous rendre hostiles des familles puissantes qui sauraient se venger un jour ou l'autre en
entraînant contre nous les tribus mêmes à l'avantage
desquelles nous les aurions sacrifiées; car, je le répète,
l'ingratitude est, après la cupidité, un des traits saillants du caractère arabe. C'est là ce qu'on ne doit
jamais perdre de vue.

Si donc l'on accueille les plaintes et les accusations

des administrés, ce qui est indispensable, tout le
monde en conviendra, il n'est pas moins indispensable qu'elles ne puissent se produire que pour des
causes graves, et que, à cet effet, accusateurs comme
accusés soient mis, en attendant l'instruction, sous la
main de la justice, non pas de notre justice qui est
antipathique aux Arabes à cause de ses lenteurs, ni
de la justice indigène accessible à tous les moyens de
séduction, mais de la justice militaire. Le mieux serait,
sans doute, avec des généraux habiles et prudents
comme le sont beaucoup de ceux qui commandent
en Afrique, que le général seul fût appelé à juger sou-
verainement de ces causes comme de toutes celles qui
concernent l'administration des Arabes, car rien,
auprès de ces derniers, ne peut remplacer l'action
prompte et décisive d'un pouvoir dictatorial unique.
Si toutefois cela semblait trop opposé à nos mœurs, il
faudrait, je crois, que les conseils de guerre appelés à
juger se guidassent, non pas d'après les errements de
nos Codes, mais suivant les usages du pays ou d'après
des règlements faits *ad hoc*.

J'ai à peine besoin d'ajouter que des peines graves
devraient être prononcées contre toute accusation
reconnue fausse.

§ 4. Chefs supérieurs français et indigènes.

Il est une autre question qui se rattache également
à celle de l'organisation des indigènes, et qui, sous

plus d'un rapport, intéresse notre domination. Que
les cheikhs et même les kaïds soient constamment pris
parmi les indigènes, c'est ce qui, je crois, est admis
par tout le monde. Mais les aghas doivent-ils également être Arabes? N'y aurait-il pas, dans plus d'une
circonstance, danger à investir un indigène d'un pouvoir aussi étendu, qu'il pourrait accroître encore par
son influence personnelle ou de famille et par les richesses que sa position même lui aurait permis d'a-
masser, pouvoir que, dans l'occasion, nous pourrions
voir tourner contre nous? Ne serait-il pas plus pru-
dent de placer à ces postes des officiers français connaissant bien l'arabe? C'est là une question que je
pose, mais que je n'oserais résoudre, ne possédant pas
tous les éléments nécessaires à cet effet.

S'il n'y a pas de trop graves inconvénients, on pourrait au moins essayer de ce système dans un ou deux
des nouveaux aghalikhs.

Je dirai seulement que l'écueil qui me semblerait
le plus à craindre serait de voir ces aghas français
manquer de fermeté d'abord, et ensuite devenir plus
arabes que les Arabes eux-mêmes, non pas, bien entendu, vis-à-vis des indigènes, mais à l'égard de l'administration, comme cela s'est déjà vu chez certains
chefs des bureaux arabes.

§ 5. Composition de la population des Outhans et des Aghalikhs.

Cette question n'est pas sans importance. On a dû

nécessairement la discuter, lors des premiers essais
d'organisation qui se sont faits en Algérie.

J'ignore si l'on a déjà pris une détermination à
cet égard; mais, comme l'œuvre n'en est encore qu'au
début, il n'est pas inutile d'examiner le sujet.

On peut ne réunir, dans un outhan, que des tribus
de même souche, et dans un aghalikh que des outhans comprenant, autant que possible, une population de race, de langue et de mœurs identiques; ou
bien, on peut s'attacher au contraire à mêler, dans
chaque circonscription, des populations d'origine différente, hostiles même les unes aux autres.

De prime abord, ce dernier système paraît être le
plus rationnel. C'est par ce moyen qu'on a fait disparaître, en France, jusqu'aux derniers vestiges de l'esprit provincial et qu'on a créé la centralisation du
pouvoir. On annulerait, en outre, de cette manière,
la force de beaucoup de tribus douteuses en les frac-
tionnant et en leur donnant, avec des tribus ou des
fractions de tribus étrangères, un même chef, qui,
lui aussi, serait de cette manière réduit à l'impuissance
de nous nuire.

Dans le système opposé, on pourrait craindre, au
contraire, que chaque outhan, chaque aghalikh, par
son homogénéité, ne devînt facilement une sorte
d'état isolé avec lequel il faudrait toujours compter,
soit pour la nomination ou la révocation des chefs,
soit pour le prélèvement de l'impôt, ou dans les colli-
sions avec d'autres tribus.

Je doute que le même système convienne également partout ; mais voici toujours quelques considérations qui pourront contribuer à éclairer la question, dans certains cas douteux.

Je laisse les cheikhs de côté. Appelés à commander à une seule tribu, le plus souvent même à une fraction de tribu, il ne peut être question de leur donner une population mélangée.

Quant aux kaïds, si l'on est sûr de leur fidélité, de leur dévouement, on pourrait ne composer leurs outhans que de tribus ou de fractions de tribus ayant même origine et même langue, car, pourvu que le chef soit d'une famille indigène et considérée, il pourra nous servir ainsi plus efficacement que s'il avait à gouverner des tribus sans liens entre elles. C'est, du reste, le système qu'on paraît avoir suivi et qu'on sera probablement obligé de suivre dans la plupart des cas.

Comme correctif à ce qu'il pourrait avoir de dangereux pour nous, dans certaines occurrences, on pourrait adopter la division en plusieurs outhans des tribus trop puissantes. Il est douteux que les divers kaïds, chargés de commander à ces fractions, s'entendent jamais pour nous nuire, en supposant quelque peu d'habileté à l'agha et au chef français, commandant le *cercle*.

Quant à l'aghalik, il sera presque toujours difficile, pour ne pas dire impossible, de ne lui donner que des populations homogènes, et, dans tous les cas, je

crois que ce serait d'une mauvaise politique. L'agha
doit pouvoir opposer certaines tribus aux autres,
s'appuyer sur une portion de la population pour se
faire accepter par le reste. C'est ainsi seulement que
son autorité cessera d'être nominale sans nous devenir dangereuse.

§ 6. Aristocratie militaire. — Makhzen.

Ici se présente une autre question, peut-être plus
importante encore. Emploiera-t-on indistinctement
toutes les tribus ou fractions de tribus qui s'offriront
pour soutenir notre autorité, ou bien confiera-t-on
cette mission à certaines tribus seulement? Fera-t-on
revivre, en un mot, cette aristocratie militaire qu'a-
vaient créée les Turcs, et qui, sous les noms de *Makhzen, Mekhaliah, Deirah,* les aidait à opprimer le
pays?

Peut-être qu'ici encore on ne pourra pas agir partout de même. Néanmoins, je crois que toutes les fois
que cela sera possible, il faudra nous rapprocher du
système turc, créer également une aristocratie militaire sur laquelle nous puissions nous étayer, non plus
pour opprimer, mais au contraire pour pacifier et
civiliser le pays.

Ce système est antipathique, je le sais, à nos idées
de droit, d'égalité et de justice. Mais, encore une fois,
ces idées sont la plupart tellement en opposition avec
la nature des choses, en Afrique, qu'on aura toujours

grande chance de réussir en les prenant à contre-sens.

Il est une nation voisine que nous nous efforçons
d'imiter sur beaucoup de points, et à laquelle nous
aurions bien dû emprunter l'éclectisme, la tolérance
dont elle fait preuve, quant aux formes administratives et politiques à donner aux contrées étrangères
soumises à sa domination. Rien ne varie comme les
allures de gouvernement adoptées par l'Angleterre
dans ses diverses colonies. Jamais aucune doctrine
admise *à priori* n'est venue exercer la moindre influence sur cette question. Partout et toujours l'Angleterre a cherché et réussi à approprier le gouvernement des vastes contrées qu'elle régit au caractère de
chaque peuple, aux circonstances de chaque localité,
ne se préoccupant que d'une chose, *l'intérêt bien entendu de la métropole,* mobile exclusif et constant de
tous ses actes. Elle abolit l'esclavage dans ses colonies
d'Amérique et le conserve dans les Indes-Orientales ;
poussant chez elle le respect pour la liberté individuelle jusqu'à ses dernières limites, elle n'hésite cependant pas à adopter, pour plusieurs de ses colonies
et même pour certaines contrées simplement soumises
à son protectorat, les formes les plus absolues, les
plus despotiques, les plus opposées, en un mot, à sa
constitution.

Qu'il me soit permis de le dire, nous autres Français, et c'est là ce qui cause en partie notre infériorité
dans la pratique des choses de ce monde, nous accor-
dons encore une trop grande part aux principes ab-

straits ; et quoique personne n'ose plus dire aujour-
d'hui : *Périssent les colonies plutôt qu'un principe!* le
principe, à notre insu, entre pour beaucoup dans la
conduite que nous tenons vis-à-vis des colonies ; nous
envisageons et nous jugeons tout au point de vue
français, et si nous n'avons plus, comme sous la république, la prétention d'introduire partout notre
forme de gouvernement, nos lois, notre organisation
sociale, nous repoussons du moins tout ce qui leur
est opposé.

Si, à notre arrivée à Alger, au lieu de faire de la
philanthropie et de la popularité à nos dépens, nous
nous étions purement et simplement substitués aux
Turcs, en supprimant, bien entendu, les abus de leur
système, et si nous avions conservé ces mékhazeni et
ces auxiliaires qui ne demandaient pas mieux que de
nous servir, la France serait aujourd'hui solidement
établie en Afrique, et aurait épargné bien des millions
et bien des soldats.

Les Turcs avaient eu soin de ne prendre pour
makhzen que des tribus étrangères aux populations
auxquelles ils les imposaient ; non pas, comme je l'ai
déjà dit, qu'il existe des sentiments de confraternité
entre les tribus d'une même origine, mais parce que
là il y avait déjà de la haine, qui, dans ce cas, valait
naturellement mieux que l'indifférence.

Je ne vois point de motif pour adopter une marche
différente toutes les fois que notre choix n'aura pas

déjà été déterminé par les événements, ce qui aura lieu souvent.

Il est évident, en effet, que nous devons conférer la dignité de makhzen et les avantages qui s'y rattachent, avant tout aux tribus qui nous ont soutenus, qui nous ont donné des preuves réelles de fidélité et de dévouement. Presque partout, il y en a qui rentrent plus ou moins dans cette catégorie.

Ces mékhazeni ne nous dispenseraient pas d'avoir des troupes régulières indigènes qu'on pourrait même lever de préférence dans les mêmes tribus; mais ils permettraient d'en réduire le nombre. On pourrait aussi exiger que les officiers et sous-officiers des mékhazeni eussent servi dans les spahis ou les zouaves, pour pouvoir donner à leurs soldats une organisation graduellement plus régulière.

Quels seront maintenant les priviléges qu'on leur accordera? Je me sers avec intention du mot *privilége,* parce qu'un avantage n'est apprécié en Afrique, comme ailleurs, et plus qu'ailleurs, que lorsqu'il n'est que l'apanage du petit nombre.

Ces priviléges donc pourraient être l'exemption totale ou partielle d'impôts, suivant les titres qu'aurait acquis la tribu à la bienveillance du gouvernement; le droit exclusif de porter certaines distinctions sur les vêtements, droit peu onéreux pour la France et qui n'en aurait pas moins un grand prix aux yeux des indigènes, du moment où il serait un privilége exclusif [1]. Ces distinctions indiqueraient les différentes *classes* de mékhazeni, car je crois qu'il serait bon d'en avoir plusieurs, suivant les services rendus et l'utilité qu'en retirerait la France.

La première classe ne paierait aucun impôt. La seconde paierait l'hokhor, en tout ou en partie, ou l'*achour*, également en tout ou en partie, si les tribus étaient plus riches en produits qu'en argent.

Après des services signalés, on pourrait, comme récompense, faire passer une tribu du makhzen de seconde classe dans le makhzen de première; de même qu'on pourrait, pour cause de trahison, ou simplement de négligence ou de faiblesse, faire déchoir une tribu du makhzen, soit en la faisant passer de la première à la seconde classe, soit en la privant des fonctions de makhzen, et en la faisant rentrer dans la catégorie des tribus soumises.

On pourrait également faire passer dans le makhzen celles, parmi ces dernières tribus, qui, dans des circonstances graves, auraient donné des preuves de courage et de fidélité à la France.

Le makhzen recevrait une paie, lorsqu'il irait en course au delà des limites qui lui seraient assignées. Celui de première classe, qui serait ordinairement attaché à l'agha, pourrait même recevoir une solde régulière, assez faible toutefois, et qui ne s'accroîtrait

(1) Ces distinctions pourraient consister en un liseré de couleur sur le burnouss, ou en additions quelconques, mais bien voyantes, faites à la coiffure.

que dans les expéditions. Inutile d'ajouter qu'une
part importante du butin reviendrait de droit au
makhzen d'abord, et ensuite aux goums ou contingents des autres tribus qui auraient pris part à l'expédition. Il serait nécessaire dès lors que nos généraux
s'abstinssent de faire de la générosité avec les tribus
vaincues, en leur rendant les troupeaux et le butin
enlevés, système fort beau assurément, mais qui, en
Afrique, paraît avoir malheureusement des résultats
diamétralement opposés à ceux qu'on en attend.

Je ne m'étendrai pas davantage sur cette matière
qui m'est totalement étrangère, et que je n'ai abor-
dée qu'à cause de son importance. Si je suis entré
dans quelques détails, c'est uniquement pour appeler
l'attention des hommes spéciaux sur ces sujets. Mais
j'insiste beaucoup sur le principe, la création d'une
aristocratie militaire qui ait, comme nous, intérêt à
pacifier le pays, à se maintenir sous notre dépendance et à lui faire payer l'impôt.

On objectera, sans doute, qu'un système pareil
non-seulement donnerait lieu à des abus nombreux,
mais encore maintiendrait à tout jamais le pays dans la
situation anormale où il se trouvait du temps des Turcs,
en opposant des obstacles invincibles à l'introduction
progressive d'un état de choses plus parfait.

Quant aux abus, il faudra bien en prendre son
parti, car il y en aura partout et toujours. Si c'était
là un motif suffisant pour repousser un système, on
n'en adopterait aucun.

L'état de choses qui résulterait du plan que je propose ici serait certainement très éloigné de celui qui doit un jour régner dans l'Afrique française; mais n'oublions pas que souvent rien ne ressemble moins au dénouement que le début, au but que les moyens, et, sans sortir de l'Algérie, n'en avons-nous pas une preuve concluante dans ce qui s'y passe, dans cette guerre acharnée faite pour arriver à la paix?

Je ne crois pas, du reste, qu'une mesure comme celle que je propose empêche un jour le progrès. Cette aristocratie militaire n'existera que par la France, n'aura de force que par elle. Rien ne sera donc plus facile que de réduire cette force, de faire disparaître peu à peu ces distinctions humiliantes pour le reste de la population, à mesure que les circonstances qui auront rendu leur établissement nécessaire disparaîtront elles-mêmes, à mesure surtout que l'accroissement de la population européenne, son contact journalier, sur tous les points du territoire, avec les populations indigènes, auront modifié les mœurs de celles-ci et donné une plus grande force à l'action du gouvernement. Ce n'est donc qu'une organisation transitoire, mais qui, je le répète, me paraît indispensable à la pacification du pays, premier but à atteindre, première condition de toute prospérité future.

Du reste, l'établissement du makhzen tel que je l'entends n'exclura pas l'emploi des contingents des autres tribus. Néanmoins il sera bon d'user, à l'ave-

nir, le moins possible de cette ressource. Il faut tâcher de faire oublier aux Arabes l'usage du fusil. Ce
sera bien difficile; néanmoins, avec de la persévérance,
on y parviendra peut-être [1].

Si l'on adoptait en principe ce système d'une aristocratie militaire, il y aurait deux écueils à redouter.
J'ai déjà mentionné le premier en parlant des chefs
arabes nommés par la France. Comme ces chefs, les
mékhazeni seront souvent l'objet de plaintes et d'accusations plus ou moins fondées. La question est, du
reste, assez simple ici, car toujours et partout ces
chefs devront être responsables des actes de leur
makhzen.

L'autre écueil est beaucoup plus grave. On peut facilement prévoir qu'en présence des avantages accordés
aux tribus du makhzen, une foule de tribus, aujour-
d'hui soumises, voudraient en faire partie et nous me-
naceraient d'hostilités en cas de refus. D'autres tribus,
disposées ou forcées à se soumettre, nous imposeraient
comme condition de paix de les recevoir dans le
makhzen, ou du moins d'être exemptées d'impôts
comme celui-ci, ou enfin de ne pas être sous sa dé-

---

(1) Vaudrait-il mieux faire entrer dans le makhzen, ou dans des
établissements coloniaux fondés *ad hoc*, les indigènes sortant des
spahis et des zouaves, que de les laisser revenir dans leurs tribus
respectives? C'est là une question que je n'oserais trancher; il y a
du pour et du contre dans les deux solutions. S'ils revenaient dans
leurs tribus, je crois qu'ils devraient y jouir de certains priviléges
qui puissent constituer un lien de plus entre eux et nous.

pendance. Il en serait de même pour les circonscriptions des outhans et des aghalikhs. Je le dis ici avec
une intime conviction, si l'on accédait une seule fois
et sur un seul point à ces exigences, à l'instant toute la
puissance, toute l'efficacité de cette organisation seraient détruites. Si l'on cède à l'Arabe sur un point, il
n'y a aucune raison, à ses yeux, pour qu'on ne cède
pas sur tous les autres, et un refus opposé à la seconde,
troisième, quatrième demandes le mécontente plus
que celui qu'on aurait opposé à la première. Aussi,
une règle importante de conduite avec ce peuple,
c'est d'accorder spontanément tout ce qui est bon,
utile, juste, mais de repousser d'une manière absolue
toute chose, fût-elle équitable, qui est réclamée et
surtout exigée.

§ 6. Nécessité d'une nombreuse armée pour organiser promptement
le pays.

L'organisation générale des indigènes, c'est-à-dire
l'établissement des circonscriptions, la nomination des
chefs et la création des mékhazeni, toutes choses qui
devront coïncider avec l'introduction et l'établissement
de nombreux colons européens, feront nécessairement
surgir de grands embarras. D'un autre côté, il est
urgent que cette organisation se fasse à peu près simultanément sur tous les points de l'Algérie.

Pour vaincre, ou plutôt pour prévenir toutes les
résistances et pour donner à cette organisation le

temps de prendre quelque force, de projeter quelques racines dans le pays, il serait indispensable, je crois, que la France consentît à un surcroît momentané de sacrifices. Qu'on me permette ici une comparaison un peu usée, mais qui me paraît tout à fait à sa place ici. Pour que la France parvienne à dompter l'anarchie dans ce malheureux pays, il faut qu'elle abatte d'un seul coup toutes les têtes de l'hydre, sans quoi, à mesure qu'elle en coupera une, il en renaîtra deux autres ; puis, il faut qu'elle profite du mouvement de stupeur qui suivra, pour établir immédiatement une organisation qui lie et étreigne de toutes parts ces populations belliqueuses, en employant une partie de leurs forces au service du progrès et de la civilisation contre celles qui veulent le maintien de la guerre et de la barbarie, et en établissant solidement, dans les diverses parties du pays, l'élément européen, en masses suffisantes et compactes.

Pour cela, il faudrait notablement accroître le nombre déjà si grand de nos soldats ; car l'Arabe ne tente pas de résister quand il prévoit qu'il serait battu, et nos généraux ont su habilement tirer parti de cette disposition en l'appuyant sur la religion même.

Je suis trop étranger à cette matière pour oser indiquer un chiffre ; mais des militaires distingués auxquels j'en ai parlé m'ont donné celui de cent vingt à cent trente mille hommes comme suffisant pour atteindre ce but.

C'est sans doute là un nombre effrayant ; mais la

France ne doit pas oublier que c'est précisément parce qu'elle s'est tant effrayée de chiffres bien inférieurs à celui-ci que les circonstances la forcent aujourd'hui à l'adopter. Il est, pour les nations comme pour les individus, des économies qui coûtent bien cher et des calculs, mathématiquement irréprochables, qui sont bien faux. Cinquante mille hommes, il y a douze ans, auraient plus fait que cent mille ne feront aujourd'hui ; car, à cette époque, la France exerçait encore cet ascendant moral si puissant chez les indigènes et qu'il nous faut, avant tout, reconquérir.

Pendant combien de temps cette armée sera-t-elle nécessaire? dans quelles proportions pourra-t-on la réduire après avoir atteint le but indiqué? Ce sont là des questions dont la solution appartient à d'autres qu'à moi.

Admettons un an, admettons même deux ans ; si, par ce grand déploiement de forces et par cette dépense, énorme sans doute, mais temporaire, on parvient à donner au pays une organisation régulière qui en amène la pacification durable ; si l'on parvient à installer une population européenne nombreuse sur les divers points convenables de l'Algérie, de telle sorte qu'on puisse enfin prévoir l'époque où cette conquête, glorieuse assurément, mais qui, jusqu'à présent, n'a été pour la France que le boulet du galérien, pourra enfin devenir fructueuse au pays, certes il n'est pas un bon Français qui, en présence des difficultés et de la honte de l'abandon ou d'un système rétrograde, ayant pour dénouement l'occupation restreinte, ne vote par acclamation ce surcroît de dépenses.

SECTION III. — *Moyens complémentaires de pacification.*

Après l'établissement de cette organisation régulière, plusieurs moyens, employés avec persévérance et habileté, pourraient contribuer à maintenir la tranquillité du pays et à le faire avancer graduellement vers la civilisation.

§ 1. Statistique des tribus.

Un élément important, non-seulement pour la conservation, mais aussi pour l'établissement même de cette organisation, élément qui probablement existe déjà, mais d'une manière incomplète, ce serait un tableau de toutes les tribus de l'Algérie avec indication de leurs territoires, de leur origine, de leurs affinités avec d'autres tribus, de leurs mœurs, caractère, manière de vivre, de leurs ressources, et surtout avec un exposé complet de leurs relations, soit avec l'ancien gouvernement, soit avec nous, espèce de dossier ou d'état de service, si je puis m'exprimer ainsi, qui permettrait à nos généraux de juger, à la première vue, de ce qu'on devrait attendre ou craindre d'une tribu et du système à suivre vis-à-vis d'elle.

§ 2. Moyens religieux.

Le patriarche grec de Constantinople a presque toujours été, entre les mains du gouvernement turc, un moyen puissant de domination sur ses coreligionnaires qui gémissaient pourtant sous le plus dur esclavage. La France ne pourrait-elle point, par ses relations amicales avec l'Égypte, user d'un moyen analogue, et tourner ainsi à son avantage cette influence religieuse qui jusqu'à présent lui a été si nuisible ? Ne pourrait-on pas avoir à Alger, et suffisamment rétribué par le gouvernement, un envoyé du grand shériff de la Mekhe qui, sous un titre quelconque, exercerait l'autorité religieuse sur tous les indigènes de l'Algérie ?

Peut-être aussi quelques prêtres *ouahabites* (secte religieuse de l'Arabie) amenés en Algérie, soutenus secrètement par le gouvernement, ne seraient-ils pas inutiles en jetant la perturbation dans les idées religieuses des Arabes. Il est possible que ces mesures soient plus dangereuses qu'utiles. Il me semble cependant qu'on parviendrait ainsi à détruire, ou du moins à diminuer l'influence presque toujours hostile de ces marabouts disséminés dans tout le pays et qui échappent entièrement à notre action.

§ 3. Suppression de la vie nomade.

La vie nomade des Arabes est un obstacle à notre

domination comme elle en est un à l'action civilisatrice que nous devons exercer. Il serait bon, je crois,
de favoriser le plus possible l'établissement de de-
meures fixes.

C'est à tort que l'on attribue aux Arabes de la répugnance pour la vie sédentaire. Ils sentent, au contraire,
parfaitement tous les avantages de nos maisons. La
paresse, l'ignorance, les guerres intestines, beaucoup
plus que les nécessités de la culture et de l'élève des
bestiaux, leur ont fait conserver leurs tentes. On pourrait favoriser la création d'habitations stables en accordant une diminution d'impôts aux tribus ou aux
douars qui se seraient établis à demeure.

§ 4. Mode de perception des impôts.

Lorsqu'une fois le calme et une organisation régulière auraient été établis, la perception des impôts
offrirait un moyen efficace de faire enfin pénétrer
chez les indigènes des habitudes d'ordre et de soumission. On pourrait percevoir l'impôt de deux manières, à la *française* d'abord, à la *turque* ensuite, si
la première méthode n'avait pas eu d'efficacité.

Dans chaque aghalikh, le kassnadji ou trésorier
serait chargé de visiter tous les outhans, à certaines
époques, et de recevoir l'impôt de la main des cheikhs
et des kaïds. Il ne serait accompagné que du nombre
de cavaliers nécessaire pour le protéger, et n'em-
ploierait aucun moyen de coercition contre les récalci-

trants ; mais quelque temps après, une seconde tour-
née serait faite par l'agha en personne ou par son
khalifah, accompagné du makhzen, et, si cela était
nécessaire, de quelques troupes françaises ou des
goums de quelques tribus dévouées. Toutes les tribus
qui auraient refusé l'impôt au kassnadji seraient alors
visitées, et, à moins de circonstances particulières,
comme épizooties, mauvaises récoltes, etc., elles seraient imposées à un chiffre d'un cinquième, d'un
quart, d'un tiers plus élevé que le chiffre primitif. Si
elles fuyaient ou si elles résistaient, un châtiment
exemplaire leur serait infligé, soit qu'on leur impose,
pour un temps variable, ainsi que le faisaient les
Turcs, une contribution spéciale, ou qu'on les prive
d'une partie de leur territoire qu'on donnerait aux
tribus du makhzen ou à des colons européens, si la
situation était convenable. Dans les cas moins graves,
on pourrait se borner à leur interdire, pour un temps,
les marchés français, comme on l'a déjà fait avec des
tribus hostiles. Toutefois, il ne faudrait pas abuser de
ce moyen. S'il est bon de faire sentir aux Arabes tout
le profit qu'ils retirent des relations avec nous, il faut,
en revanche, se bien garder de leur apprendre à s'en
passer.

§ 5. Emploi des prisonniers aux travaux de desséchement.

Nous devons malheureusement nous attendre à des
hostilités fréquentes, même après l'établissement d'une

organisation régulière; il importe donc de savoir ce que l'on fera des prisonniers. Aujourd'hui, on les envoie en France. Dans les commencements, cet exil, joint à la perte de la liberté, produisait un très grand effet sur les populations indigènes; mais il paraîtrait que les excellents traitements dont jouissent ces prisonniers, et dont elles ont eu connaissance par ceux d'entre eux qui sont revenus dans leur pays, ont diminué notablement la terreur que leur inspirait d'abord cette peine, d'autant plus qu'ils ont tous l'espoir d'être promptement graciés. Je crois donc qu'on sera bientôt obligé de recourir à un autre moyen.

Peut-être y aurait-il encore danger actuellement à garder ces prisonniers en Afrique, mais ce danger doit diminuer chaque jour.

Ne serait-il pas possible, par exemple, de les utiliser aux travaux de desséchement que le gouvernement fait exécuter dans la Mitidja, aux environs de Bône et de Philippeville? On aurait soin d'employer les prisonniers d'une province dans l'autre. Mais ici nos arabophiles m'arrêteront : « Ce serait une infamie, me diront-ils, que d'appliquer de malheureux prisonniers à des travaux aussi malsains. Ce que vous proposez est une condamnation à mort dissimulée. » C'est juste ; continuons donc à faire exécuter ces travaux par nos soldats et par d'honnêtes ouvriers d'Europe. Leur vie doit naturellement nous être moins précieuse que celle des prisonniers arabes, tous gens dont le plus pur a sur la conscience au moins deux

ou trois crimes emportant peine de mort
rope.

§ 6. Routes.

Enfin, je ne puis que répéter ici ce qu'on a déjà dit
ailleurs sur l'influence civilisatrice et pacificatrice des
voies de communication. Sans chercher des exemples
en Europe, il suffit de connaître les faits spéciaux à
l'Algérie pour ne plus avoir de doutes à cet égard.
Partout où une route a été ouverte, on a vu les populations faire leur soumission, ou du moins cesser
les hostilités. Malheureusement ce moyen ne pourra
être appliqué que lentement, et il se passera bien du
temps avant qu'un vaste réseau de routes stratégiques
embrasse toute la surface du pays et en relie toutes
les parties ensemble.

§ 7. Changement de système à l'égard des Arabes.

Je ne me fais pas illusion sur l'efficacité de ces divers moyens; s'il est permis de croire qu'avec cent
vingt ou cent trente mille hommes et même moins,
maintenus pendant un ou deux ans en Algérie, on
pourrait établir la paix partout et créer une organisation telle que je l'ai indiquée ou toute autre meilleure
encore, poser, en un mot, les bases de la civilisation
dans le pays, il n'est pas certain du tout qu'à la suite
de la réduction obligée de l'armée, réduction qui probablement devrait être de plus de moitié, toutes ces

créations si laborieusement établies ne finissent par être détruites et ne laissent la colonie dans un état pire que celui dans lequel elle se trouve actuellement.

Beaucoup de personnes se figurent qu'une fois Abd-el-Kader mort ou pris, la guerre cessera. Je crois qu'on se trompe. L'Algérie n'offre, à la vérité, qu'une seule place comme celle qu'a su prendre le célèbre marabout ; mais cette place ne restera jamais longtemps vacante. Qu'Abd-el-Kader disparaisse aujourd'hui, et demain il serait remplacé soit par un seul, soit par plusieurs, et la puissance occulte qui a soutenu et soutient encore Abd-el-Kader ne leur fera probablement pas défaut.

Le maréchal Bugeaud l'a dit : « Il faut autant de troupes en Afrique pour maintenir la paix que pour l'établir. » Tous ceux qui connaissent l'Algérie partageront certainement cette opinion, dont la conclusion logique est celle-ci : la France est condamnée à entretenir, pendant dix ans encore, une armée de soixante-quinze à quatre-vingt mille hommes en Algérie.

Le maréchal Bugeaud indique, il est vrai, le moyen de rendre cette armée beaucoup moins coûteuse. Ce moyen, dont le premier essai est dû à cet habile administrateur, a reçu aujourd'hui la sanction complète de l'expérience. Il est tel, que plus l'armée sera nombreuse, moins elle coûtera *proportionnellement*. On comprend déjà que je veux parler de l'application des troupes à la culture des terres. En traitant de la colonisation, je reviendrai sur cet intéres-

sant sujet. Je me bornerai à dire ici que ce ~
tout efficace qu'il puisse être pour réduire les dépe^{rcc}
d'un nombre donné de troupes, ne fera cependant pas,
je le pense du moins, que cent mille hommes en Afrique
coûteront moins que cinquante mille hommes en
France. Il ne fera pas, surtout, que ces cent mille
hommes soient à la disposition immédiate de la France
pour toutes les éventualités qui pourraient surgir en
Europe et puissent être retirés en partie de l'Afrique
sans qu'on ait à redouter un soulèvement du pays.

Aussi, tout en partageant complétement, sous ce
rapport, l'opinion de l'illustre maréchal gouverneur,
j'en reviens toujours à ce problème qui préoccupe tous
les hommes sérieux en France : trouver un moyen, un
ensemble de mesures qui assure, d'une manière complète et prompte, la pacification *durable* de l'Algérie
sans exiger, comme première condition, la présence
constante de soixante-quinze mille hommes et la con-
tinuation de sacrifices disproportionnés avec les avantages que doit un jour nous procurer la possession de
l'Algérie.

Je suis fâché d'être obligé de revenir si souvent sur
un sujet pénible, de blâmer des hommes que j'honore,
de me faire l'apôtre de la rigueur et du despotisme,
moi qui, par caractère autant que par principes, ai
toujours penché vers la douceur et la bienveillance.
Mais il y va ici de l'intérêt de la France, de l'intérêt de
la civilisation, c'est-à-dire des deux plus grands intérêts qui existent pour moi. Je dois donc dire ce que je

créatio... ...ue cela froisse l'opinion géné-
être... ...e notre époque.

... les colonisateurs européens s'in-
...le aveugle, d'un mépris profond
...ses peuplades chez lesquelles ils
...uite, l'esclavage ou la mort, telles
alternatives qui restaient à ces der-
...ongtemps l'heure de la réaction a
sonné, et aujourd'hui cette réaction est si complète que
toutes les sympathies sont pour le sauvage, tout le
blâme pour l'homme civilisé, pour le concitoyen,
lorsqu'il a été assez malheureux pour être forcé d'user
de moyens violents dans la défense de sa vie, de ses
droits, des principes d'ordre et de justice. Sacrifier ce
dernier à l'autre semble chose toute naturelle. *La
civilisation doit avoir ses martyrs*, dit-on.

J'avoue que je ne comprends pas ce système. Je le
comprends d'autant moins qu'il me semble non-seulement immoral, mais encore de nature à éloigner
du but.

Loin de moi la pensée de vouloir faire revivre les
errements de nos anciens colonisateurs; mais n'est-il
pas évident pour tout le monde que la première condition, pour la civilisation d'un peuple encore bar-
bare, c'est que ce peuple se soumette, qu'il accepte la
domination de ceux qui ont reçu mission de le civiliser? Or, quand ses instincts sauvages lui font repousser
cette soumission, quand il ne plie que sous la force
brutale, ne faut-il pas, dans l'intérêt même du but

que l'on veut atteindre, avoir recours à cette force brutale, lui imprimer une terreur salutaire pour lui faire accepter la civilisation par le *fait* d'abord, par le *principe* ensuite?

C'est précisément le cas pour l'Algérie, et c'est parce que nous avons dès l'abord reculé devant l'emploi de la force que nous avons obtenu si peu de résultats avec des moyens aussi gigantesques.

Répétons-le donc, la France s'est trompée dans la conduite à tenir vis-à-vis des indigènes.

Malgré l'habileté de nos généraux, la valeur de nos troupes et les immenses sacrifices qu'on pourra faire encore, notre domination ne sera jamais assise sur des bases solides tant que l'on persévérera, à l'égard de nos ennemis, dans ce système de mansuétude, de condescendance, d'avances imprudentes qui sont pour les Arabes autant de preuves manifestes de notre faiblesse; tant qu'on n'aura pas donné quelques-uns de ces exemples terribles qui seuls leur feront comprendre la mesure de notre puissance et les avantages de la soumission.

Aussi est-ce avec peine que tous les hommes qui connaissent l'Algérie et qui s'intéressent sincèrement à nos succès ont vu paraître cette ordonnance qui retire à nos généraux, même aux commandants des provinces, la faculté de condamner à mort les indigènes coupables.

Certes, on ne peut se méprendre sur les sentiments qui ont dicté cette ordonnance. Ils sont dignes, en tous points, du gouvernement français et de notre époque; mais cette mesure était prématurée. Avec des populations telles que celles de l'Algérie, substituer, dès à présent, les balances de la loi au sabre, notre Code criminel à la volonté prompte et intelligente d'un seul, c'est là, il ne faut pas se le dissimuler, une cause incessante de dangers[1].

Pour sauver la vie à un individu plus ou moins coupable, on a pris une mesure qui, étant considérée par les indigènes comme une preuve d'impuissance de notre part, doit favoriser nécessairement leurs tendances à la révolte et perpétuer la guerre, ou du moins multiplier les combats. C'est ainsi que par des mesures excellentes en principe, mais encore inopportunes, on va à l'encontre du but que l'on veut atteindre.

On ne devrait jamais oublier qu'il s'agit ici d'une population que l'ancien gouvernement réussissait à

---

[1] Dans mon court séjour à Constantine, j'ai pu déjà en apprécier quelques effets; je veux parler des chefs qui nous avaient trahis à l'attaque du camp de l'*Arrouch,* et qui n'ont pu être condamnés, parce que les Arabes qui les avaient reconnus n'ont pas osé déposer publiquement contre eux. Je veux parler encore d'un voleur fameux qui, quatre fois condamné à mort et quatre fois évadé, ne put être, lors de sa cinquième incarcération, que condamné aux galères, parce qu'on n'avait pu acquérir la preuve positive de ses meurtres. Ces deux faits produisirent une grande jubilation parmi nos ennemis et un profond découragement parmi nos alliés. Les indigènes assuraient que les autres nations de l'Europe nous avaient défendu dorénavant de mettre à mort un Arabe.

calmer comme par enchantement, dans les moments
de la plus vive effervescence, en faisant prendre, au
hasard, trois ou quatre individus qu'on empalait ou
décapitait aux yeux de la foule. Ce procédé, qui sou-
lèverait en Europe la population la plus pacifique, faisait cesser immédiatement toute résistance aux mesures
les plus iniques.

Je n'entends pas du tout qu'il faille faire de la force
et de la rigueur à tort et à travers, sans but ni raison.
Ce serait l'application vicieuse d'un principe juste, et
l'on sait que rien ne ressemble au mal comme le bien
mal fait. Aujourd'hui surtout que les indigènes se
sont accoutumés à être traités avec tant de ménagements par nous, un changement de système ne devrait
être effectué qu'avec beaucoup de réserve, non pas
quant à la rigueur des mesures en elles-mêmes, mais
quant à leur application. Qu'on frappe avec force,
mais qu'on ne frappe qu'à bon escient.

Dans ce système de politique énergique, tel que je
l'entends, est comprise une mesure qui, appliquée
d'une manière habile et rigoureuse à la fois, suffirait
presque seule pour assurer la paix du pays, ou du
moins qui offrirait la meilleure garantie contre ces
révoltes et ces trahisons si fréquentes des tribus et des
chefs soumis. Mais, quoique clairement indiquée par
l'état de l'Algérie et par l'histoire de l'ancien gouvernement, cette mesure est tellement opposée à nos
mœurs et à nos idées actuelles, que je suis forcé de
prendre les choses d'un peu haut.

Il est probable que beaucoup de personnes y auront songé, mais qu'aucune n'aura osé la proposer. Avec les idées qui dominent aujourd'hui en France, une certaine dose de courage est en effet nécessaire pour conseiller un moyen semblable, d'autant plus qu'on est à peu près certain d'avance qu'il ne sera pas adopté. Il faut que je sois bien convaincu que ce moyen est bon ; il faut que j'aie le sentiment bien profond de ce que je dois à mon pays, pour hasarder ma proposition.

On sait que les Turcs maintenaient le pays dans l'obéissance avec moins de quinze mille hommes. On n'a expliqué ce fait que par la similitude de religion, sans faire attention que, si les Turcs sont musulmans, ils sont, en revanche, d'une secte différente des Arabes, et que souvent, même parmi les chrétiens, les diverses sectes d'une même religion se haïssent davantage entre elles qu'elles ne haïssent les autres croyances. Les tons les plus rapprochés sont souvent les plus discordants. En tout état de cause, il est un fait bien positif, c'est que Kabaïles, Arabes et Maures nourrissaient une haine profonde contre les Turcs.

Admettons qu'ils nous haïssent encore davantage : ne serait-il pas raisonnable de penser que notre tactique militaire, la bravoure de nos soldats, l'habileté de nos chefs, les immenses ressources de la France, l'évidence de nos bonnes intentions, les avantages sans nombre que retirent les indigènes de leurs relations avec nous, devraient plus que compenser ce surcroît de haine, et, dans tous les cas, nous permettre au moins d'obtenir avec trente mille hommes les résultats que les Turcs obtenaient avec quinze mille.

J'ai déjà parlé d'une manière générale de la principale cause de la supériorité des Turcs sur nous. Les Turs étaient haïs, mais ils n'étaient pas méprisés. Ils agissaient de manière à ne jamais faire dire aux Arabes qu'ils étaient des *brebis*.

Le moyen dont il est question ici était un des plus puissants et des plus efficaces de tous ceux qu'ils employaient pour maintenir le pays sous leur dépendance.

Ce moyen consistait à exiger des *otages* des tribus et des chefs puissants sur la fidélité desquels ils n'étaient pas entièrement rassurés. Nous avons bien fait cela aussi ; mais voici la différence : quand ces chefs ou ces tribus, après s'être soumis, se révoltaient de nouveau, poussés par leur humeur inquiète et turbulente, ou, ce qui arrivait plus souvent encore, par les violences et les exactions des Turcs, les otages étaient impitoyablement mis à mort. On sait comment ces mêmes otages sont traités chez nous, dans un cas semblable : ils sont soumis à une surveillance un peu plus stricte, ou bien envoyés en France, dans la charmante petite île de Sainte-Marguerite. De là cette différence dans les effets résultant de l'emploi du même moyen. La soumission avec les Turcs, c'était l'asservissement sous un joug de fer; avec les Français, c'est la paix, la légalité, un commerce avantageux. Eh bien ! tandis

que les mesures les plus iniques, les actes les plus
odieux étaient à peine suffisants pour provoquer le
soulèvement des tribus qui avaient livré des otages
aux premiers, on a vu maintes fois ces mêmes tribus,
qui venaient de se soumettre et de nous donner des
hommes importants comme gages de leur loyauté,
attaquer le lendemain l'arrière-garde du corps expé-
ditionnaire, au moment où il quittait leur territoire.

A part la haine que nous portent les indigènes et la
séduction qu'exerce sur eux l'espoir du pillage, il
suffirait d'ailleurs, dans beaucoup de cas, de leur
intérêt bien entendu pour amener des trahisons fréquentes, toutes les fois qu'ils ne sont pas sous l'action
immédiate des points importants d'occupation. Qu'on
suppose, en effet, une tribu puissante, placée à une
assez grande distance de ces points, dans un pays
difficile. Admettez que cette tribu, que nos troupes,
après bien des peines et des pertes, seront enfin par-
venues à atteindre, fasse sa soumission et nous livre
des otages ; quelque bien disposée qu'elle puisse être
au moment où elle se soumet, on peut être certain
qu'elle n'hésitera pas un instant à nous tourner le
dos, si Abd-el-Kader ou tout autre chef ennemi vient
l'y convier avec une force suffisante. Il ne lui sera pas
difficile, en effet, de s'apercevoir que le danger n'est
pas égal des deux côtés. En résistant à Abd-el-Kader,
elle court la chance d'une de ces razzias terribles où
tout ce qui est pris est massacré, une de ces razzias
qui ruinent une tribu pour longtemps et l'anéantissent

même parfois. En nous trahissant et en se joignant au contraire à lui, que risque-t-elle? Nous avons des otages, mais elle sait qu'il ne leur en sera fait ni plus ni moins. Elle n'a donc à redouter de notre part qu'une nouvelle invasion qui, grâce à l'éloignement et au relief du pays, n'aura pas lieu de sitôt, et sera accompagnée d'une foule de difficultés. Enfin, au pis aller, et en supposant les choses au mieux pour nous, après nous avoir tué bien des soldats, tant par les balles que par la fatigue et les maladies; après nous avoir occasionné d'énormes dépenses, il lui restera toujours la faculté de faire de nouveau sa soumission, qui, acceptée comme toujours avec empressement, lui procurera peut-être même la remise de tout ou presque tout ce qu'on lui avait enlevé. On conçoit que, entre deux alternatives pareilles, il n'y ait pas à hésiter, et s'il faut s'étonner d'une chose, c'est qu'avec ce système on ait pu arriver à la situation présente sans un plus grand nombre de troupes, ce qu'on ne peut attribuer qu'à l'immense activité et au remarquable talent militaire du gouverneur général.

Du reste, il ne faut pas se faire illusion sur cette situation. Les indigènes ont bien la faculté de venir chez nous, mais nous n'avons pas tout à fait celle d'aller chez eux, excepté dans les localités rapprochées des villes occupées. Ce n'est encore, à vrai dire, qu'un état bâtard entre la paix et la guerre, état qui pourrait se perpétuer au delà d'un demi-siècle peut-être.

Pendant longtemps, on n'avait suivi que le système

répressif pur. En présence des immenses inconvénients qu'il présentait pour la France, on a senti la nécessité de le modifier, de se rapprocher du système *préventif*. Mais on n'a voulu le faire que partiellement et par le moyen le plus coûteux, en augmentant l'armée suffisamment pour couvrir le pays de corps mobiles, et prévenir ainsi les hostilités en rendant leur répression plus prompte.

Moi aussi, je veux le système préventif; mais je le veux plus complet, plus efficace et moins coûteux.

On comprend déjà où je veux en venir. Eh bien! oui; et dût-on stigmatiser ma proposition des épithètes les plus violentes, je conseille, autant dans l'intérêt général de l'humanité que dans l'intérêt de mon pays, *d'exiger des otages importants des tribus et des chefs d'une fidélité douteuse, et de faire fusiller ces otages lorsque chefs ou tribus nous auront trahis.*

Je dis que cette mesure est autant dans l'intérêt de l'humanité que dans l'intérêt de la France. C'est facile à prouver. Qu'on la mette une fois, une seule fois à exécution, et les tribus, averties, cesseront de se faire un jeu de nous trahir. Or, la vie de quelques indigènes, fussent-ils innocents, est-elle donc plus précieuse que la vie de nos soldats, de ces pauvres et braves enfants de la France, souvent le seul espoir de familles nombreuses? Cela dût-il scandaliser ceux qui s'arrogent exclusivement le titre de philanthropes, je déclare ici hautement qu'à mes yeux la vie d'un Français vaut cent têtes d'Arabes.

Je sais que ce que je propose est en opposition avec les principes absolus de la justice et de l'équité, qui veulent que le coupable seul soit puni et que la punition soit toujours en raison du méfait. Mais aux grands maux il faut de grands remèdes. Le médecin combat l'inflammation par la saignée, qui est pareillement en opposition avec les principes de la vie. D'ailleurs, il ne s'agit pas ici d'une mesure judiciaire, mais d'une mesure politique. Et, sans parler de ces moyens exceptionnels qui, à toutes les époques, furent considérés comme nécessaires pour des circonstances également exceptionnelles; sans remonter à ces décrets énergiques qui, au temps de l'empire, amenèrent si promptement la paix et la sécurité dans les Calabres; à cette loi introduite en Corse par le gouvernement humain de Louis XVI, loi qui rendait la famille solidaire des crimes de chacun de ses membres et qui procura à ce pays une tranquillité et une prospérité qu'il n'avait jamais eues et qu'il n'a plus eues depuis, ne trouvons-nous pas, même dans les lois qui régissent actuellement notre société, des déviations fréquentes à ces principes? Cette peine de mort prononcée contre le contrefacteur de billets de banque; cette autre peine, presque aussi terrible, attachée à l'imitation de la signature d'autrui; enfin, notre Code militaire en entier, ne sont-ce pas autant de violations manifestes des règles de l'absolue justice, violations dont la société, tout en les reconnaissant, a dû se rendre coupable, par ces motifs impé-

rieux de sécurité, d'existence même, qui, dans la
pratique, justifient, ou du moins excusent tant de
mesures iniques en principe [1] ?

Ces motifs existent plus puissants qu'ailleurs en
Algérie, et si les idées émises aujourd'hui par toute
la presse et répandues dans le public devaient empêcher qu'on ne prît ces motifs en considération et
qu'on n'agît en conséquence, il faudrait déplorer profondément, comme une véritable calamité, cette
étrange philanthropie qui en est arrivée à tenir plus
de compte de l'étranger que du concitoyen, du sauvage que de l'homme civilisé, du criminel que de
l'honnête homme, et qui, pour éviter de répandre
directement quelques gouttes d'un sang ennemi, con-
sent à verser à flots l'or et le sang de la France [2].

Une dernière observation pour en finir. J'ai déjà
signalé plus haut tout le danger qu'il y avait à se
montrer, vis-à-vis des Arabes, désireux de la paix,

---

(1) Nos lois n'appliquent-elles pas, dans toute sa rigueur, ce système de solidarité des otages, lorsqu'elles frappent sans pitié l'honnête homme qui a eu le malheur de se porter caution pour un
fripon ou un imprudent ? et ces arrêts ne sont-ils pas quelquefois
des arrêts de mort ?

(2) Napoléon disait que les idéologues avaient inventé un mot
(la philanthropie) qui ferait verser plus de sang que toutes les guerres
de religion. Cette prédiction s'accomplirait elle en Algérie ? on serait tenté de le croire. Si, du reste, la peine de mort, appliquée
aux otages, répugnait par trop aux idées actuelles, la France possède la Guyane où l'on trouverait bien à utiliser ces otages ; ce
serait plus cruel, mais plus philanthropique.

empressé à la faire, toujours disposé, quels que soient
les méfaits des ennemis, à traiter avec eux dès qu'ils
en manifestent le moindre désir. Je répète ici ce que
j'ai dit plus haut, qu'aux yeux des indigènes le parti
qui prend l'initiative des négociations est, par cela
même, réputé le plus faible et perd tout prestige. Il
est bien naturel que des barbares ne comprennent pas
qu'on puisse désirer la paix pour la paix; ils ne la
recherchent, eux, que comme pis aller, que comme
dernier moyen de salut. Qu'on suppose une société
formée du contenu de nos bagnes et placée dans des
circonstances analogues, il en serait absolument de
même. Sans doute les Arabes ne peuvent se faire
illusion sur notre supériorité; grâce au courage de
nos soldats, aux talents militaires de ceux qui les commandent, aux immenses sacrifices faits par la France,
elle leur est aujourd'hui bien démontrée; mais ne
pouvant concilier, dans leur esprit, la modération
exagérée dont nous avons si souvent fait preuve à leur
égard, avec notre puissance telle qu'elle leur apparaît, ils nous supposent des causes de faiblesse ca-
chées. Et ees causes, nos ennemis de l'intérieur et de
l'extérieur ne se font pas faute de les leur faire connaître. Tantôt c'est le grand divan de la France qui
refuse les subsides, ou bien nous sommes à bout
d'hommes et d'argent; tantôt, et le plus souvent, ce
sont les autres nations européennes, l'Angleterre en
tête, qui nous ordonnent de quitter l'Algérie et nous
menacent de la guerre en cas de désobéissance, etc.

Je regrette d'être obligé de le dire, mais ces avances maladroites, cette facilité à accorder la paix dès qu'on paraissait la désirer, prouvaient, de notre part, non-seulement une grande ignorance du caractère arabe, mais encore bien peu de connaissance de l'homme en général. Un simple retour sur nous-mêmes nous eût évité ces fautes. Ne sommes-nous pas, nous, gens civilisés, toujours disposés à apprécier les choses plutôt d'après la difficulté que nous avons eue à les obtenir que d'après leur valeur réelle? Il y a tant d'objets dans ce monde, sans parler des végétaux rares de nos serres, qui ne doivent qu'à ce motif le prix que nous y attachons, et réciproquement.

Il est de la dernière évidence à mes yeux que le système opposé à celui que nous avons suivi, sous ce rapport, aurait produit d'excellents résultats et nous aurait épargné bien des sacrifices d'hommes et d'argent. Je ne prétends pas qu'il aurait fallu se montrer précisément désireux de la guerre, et repousser toute proposition de paix; seulement, on aurait dû cacher ce désir immodéré de paix, se montrer difficile vis-à-vis de certaines tribus longtemps hostiles, et leur faire acheter cette paix par de lourds sacrifices. Et quant à celles qui, après leur soumission, nous auraient trahis, à moins de circonstances toutes particulières, elles auraient dû être mises au ban des tribus et déclarées solennellement hors la loi et à jamais indignes d'être comptées parmi les sujets de la France. Leur territoire aurait été partagé entre les tribus soumises du voisinage. Toute relation entre celles-ci et la tribu hostile aurait été défendue et considérée comme acte de trahison. Toute agression eût au contraire été réputée preuve de fidélité et récompensée comme telle.

Un ou deux exemples de ce genre joints au châtiment des otages des tribus révoltées, et bientôt on n'aurait plus entendu parler de ces défections qui, par leur nombre et leur fréquence, ont rendu presque ridicules les bulletins de pacification et de soumission que nous envoient nos généraux.

Pour être juste vis-à-vis de tous, hâtons-nous d'ajouter qu'il s'en faut que ces derniers soient ici les seuls coupables. La tribune et la presse ont si souvent retenti de véhéments reproches contre les tendances belliqueuses de nos chefs militaires, contre leur dureté et leur tyrannie à l'égard des populations indigènes, qu'il n'est pas étonnant qu'ils aient cru devoir se montrer plus doux, plus faciles encore dans leurs rapports avec ces populations.

Partisan du gouvernement parlementaire et de la liberté de la presse, je dois cependant avouer que, si l'un et l'autre ont pu rendre des services à l'Algérie, ils lui ont, en revanche, fait bien du mal, sous certains rapports.

Il en sera, du reste, ainsi dans toutes les questions internationales, et cela, par suite d'une faiblesse qui, il faut bien le dire, est une des taches les plus déshonorantes du caractère français : l'esprit de parti est plus fort chez nous que l'esprit de nationalité, et, parmi nos hommes politiques, il n'en est pas beaucoup qui se privent du plaisir de frapper un adversaire sur le dos de la France.

Si je prêche un changement de système dans nos relations avec les indigènes, je n'entends nullement, comme je l'ai dit plus haut, conseiller une modification brusque et radicale. Après tant d'années de condescendance et de mansuétude, un retour subit à la sévérité ne pourrait avoir que de fort mauvais résultats, surtout si, d'après notre louable coutume, nous tombions dans l'excès sous ce rapport, comme nous y sommes tombés pour le contraire. Une transition habilement ménagée serait donc nécessaire. Du reste, la voie semble toute tracée par la nature des choses. De quoi s'agit-il, en effet? d'empêcher les défections, les révoltes, et d'arriver à la pacification de tout le pays.

Qu'on fasse savoir aux tribus soumises que rien ne sera changé dans leurs rapports avec nous tant qu'elles resteront fidèles, mais qu'au premier acte de trahison de leur part, ce ne serait plus une simple guerre, ce serait l'expulsion du territoire algérien ou l'anéantissement total qui les attendrait.

Que les tribus disposées à se soumettre soient averties que la France est lasse de ces continuelles défections; qu'elle est décidée à les châtier d'une manière terrible; que leur existence et celle de leurs otages dépendent de leur fidélité à remplir leurs engagements.

Enfin, qu'on prévienne les tribus encore hostiles
que les soumissions ne seront reçues que jusqu'à une
époque déterminée, passé laquelle il n'y aura plus ni
paix, ni trève, jusqu'à ce qu'elles soient exterminées ou
chassées de l'Algérie. Encore une fois un ou deux exemples semblables donnés avec une inflexible rigueur, et
je suis intimement convaincu qu'on n'aurait plus à y
revenir. Quant aux tribus, averties d'avance, elles ne
pourraient se plaindre de surprise. La longanimité de
la France a d'ailleurs, de leur propre aveu, déjà
dépassé toute limite.

§ 8. Droits de la France sur l'Algérie.

En terminant cette première partie à laquelle j'ai
donné involontairement une extension qu'à défaut de
ma spécialité, l'importance des sujets peut seule excu-
ser, qu'il me soit permis de répondre brièvement à
cette opinion fort répandue qui considère la conquête
d'Alger comme un *vol* fait sur les Arabes. Je répète
que ces derniers sont tenus fort au courant de tout ce
qui se dit ou s'imprime en France sur Alger, et,
dans cette circonstance encore, nous leur avons fait
connaître des motifs de résistance et de haine auxquels
ils ne songeaient guère.

Cette opinion s'appuie également sur ces notions
abstraites de droit et de justice qui mènent si souvent
à l'absurde.

Il me semble cependant qu'il ne peut y avoir deux

manières d'envisager les choses. La terre tout entière appartient de droit à la civilisation, et toute race qui n'y est pas apte doit nécessairement disparaître comme ont disparu ces genres d'animaux antédiluviens, contemporains des premiers âges de notre globe, et dont la science seule nous révèle l'existence passée.

Où en serait aujourd'hui l'Amérique, où en seraient ces brillantes créations du génie européen, si on avait appliqué à cette partie du monde ce principe qui veut qu'on respecte également toutes les nationalités, tous les droits de possession, abstraction faite des hommes, traitant sur le même pied la horde d'anthropophages et la nation civilisée?

Voilà bientôt douze cents ans que les Arabes ont envahi l'Afrique; et ce peuple tant vanté, non-seulement n'a rien su créer, mais dans sa rage de destruction a si bien réussi à transformer le pays que, sans les nombreux vestiges de ces œuvres grandioses dont le peuple-roi avait couvert la Mauritanie, on pourrait mettre en doute ce que nous apprend l'histoire touchant cette contrée célèbre, et qu'aujourd'hui il faut être initié à l'agriculture pour reconnaître, sous le voile de désolation qui la couvre, les immenses ressources que recèle encore cette terre d'Afrique.

Cette domination marquée d'un sceau fatal pourrait peser encore douze autres siècles sur ce malheureux pays sans autre changement qu'une aggravation peut-être dans son état.

Oui, la France, en plantant son drapeau en Algé-

rie, a bien mérité de l'humanité, car, dans toutes ces
questions, c'est le résultat final qu'il faut voir; et si
une circonstance peut la dédommager des immenses
sacrifices qu'elle y a faits jusqu'ici sans profit pour
elle, ce serait d'avoir enlevé à la barbarie, pour le
rendre enfin à la civilisation, ce vieux repaire de pirates
et de bandits.

Un mot encore. Tous les ans, à l'occasion du budget,
non-seulement le système d'occupation, mais même
la conservation de l'Algérie, sont remis en question.
Si, dans le début, les adversaires de l'Algérie ont pu
et dû même tout faire pour en déterminer l'abandon
ou l'occupation restreinte à quelques points, on ne
saurait plus que déplorer aujourd'hui leur insistance,
en présence de la persévérance que met le pays à suivre
le système opposé, en présence des événements qui en
sont résultés et des devoirs qu'ils nous imposent. Au
point de vue des intérêts de la France, on ne conçoit
plus cette insistance; car, quoi qu'ils disent et quoi
qu'ils écrivent, les choses n'en suivent pas moins la
ligne qui semble leur avoir été tracée d'une manière
providentielle. Seulement, comme chaque discours,
chaque écrit opposé à l'Algérie pénètre jusqu'aux
Arabes, il en résulte, de la part de ceux-ci, recrudes-
cence d'hostilité; de la nôtre, découragement, surtout
pour les vrais colons, pour les capitalistes, pour tous
ceux enfin, administrateurs ou administrés, qui ont
pris à cœur l'œuvre de la colonisation. Ce sont des
obstacles qui n'arrêtent pas le mouvement, mais qui

l'entravent, le ralentissent, le font dévier, et qui, en résumé, se traduisent toujours en pertes d'hommes et pertes d'argent pour le pays.

Loin de moi l'idée de vouloir étouffer la discussion sous une menace quelconque; mais il est temps enfin qu'on sache ce qu'on fait et que chacun connaisse la portée de ses paroles. Si les adversaires de l'Algérie ont la certitude que leurs attaques doivent, dès à présent, ouvrir les yeux au pays, le détourner de la voie, mauvaise selon eux, dans laquelle il est engagé, et lui éviter des sacrifices en pure perte, qu'ils parlent. Si, au contraire, ils n'espèrent pas faire partager actuellement leurs convictions à la France, qu'ils se taisent; car ce n'est que par la certitude d'un résultat décisif qu'on peut justifier des discours ou des écrits dont le premier et inévitable effet est, je le répète, de faire verser du sang.

J'ignore ce que l'avenir nous réserve; mais assurément si un honteux abandon devait être un jour le dénouement de cette grandiose tentative faite de l'autre côté de la Méditerranée, les adversaires de l'Algérie pourraient revendiquer une large part dans ce triste résultat.

- DEUXIÈME PARTIE.

CIRCONSTANCES PHYSIQUES ET CULTURE ARABE.

CHAPITRE PREMIER.

Circonstances physiques.

La question agricole, envisagée en Algérie au point de vue de la colonisation, ne peut être restreinte au simple exposé des faits culturaux actuels. L'agriculture y est encore dans un état trop arriéré pour qu'on puisse attacher à ces faits une haute valeur d'inductions.

Afin de se faire une idée juste des ressources qu'offre le pays et de ce que pourra en obtenir une population européenne, active et intelligente, il est nécessaire, je crois, de se reporter à ce qui se passe dans des contrées offrant une grande analogie de climat, de sol et de position avec notre colonie. C'est là, ce me semble, le seul moyen de résoudre des questions importantes, et jusqu'à ce jour encore controversées. On a blâmé cette manière de procéder ; c'est cependant la seule rationnelle dans le cas présent, et elle

offre des garanties d'exactitude, pourvu que les rap-
prochements soient justes.

Je tâcherai donc, avant tout, de constater fidèle-
ment les circonstances physiques de l'Algérie qui
influent le plus puissamment sur l'agriculture et lui
impriment un cachet spécial; puis, après l'exposé de
ce qui s'y pratique actuellement, j'essaierai d'indiquer
ce qu'on pourra y faire, en me basant sur les faits
agricoles des contrées analogues.

Section I. — *Relief du terrain.*

Pour l'intelligence de ce que j'ai à dire sur le climat
et la culture, je dois ici reproduire très sommaire-
ment des données fort connues sur la configuration
du sol en Algérie.

On sait que ce pays est formé de deux parties bien
distinctes: au nord une zone montagneuse et de largeur variable, c'est la partie habitée, nommée *Tell*
par les indigènes; au midi le désert sur une profondeur inconnue.

On sait que deux grandes chaînes de montagnes,
à peu près parallèles à la côte, le grand et le petit
Atlas, couvrent la majeure partie de la surface du Tell
et en font une contrée essentiellement montueuse,
coupée dans tous les sens par les chaînes principales
et leurs nombreuses ramifications, et sillonnée d'une
foule de gorges et de vallons, qui servent à l'émission

des innombrables cours d'eau descendant de ces montagnes.

On sait de même que, sur plusieurs points, les vallées s'élargissent ou plusieurs vallées se réunissent ensemble et forment de belles et vastes plaines comme celles de la Seybouse, de Touélat, des Abd-el-Nour, de Sétif dans la province de Constantine ; la plus célèbre de toutes, celle de la Mitidja, et la plaine du Chéliff dans la province d'Alger ; enfin, les plaines de la Mina, de l'Hil-hil, d'Habra et du Sig ; celles d'Éghris et de Froha, de Tlélath et de Méléta dans la province d'Oran.

Celles de ces plaines qui sont situées à peu de distance de la mer n'ont qu'une faible élévation et offrent en général une surface sensiblement plane. Les plaines de l'intérieur sont plus élevées, et peuvent être considérées comme des plateaux de moyenne hauteur. Leur surface est d'ordinaire plus ou moins ondulée.

L'Atlas, dont la plus grande altitude mesurée, le Miltsin, haut de 3,564 mètres au-dessus du niveau de la mer, se trouve dans le Maroc, s'abaisse en avançant vers l'est, et se termine en collines dans la régence de Tunis. Il conserve, en Algérie, une hauteur moyenne dont le point culminant ne dépasse pas 2,200 mètres et se trouve dans le Jurjura, chaînon oriental du petit Atlas. Les sommets de 1,000 à 1,500 mètres sont assez . nombreux dans tout le pays.

Les montagnes de l'Algérie présentent peut-être moins que celles des contrées méridionales de l'Europe ce caractère particulier qui distingue en général

ces dernières, ces pentes roides et abruptes, ces crêtes
saillantes, ces ravins et ces gorges profondes à flancs ver-
ticaux et déchirés. Sans doute tous ces accidents s'y
rencontrent aussi, mais à un moindre degré qu'en
Espagne et dans notre midi. J'ai trouvé de la ressem-
blance, sous ce rapport, entre les montagnes de l'Algérie et celles de la Corse. En parlant du sol, je ferai voir
que, dans les deux pays, ce fait tient aux mêmes causes.

Le massif du petit Atlas et les plaines et vallées
qu'il renferme sont les parties les plus habitées et les
plus habitables. L'intervalle qui sépare ce massif de
la chaîne du grand Atlas est une vaste plaine sablon-
neuse, sillonnée par quelques ramifications transver-
sales des deux chaînes et par plusieurs cours d'eau
qui, la plupart, viennent alimenter des lacs ou marais
salés, situés au centre de cette plaine, appelée dans
l'ouest *désert d'Angad*, et ailleurs *petit désert*.

De l'autre côté du grand Atlas, se trouve le Sahara
dont la première zone, sur une étendue inconnue, est
encore habitée, grâce à quelques cours d'eau et fontaines, et constitue les pays de Biscarra, Tuggurth,
El-Agouath, Aïn-Madhi et le Beled-el-Djerid.

Section II. — *Climat.*

§ 1. Température.

Située entre le 54° et le 57° de latitude nord, bornée
d'un côté par la Méditerranée, de l'autre par le Sahara

dont elle est séparée par les montagnes, l'Algérie possède ce climat particulier aux zones peu éloignées des tropiques. Ce n'est pas le climat des tropiques, mais ce n'est pas non plus le climat des zones tempérées.

Lorsqu'on jette les yeux sur le tableau des observations météorologiques faites sur quelques points de l'Algérie, notamment sur le littoral, ce qui frappe au premier abord est cette remarquable égalité de température qui y règne pendant toute l'année et dont le relevé suivant fournit la preuve [1] :

VILLES.	ANNÉES.	Température moyenne en degrés centig.		Température la plus élevée en degrés centig.		Température la plus basse en degrés centig.	
Alger. .	1837	21°	45	31°	25	10°	»
	1838	22	»	31	25	15	»
	1839	22	78	32	50	10	»
	1841	22	11	32	»	10	»
Oran . .	1841	16	69	28	75	5	75
Bône . .	1841	21	75	35	2	6	5

Ces observations ont été faites à l'heure de midi, c'est-à-dire dans un moment déjà fort chaud de la journée. Si l'on peut en induire que la température moyenne exacte, celle qui résulterait d'observations faites trois fois par jour, serait un peu plus basse, tout porte à croire que les relations resteraient les mêmes,

(1) Il est à peine nécessaire de dire que les chiffres des températures les plus basses sont, comme les autres, au-dessus de zéro.

et ces relevés suffisent pour constater le fait que je
viens d'énoncer.

Cette égalité de température ressort d'une manière
plus claire encore des relevés de la température
moyenne pendant chacune des quatre saisons de l'année. Ainsi, à Alger, pendant les quatre années mentionnées, la température moyenne des trois mois
d'hiver, décembre, janvier et février, a été de 17° 82;
celle des trois mois de printemps, de 19° 51 ; celle de
l'été, de 26° 45; enfin, celle de l'automne, de 25°. A
Bône, cette même température, observée, il est vrai,
pendant une seule année, a été, pour l'hiver, de 14°;
pour le printemps, de 19° 75 ; pour l'été, de 29° 5 ;
et pour l'automne, de 25° 4.

A Oran, nous trouvons, pendant l'hiver, une température moyenne de 11° 55; de 15° 85 pendant le
printemps; de 22° 18 pendant l'été, et de 17° 45 pendant l'automne.

Ces observations n'embrassent, il est vrai, surtout
pour les deux dernières villes, qu'une période trop
courte pour que les faits qui en résultent puissent
donner lieu à des inductions exactes.

On le voit notamment en ce qui concerne Oran. Il
est reconnu, en effet, que cette ville a un climat plus
chaud de 2 à 5° environ que Bône et Alger, tandis que
le contraire a eu lieu en 1841.

Toutefois, le fait général que j'ai énoncé n'en
subsiste pas moins, car il a été constaté par tous les
voyageurs qui ont visité la Barbarie.

Le savant Schaw disait déjà, il y a près d'un siècle :
« On y jouit d'un air fort sain et tempéré qui n'est ni
trop chaud ou étouffé en été, ni trop vif ou trop froid
en hiver. Pendant douze ans que j'ai demeuré à Alger,
je n'ai vu que deux fois le thermomètre à la gelée, et
alors toute la campagne fut couverte de neige ; je ne
l'ai vu non plus au grand chaud que lorsque le vent
venait du Sahara. Les saisons se succèdent les unes
aux autres d'une manière insensible. »

L'abbé Poiret, dans son voyage en Barbarie, et
William Shaller font la même remarque.

Il est à peine nécessaire de dire que ce caractère
particulier du climat du littoral algérien ne se retrouve
pas au même degré dans le reste du pays. Comme partout, la température moyenne s'abaisse en raison
inverse de l'élévation des lieux. Comme partout aussi,
certaines expositions, la présence d'abris et l'éloignement de la mer donnent lieu à des extrêmes plus considérables dans la température.

Dans les plaines et les plateaux de l'intérieur, élevés
à moins de 500 mètres au-dessus du niveau de la mer,
il paraîtrait que la température moyenne de l'année
est la même que sur la côte ; si l'hiver y est un peu
plus froid, l'été y est, en revanche, un peu plus chaud.
A Constantine qui, à la vérité, est à 659 mètres au-
dessus du niveau de la mer, la température moyenne
est déjà notablement plus basse, quoique les chaleurs
y soient aussi fortes et même parfois plus fortes que
sur la côte. La comparaison ci-jointe, résultant d'ob-

servations faites à Constantine et à Alger, en 1858, le
fera ressortir d'une manière incontestable.

SAISONS.	Température moyenne en degrés centigrades,			
	A CONSTANTINE.		A ALGER.	
Hiver.	10°	2	19°	3
Printemps	12	2	20	41
Été.	26	5	24	3
Automne.	19	7	23	95

Malgré la grande chaleur de l'été, la température
moyenne n'était que de 17° 19 à Constantine, tandis
qu'elle était de 22°, dans la même année, à Alger.
J'ajouterai que les transitions y sont plus subites, que
les vents y changent plus brusquement, et que leur effet
sur la température y est plus immédiat.

Il en est de même des plateaux de Sétif, Hamsa,
Mascara et autres.

Les plateaux situés entre 700 et 1100 mètres d'élévation au-dessus du niveau de la mer jouissent d'un
climat à peu près semblable à celui du centre méridional de la France. Médéah, qui est à 1100 mètres
d'élévation, voit réussir toutes les cultures de la partie
centrale de notre pays. A Millianah, qui est à 900
mètres, mais, à la vérité, parfaitement abrité au nord,
les oliviers et même les orangers viennent en pleine
terre. Du reste, la température de ces deux villes est
très variable. Les chaleurs y sont aussi fortes, mais
moins constantes que sur la côte.

Les grandes plaines peu élevées et abritées au nord offrent un climat plus chaud que celui de la côte. Il en est ainsi de la partie de la Mitidja abritée par le Sahel d'Alger et de Coléah. Il en est encore ainsi de la plaine ou plutôt d'une portion notable de la vallée du Chéliff, des plaines de l'Hil-Hil, de la Mina, de l'Habra, du Sig, de Tlélath, de Méléta.

Quant au petit désert et au pays de Biscarra, Tuggurth, etc., ils participent jusqu'à un certain point du climat brûlant du Sahara, quoique le vent du nord et du nord-ouest, en y pénétrant encore, les rende habitables sur tous les points qui ne sont pas privés d'eau.

« De l'autre côté de l'Atlas, dit Desfontaines, c'est-à-dire à 400 ou 500 kilom. de la côte, on éprouve une température fort différente. Ces contrées brûlantes ne sont presque jamais rafraîchies par les pluies, et les sables, sans cesse échauffés par l'ardeur du soleil, entretiennent une vive chaleur. Pendant les mois de janvier et février 1784 que je passai dans le désert, le thermomètre se soutint à l'ombre, au milieu du jour, à 19 et 20° centigrades; il monta même jusqu'à 50°. Les orges étaient en épis et l'on en fit la récolte en mars. Les chaleurs y sont excessives en été, et les habitants abandonnent leurs maisons pour chercher la fraîcheur dans leurs jardins, à l'ombre des dattiers. »

§ 2. Vents.

De tous les vents, le plus fréquent est celui du nord-ouest qui souffle pendant près du tiers de l'année, surtout au printemps, en automne et en hiver, et qui est aussi le plus violent. Puis viennent ceux du sud-ouest. Les vents d'est, nord-est et sud-est, sont plus rares et surtout moins forts.

Quant aux vents du sud, le fameux *khamsin*, ou *sémoun* des Arabes, il ne souffle guère que six à huit fois dans l'année et ne dure que trois jours au plus sur la côte; mais dans les plaines de l'intérieur et principalement de l'autre côté de l'Atlas, il est plus fréquent et surtout plus violent. Son apparition s'annonce par un brouillard sec et rougeâtre qu'on suppose avec raison dû à la poussière qu'il a enlevée aux sables du désert.

Les vents du nord, nord-ouest et nord-est abaissent la température dans l'intérieur comme sur la côte, et amènent ordinairement de la pluie pendant la saison froide. Les vents d'est, de nord-est et de sud-est, de même que ceux d'ouest et de sud-ouest, procurent du beau temps et font monter le thermomètre.

Quant au vent du sud, il élève la température souvent de 8 à 10° lorsqu'il est violent, et il rend l'atmosphère si lourde que la respiration en est rendue difficile. Mais, dans l'Algérie proprement dite, il n'a pas sur les hommes et les animaux cette action terrible qu'on

lui a reconnue dans le grand désert et en Égypte : pour
se garantir de son influence, il suffit de se mettre à
l'abri et de rester tranquille.

Sur toute la côte, et jusqu'à une grande distance
dans les vallées qui débouchent à la mer, la brise de
mer, qui souffle assez régulièrement par les temps de
calme, depuis dix heures du matin jusque vers quatre
heures du soir, rafraîchit notablement l'atmosphère
dans les moments les plus chauds de la journée, et
fait que, contrairement à ce qui devrait avoir lieu, la
température est très souvent plus élevée entre neuf et
dix heures du matin que vers le milieu du jour.

Les mois de décembre, janvier et février offrent à
Alger à peu près la même température que les mois
d'avril et de mai sous le climat de Paris, excepté que
les gelées blanches y sont peut-être plus rares, du
moins sur la côte, quoiqu'il y ait, en général, un
abaissement assez considérable de température pendant la nuit.

§ 3. Climats similaires.

Si maintenant on veut rechercher des points de
comparaison avec le climat d'Alger, sous le rapport
de la température, on en trouvera un grand nombre
dans les deux hémisphères. M. de Humboldt, dans
son tableau des bandes isothermes, place Alger à peu
près sur la même ligne que Funchal (île de Madère)
qui est à 4° plus au sud. Voici les chiffres qu'il donne

et qui coïncident d'une manière remarquable avec
les relevés météorologiques obtenus plus tard.

VILLES.	Température moyenne de l'année.	Température moyenne du mois le plus chaud.	Température moyenne du mois le plus froid.
Funchal.	20° 3	24° 2	17° 8
Alger.	21 1	28 2	15 6

Funchal doit à sa position insulaire une température plus égale encore que celle d'Alger.

De ce qu'on sait, on peut déjà conclure que l'ensemble de l'Algérie, le petit et le grand-désert à part,
jouit à peu près de la même température que l'Andalousie, que les Canaries, que le Chili et une partie du
Pérou, que le sud du Brésil et les pays riverains de la
Plata, que les hauts plateaux de l'Amérique centrale
et les plateaux moyens du Mexique. Un peu moins
chaude en été, elle est aussi moins froide en hiver que
les États méridionaux de l'Union américaine.

§ 4. Pluies et rosées.

Les observations bien faites ne sont pas encore assez
nombreuses pour qu'on puisse déterminer d'une manière exacte le caractère du climat algérien, sous le
point de vue hydrométéorologique. Comme partout,
il y a d'ailleurs sous ce rapport, pour les diverses localités, de très grandes différences occasionnées par les
eaux courantes ou stagnantes, la configuration du ter-

rain, la végétation, etc. Cependant, des faits connus, on peut déjà conclure qu'en général l'Algérie a, comme l'Espagne, un climat à pluies automnales et printanières ; que toutefois, dans les montagnes, l'été, sans être pluvieux, est moins sec que sur la côte.

Ajoutons que même, dans cette dernière zone, les pluies sont moins rares en été que dans beaucoup de nos contrées méridionales de l'Europe.

Le relevé suivant en est la preuve :

MOIS.	ALGER, moyenne de 4 ans. JOURS DE		ORAN, 1841. JOURS DE		BONE, 1841. JOURS DE	
	couvert.	pluie.	couvert.	pluie.	couvert.	pluie.
Janvier.	3	8	8	11	6	7
Février.	5	9	9	9	9	9
Mars.	3	5	4	2	8	4
Avril.	4	5	4	3	8	7
Mai.	6	2	7	6	7	6
Juin.	2	1	1	1	9	8
Juillet.	2	0,75	5	»	2	»
Août.	3	0,75	8	»	5	3
Septembre.. . .	2	2	6	»	4	4
Octobre.	5	6	15	8	6	11
Novembre.. . .	4	6	7	»	2	6
Décembre. . . .	2	9	13	9	6	13
Totaux. . .	41	54,50	87	49	72	78

On voit qu'à Alger, dans une moyenne de quatre années, il y a eu, en avril, 5 jours de pluie ; en mai,

2; en juin, 1; en septembre, 2; en octobre, 6; en juillet et août, une fraction.

En 1840, année sèche, il est tombé, en avril, 0ᵐ,042 d'eau; en mai, 0ᵐ,017; en juin, 0ᵐ,026; en juillet, 0ᵐ,002; en août, point; en septembre, 0ᵐ,058.

Oran, placé sur une plage aride, a un climat plus sec que celui d'Alger. Bône, au contraire, située près des montagnes boisées de l'Edough et au débouché de la riche plaine de la Seybouse, jouit d'une somme plus grande d'humidité atmosphérique.

Les quantités totales d'eau tombée ont été, à Alger, moyenne des trois années 1859, 1840 et 1841 inclusivement, de 0ᵐ,585; à Oran, en 1841, de 0ᵐ,544; à Cherchell, même année, de 0ᵐ,669; à Bône, toujours en 1841, de 1ᵐ,408.

A Constantine, en 1858, la quantité d'eau a été :

Janvier.	18 millim.
Février.	49
Mars.	211
Avril.	148
Mai.	2
Juin.	45
Juillet.	74
Août.	13
Septembre. . .	18
Octobre.	56
Novembre. . . .	166
Décembre. . . .	408
Total. . .	1,208

On voit ici la confirmation de ce que je disais plus haut sur le climat des parties montagneuses de l'Algérie. Non-seulement la quantité d'eau tombée y est plus considérable que sur la côte, mais encore la répartition en est plus égale dans les diverses saisons de l'année, et c'est presque un climat à pluies d'été. En prenant pour 100 la quantité totale d'eau, on trouve, en effet, qu'il en est tombé 59,5 en hiver, 29,8 au printemps, près de 11 en été, et 19,8 en automne.

On sait qu'à Paris la répartition est la suivante : hiver, 23,4 ; printemps, 18,5 ; été, 23,1 ; automne 55,5. Mais, comme la quantité annuelle d'eau qui tombe à Constantine est à peu près double de celle de Paris, il en résulte qu'il tombe dans les deux localités un volume presque égal d'eau pendant l'été.

Du reste, le nombre des jours sereins qui a été, en moyenne, de 240 par année, à Alger, pendant cinq ans, à Bône de 156, et à Oran de 253 en 1841, indique assez que ces pluies doivent être fortes, comme le sont d'ordinaire les pluies des contrées méridionales.

Suivant le docteur Schaw, il tombe à Alger, année commune, de 0^m,730 à 757 d'eau. Il ajoute que, dans les années 1723 et 1724 qui furent des années sèches, il n'en tomba que 0^m,650 ; mais qu'en revanche, en 1730, il en tomba 0^m,830, et qu'en 1732 il en tomba même 1^m,200. On sait qu'à Paris la quantité annuelle de pluie n'est que de 0^m,550, quoiqu'on y compte 154 jours pluvieux.

Outre la pluie, il existe encore une autre cause d'humidité qui agit puissamment sur la végétation en Algérie ; je veux parler des rosées extrêmement abondantes qui, pendant toute la belle saison, dès le coucher du soleil, rafraîchissent le sol et les plantes autant que pourrait le faire une petite pluie.

Quoique fort chaud, le climat de l'Algérie est donc plus favorable à la culture que beaucoup d'autres moins méridionaux, plus favorable notamment que celui d'une grande partie de l'Espagne et de la Provence. On n'y voit presque jamais ces sécheresses de cinq et six mois consécutifs qui désolent ces contrées et dont l'effet est augmenté encore par les vents desséchants du nord et du nord-ouest qui y soufflent fréquemment pendant l'été.

M. Desfontaines avait déjà fait la même remarque, et il mettait le climat de l'Algérie bien au-dessus de celui de la régence de Tunis, notamment en ce qui concerne la quantité et la répartition des pluies. Il attribuait avec raison cette différence principalement à l'élévation plus grande des montagnes et au nombre plus considérable des cours d'eau, circonstance qui ne peut, en effet, manquer de procurer à l'Algérie une plus grande quantité d'humidité atmosphérique. Mais il est à croire que ce ne sont pas là les seules causes et que la position de l'Algérie, relativement à l'Océan et au Sahara, influe également sur cet effet. Plus rapprochée de l'Océan que Tunis, elle en éprouve plus fortement l'influence, tandis que, séparée du désert par des massifs de hautes montagnes, elle n'en reçoit les vents que très affaiblis. A l'exception des vents d'est, sud-est et sud, tous les autres apportent en Algérie, sinon la

pluie, du moins un air chargé de vapeurs aqueuses, car
tous passent ou ont passé sur la mer avant d'y arriver.

C'est à cette circonstance, de même qu'aux nombreux cours d'eau et à la végétation qui couvre tout
le sol, qu'il faut probablement attribuer aussi l'abondance des rosées pendant la belle saison.

§ 5. Orages.

Un fait qui distingue également le climat algérien
de beaucoup d'autres, et que révèle suffisamment le
peu de variations du baromètre, c'est l'absence presque générale d'orages. Point de ces ouragans qui désolent les contrées de la zone torride, point de ces grêles
et de ces pluies tropicales qui ravagent en quelques
heures d'immenses superficies dans les pays méridionaux de l'Europe. Des vents presque constants et qui
purifient l'air, des pluies en général assez abondantes,
mais les uns et les autres sans cette force qui les rend
dévastateurs, tel est le caractère du climat algérien.

Les plus grandes variations du baromètre observées
à Alger ont été de 25 millimètres en 1837, de 56 en
1838, de 45 en 1839, et de 28 en 1844, moyenne, 52.

Cette circonstance, qui touche assez peu l'homme
des villes, a une immense importance aux yeux du
cultivateur. Il est telle zone en France, surtout dans
le midi, où les terres riches et fertiles sont néanmoins
à peine cultivées et ont peu de valeur, parce que, sur
trois années, il y en a au moins une où les récoltes

sont détruites plus ou moins complétement par ces causes.

Ainsi, chaleur modérée, quantité suffisante d'humidité atmosphérique, répartition de cette quantité, sinon la plus favorable possible, du moins meilleure que dans beaucoup d'autres contrées; enfin, absence d'orages : tels sont les caractères principaux du climat de l'Algérie.

§ 6. Salubrité.

Il me reste maintenant à examiner brièvement ce climat sous le point de vue de la salubrité.

Sur ce point comme sur d'autres, on a été trop loin dans l'éloge et dans la critique. L'Algérie, sous le rapport de la salubrité et considérée dans son ensemble, ne vaut pas mieux que beaucoup d'autres contrées situées sous une latitude à peu près semblable; mais elle n'est inférieure à aucune, et elle est supérieure à plusieurs localités, situées cependant beaucoup plus au nord.

Les maladies inflammatoires de la tête et des organes digestifs y règnent comme dans tous les pays chauds, et attaquent principalement les personnes qui font abus des boissons spiritueuses. A part la chaleur et les causes locales d'insalubrité, la différence de température entre le jour et la nuit, différence qui s'établit brusquement au coucher du soleil, serait seule déjà une cause de maladie.

Si les eaux stagnantes produisent de mauvais effets

sur l'homme, même sous le ciel froid de la Hollande,
à plus forte raison doit-il en être ainsi en Afrique. Et
malheureusement l'incurie des habitants et du précédent gouvernement ont laissé multiplier à l'infini
ces causes puissantes d'infection. L'embouchure de la
plupart des rivières a été obstruée par des sables qui
ont fait refluer les eaux dans l'intérieur et ont trans-
formé plusieurs portions de la côte en marécages.
Dans les grandes plaines, les matières solides transpor-
tées par les eaux, lors des crues, en exhaussant ou
obstruant le lit des rivières, les ont forcées à se dé-
verser sur leurs bords, d'où elles ont envahi une étendue plus ou moins considérable de terrain. Comme
ces bords sont généralement exhaussés par l'effet des
sédiments que les eaux y ont déposés et de la végétation active qui s'y déploie, une partie des eaux qui ont
dépassé ces digues naturelles ne peut plus rentrer
dans la rivière lorsque l'inondation a cessé. Elles couvrent de vastes espaces le long de presque tous les
cours d'eau qui sillonnent les grandes plaines, et l'éva-
poration seule peut en débarrasser la terre.

Il n'y a pas jusqu'à quelques travaux bien impar-
faits, établis par les Arabes dans un but d'irrigation,
et qui consistent généralement en barrages élevés en
travers de certains cours d'eau, qui n'aient contribué
encore à étendre la superficie inondée.

Je n'ai pas à traiter ici l'importante question des
desséchements qui se lie d'une manière si intime à
celle de la colonisation. Cependant, comme je me suis

I.   9

occupé, à diverses reprises et d'une manière pratique, de cet objet, il me sera permis de dire ici que la plupart des marais que j'ai visités dans l'Agérie m'ont paru d'un desséchement facile, et j'ajouterai même peu coûteux, s'il est fait par des hommes expérimentés et qui sachent travailler avec économie.

Et quant à quelques marais d'un desséchement sinon impossible, du moins trop difficile et trop coûteux pour le résultat à obtenir, la plantation de leur pourtour et de toutes les parties hors de l'eau, en essences qui affectionnent les terrains humides, diminuera notablement les effets pernicieux de la stagnation des eaux, en même temps qu'elle contribuera puissamment à l'exhaussement du sol.

Je reviendrai, du reste, sur ces questions en parlant des plantations et des arrosages. Mais je dois signaler ici un fait qui m'a frappé et qui me paraît important. Je n'ai remarqué nulle part, dans les marais de l'Algérie que j'ai visités, cette odeur infecte que j'avais sentie non-seulement dans plusieurs marais du midi de la France et de la Corse, mais encore dans plusieurs localités marécageuses de la Hollande, odeur qui accuse ce que les Italiens appellent l'*aria cattiva.*

A la vérité, des parties basses de la Mitidja et de quelques autres points, s'élève, après le coucher du soleil et par les temps de calme, un brouillard puant qui persiste jusque vers sept et huit heures du matin et qui a tous les caractères de l'*aria cattiva*. Mais, même dans ces localités, aucune odeur ne révèle, pendant le jour, la présence des marais. On peut y séjourner impunément pendant tout le temps où le soleil est au-dessus de l'horizon, et on pourrait se garantir de l'influence pernicieuse des eaux stagnantes, dans toutes les parties marécageuses de l'Algérie, en ayant soin de ne pas sortir après le coucher et avant le lever du soleil.

Une autre précaution aussi utile, non-seulement dans ces localités, mais encore dans tout le reste du pays, c'est de ne jamais sortir le matin à jeun. Il est également nécessaire de se bien couvrir la tête et surtout l'abdomen, autant contre la chaleur du jour que contre la fraîcheur de la nuit.

Un vêtement supplémentaire, un burnouss, par exemple, est indispensable aux personnes qui ne peuvent rentrer chez elles avant le coucher du soleil.

Dans les localités malsaines, l'usage du tabac à fumer est recommandé avec raison, surtout le matin et le soir.

Enfin, l'usage fréquent du café chaud ou froid, et de l'eau de riz, comme boissons, pendant la saison chaude, de même que l'emploi des épices, pour remplacer les spiritueux, sont autant de moyens indiqués par l'expérience et faisant partie d'une bonne hygiène.

En résumé, l'Algérie, malgré l'état d'abandon dans lequel elle se trouve aujourd'hui, peut passer avec raison pour un pays sain parmi les contrées chaudes. Cet avantage, elle le doit principalement, je crois, à cette agitation constante de l'air que j'ai déjà signalée, et qui résulte, d'une part, de sa position entre le Sahara, l'Océan et la Méditerranée; d'une autre, du massif de hautes montagnes qui la couvrent, du grand nombre de cours d'eau qui la sillonnent et de l'abondante végétation qui pare son sol.

Section III. — Sol.

Le titre seul de ce paragraphe indique assez que je n'ai nullement l'intention de le traiter d'une manière scientifique. Je n'envisagerai la question que sous le point de vue agricole.

La divergence d'opinions a été peut-être plus grande encore pour le sol que pour le climat. Tandis que les uns rappelaient que l'Afrique avait été pendant longtemps l'un des principaux greniers de Rome, et affirmaient qu'aux mains d'une population laborieuse et intelligente elle pourrait encore aujourd'hui remplir le même rôle à l'égard de la France, d'autres assuraient, d'une manière non moins positive, que le sol de l'Algérie était *épuisé* par dix siècles de *barbarie* et d'*abandon*.

Je laisserai de côté l'histoire et les inductions qu'on a cru pouvoir tirer de la barbarie et de l'abandon pour ne m'attacher qu'à quelques faits scientifiques bien connus, et surtout aux faits agricoles actuels. Ce sont là des bases bien autrement incontestables pour le sujet qui nous occupe.

§ 1. Formations géologiques.

Presque toute la partie connue de l'Algérie appartient aux terrains de transition, secondaire et tertiaire; en d'autres termes, toutes les roches y sont de formation assez récente, et la plupart sont des roches de sédiment. Or, on sait que le sol, résultant de la décomposition de ces roches, est en général plus riche que le sol produit par la décomposition des roches cristallines.

Celles d'entre les premières qui donnent lieu aux terrains les plus féconds semblent précisément être les plus répandues dans la partie de l'Algérie que nous occupons ; ce sont des calcaires d'espèces très variées, depuis les calcaires grossiers tertiaires jusqu'aux marbres fins ; des marnes argileuses, des dolomies, des schistes argileux, calcaires, talqueux ; des roches gypseuses, du gneiss, etc.

Il est un autre fait que j'ai déjà signalé et qui prouve encore mieux la richesse du sol algérien, c'est que la plupart des montagnes ont conservé, sur leurs flancs et même sur leurs sommets, une épaisseur assez notable de terre. Nulle part je n'ai vu de ces immenses chaînes de montagnes pelées, comme, malheureusement, nous en avons dans tout le midi de la France.

Cette circonstance tient non-seulement à la nature des roches dont la décomposition a donné lieu à des croupes arrondies et à des pentes peu inclinées, mais elle est due encore à cette absence ou plutôt à cette rareté des cultures, en un mot, à cet abandon que les adversaires de l'Algérie ont cru pouvoir signaler comme une circonstance qui a dû enlever au sol son antique fertilité. L'abandon, ou, en d'autres termes, l'absence de cultures, est, en effet, une cause presque constante de fertilisation pour la terre. Le sol, abandonné à lui-même, se couvre de plantes dont les restes, en se décomposant sur place, augmentent annuellement l'épaisseur et la richesse de la couche végétale. La terre reste fermée. Un épais tissu de racines et de tiges la défend, sur les pentes, contre l'érosion des eaux.

La culture, au contraire, en ouvrant le sol plusieurs fois l'an et en l'ameublissant, en rend plus facile le lavage par les pluies. C'est par la culture que les montagnes jadis boisées de la Provence et du Languedoc se sont vues peu à peu dépouillées de toute leur terre, et, par suite, de leur végétation, au profit des plaines inférieures et du rivage de la mer, où les dépôts successifs, amenés par les rivières et les torrents, ont formé ces immenses lagunes qui bordent et infectent nos côtes de la Méditerranée.

Il est vrai que les Arabes brûlent annuellement une partie des broussailles et des hautes herbes qui croissent dans les terrains vagues. Cette opération a dû nécessairement ralentir l'accroissement de la couche végétale; mais elle n'a pas, comme les labours, mis le sol à nu, et la terre, sur les pentes brûlées, a pu encore résister aux ravages des eaux.

Les Arabes cultivent aussi ; mais, n'étant pas limités par l'espace, ils reviennent rarement deux ou trois fois de suite sur le même terrain, où, d'ailleurs, les façons incomplètes et superficielles qu'ils donnent n'ameublissent qu'une faible quantité de terre.

Cependant il est certain que l'Algérie serait beaucoup plus fertile et présenterait notamment une tout autre végétation forestière, si elle était restée quelques siècles déserte ou habitée seulement par un peuple tout à fait sauvage.

Enfin, un dernier fait qui prouve de la manière la plus incontestable autant en faveur du sol qu'en faveur du climat, c'est le luxe de la végétation spontanée, même dans les parties où l'aspect de la terre ferait mal augurer de sa richesse.

Je n'ai pas été aussi satisfait des cultures des Arabes. Il m'a semblé que les grains étaient en général chétifs, racornis, et avaient dû éprouver une dessiccation trop prompte avant l'époque de la maturation. J'avais peine à comprendre les chiffres de douze ou quinze fois la semence qu'on m'avait donnés comme les multiplicateurs ordinaires des récoltes de froment et d'orge ; mais ces chiffres s'expliquent par le peu de semence qu'emploient généralement les indigènes sur un espace donné ; et les défauts que je viens de signaler pour le grain s'expliquent également par les vices de la culture arabe : absence de fumure et absence de labours ; car

il est impossible de donner le nom de labour à l'opération par laquelle ils grattent légèrement une portion
de la superficie, en y traçant de petits sillons parallèles
et en jetant la petite portion de terre, qui est ainsi
détachée, sur la terre non remuée.

Les escarpements que l'on voit fréquemment dans
les montagnes, autour de Constantine, sont dus à la
nature des roches calcaires qui constituent ces montagnes; et là, néanmoins, on voit encore des talus
adoucis et de vastes plateaux dont la végétation luxuriante révèle assez la richesse du sol.

La plupart des voyageurs modernes, ayant visité
l'Algérie dans un but scientifique, sont d'accord sur
la fertilité de l'Algérie. Shaw, Poiret et Shaller en
parlent avec enthousiasme. Desfontaines dit, dans la
préface de son ouvrage : « Le sol d'Alger, qui est
composé presque partout d'une terre argileuse mêlée
de sables et de débris de végétaux, est, en général, plus
fécond que celui de Tunis. »

§ 2. Nature du sol des diverses localités.

En général, le sol argilo-calcaire semble dominer en
Algérie. Il constitue le sol ou le sous-sol d'une notable portion de la Mitidja et de la plupart des autres
grandes plaines, formées, comme elle, par des allu-
vions, le sol du massif d'Alger, des montagnes du
petit Atlas, aux environs de cette ville, de celles des
environs d'Oran et de Constantine, etc. Nulle part je

ne lui ai vu prendre ce degré de compacité qui en rend la culture si difficile, dans plusieurs parties de la France.

Le sol de la belle vallée de la Seybouse, auprès de Bône, est composé en grande partie de sables quartzeux et micacés; néanmoins, il est assez compacte, assez frais et assez riche en matières organiques pour offrir les meilleures conditions à la croissance des plantes.

Les environs de la Calle sont sablonneux. Malgré cela, la végétation y est active, et les arbres, surtout les chênes-liéges et autres, paraissent s'y complaire d'une manière toute spéciale.

Il semble en être de même de toutes les parties du petit désert et de la première zone du Sahara qui sont arrosées par les cours d'eau descendus de l'Atlas. « Les bords du Sahara, dit Desfontaines, jusqu'à 200 ou 240 kilomètres au sud du mont Atlas, quoique rarement arrosés par les pluies, sont néanmoins fertiles en beaucoup d'endroits; à la vérité, on y récolte peu de blé, mais le dattier y croît en abondance. Cet arbre précieux tient lieu de moissons aux habitants de ces contrées, et fournit presque entièrement à leur subsistance. La fertilité de ce sol sablonneux et en apparence si aride est due aux rivières et aux ruisseaux qui découlent des montagnes de l'Atlas. Ils se perdent dans les sables du désert, comme dans une vaste mer, pour reparaître en divers lieux, où ils forment même des lacs d'une étendue considérable. »

Ce que j'ai vu de plus pauvre en Algérie, à part quelques rampes abruptes et ravinées des montagnes, ce sont les environs immédiats d'Oran et quelques parties de la grande plaine située entre la Seybouse et la Meffrag.

Les sommets et les pentes du Sahel d'Alger et de Coléah ont également un sol assez pauvre, mais par une autre cause. C'est ici le peu de profondeur de la couche végétale, plutôt que sa constitution, qui cause cette pauvreté, quoique, du reste, la proportion d'argile y soit peut-être trop forte.

L'abondance des palmiers nains (*chamærops humilis*) est, suivant les Arabes, un indice certain de la pauvreté du sol. Peut-être indiquerait-elle plutôt une terre forte, difficile à cultiver ; peut-être aussi la difficulté que présente l'arrachage des touffes, souvent très grandes et tenaces, de cette plante, est-elle la véritable raison qui empêche de mettre en culture les terrains où elle se trouve en abondance et dont elle déprécie la valeur. Cependant le sol rougeâtre des environs d'Oran, qui est couvert de palmiers nains, est bien réellement infertile, et lorsque, s'avançant vers le sud du côté du Camp du figuier, on trouve la terre grisâtre et fertile qui couvre les bords du Sebgha et les plaines de Tlélat et de Méléta, on voit s'arrêter immédiatement les palmiers nains qui ne se rencontrent pas davantage au pied du Sahel, tandis qu'ils y couvrent les flancs et les sommets de presque toutes les collines.

§ 3. Terrains salés.

On a signalé, comme une cause d'infertilité pour certains points du territoire algérien, la quantité de sel marin qui s'y trouve mêlé à la terre.

Quoique le sel paraisse très répandu dans toute la colonie, bien peu de terrains en sont affectés au point d'être rendus infertiles. Il n'y a, dans ce cas, en réalité, que les *Sebgha* et les *Schott*, ou lacs salés disséminés sur quelques points de l'intérieur.

Sans oser rien affirmer à cet égard, je ne serais cependant pas éloigné de croire que le sel est, pour le sol de l'Algérie, plutôt une cause de richesse que de pauvreté. C'est du moins ce que semblerait prouver la belle végétation qui couvre les bords de plusieurs cours d'eau saumâtre.

J'ai à peine besoin de dire qu'en Algérie, comme ailleurs, les plaines et les vallées ont le sol le plus riche. La composition même du sol donne lieu, en outre, à des différences notables sous ce rapport. Sans pouvoir indiquer d'une manière précise la fécondité relative des diverses portions de la colonie, je dirai cependant que les environs de Bône; le pays compris entre cette ville, Constantine et Philippeville; les plaines ou plutôt les plages de Dgigelly et Bougie sur une vaste étendue ; la partie centrale et méridionale de la Mitidja ; la plaine du Chéliff, celles de la Mina, d'Eghris, du Sig et de l'Habra, ainsi que les contrées qui environnent le Sebgha d'Oran et Tlemcen, passent pour les localités où le sol est le plus riche.

En résumé, on peut dire que l'Algérie, prise dans son ensemble, est un des pays fertiles du globe. Néanmoins, il ne faut pas perdre de vue que, située sous le 36° de latitude, elle est dans des conditions où l'irrigation change toutes les circonstances culturales, où la présence de l'eau donne au sol le plus pauvre une abondance de production inconnue, même dans les terrains les plus fertiles du nord, et où son absence déprécie, dans la même proportion, la valeur des terres les plus riches naturellement.

CHAPITRE II.

Culture arabe.

Sans m'arrêter à la végétation spontanée, sur laquelle je serai d'ailleurs obligé de revenir en parlant des herbages et des bois, j'aborde immédiatement l'agriculture arabe.

SECTION I. — *Caractères généraux de l'agriculture locale.*

§ 1. Culture des Arabes.

Les Arabes font de la grande culture céréalifère. Les deux principaux produits de cette culture sont le *blé* et l'*orge*. Puis viennent accessoirement quelques autres céréales, telles que le maïs, le sorgho, le millet à chandelles ou *doura*, des pois chiches, des lentilles, des féves, quelques navets et choux, du tabac et du lin, le mélouchié (*corchorus olitarius*), le gombaut (*hibiscus esculentus*), enfin, une assez grande quantité de melons et de pastèques. Si l'on y ajoute un peu de pommes de terre, et, dans quelques localités, du chanvre, on aura toutes les plantes annuelles cultivées par les Arabes.

§ 2. Culture des Kabaïles.

Les Kabaïles, plus stables, habitant d'ailleurs les montagnes, s'adonnent davantage aux cultures arborescentes, de même qu'aux cultures potagères citées en dernier lieu. Il en est de même des Maures qui, à proprement parler, ne font que du jardinage.

Ces cultures arborescentes comprennent l'olivier, le figuier, la vigne, les diverses variétés d'orangers et de citronniers, le grenadier, le jujubier, le caroubier, la plupart de nos arbres fruitiers, notamment les pruniers, abricotiers, amandiers, pêchers, noyers, cerisiers, pommiers et poiriers; enfin, le palmier-dattier dans le sud.

Section II. — *Instruments aratoires et bêtes de trait.*

Les animaux de trait sont le mulet, le cheval et suret le bœuf. Les premiers tirent au moyen d'une espèce de bricolle, ou plutôt de collier fait avec une couverture de laine, un sac, ou même avec des cordes contournant l'encolure. Une corde, en façon de trait, est fixée de chaque côté, et vient s'attacher à une perche qui passe sous le ventre des deux chevaux ou mulets marchant l'un à côté de l'autre. A cette perche transversale est liée l'extrémité de l'age de l'araire, dans l'intervalle qui règne entre les deux bêtes.

Chez les bœufs, cette même perche joue le rôle de joug. Elle est fixée toujours transversalement sur la nuque des deux animaux, soit par une corde qui contourne la base des cornes, ou, plus fréquemment encore, par deux grandes chevilles perpendiculaires qui embrassent le cou de l'animal, formant ainsi une espèce de joug double de cou auquel on attache également ment l'extrémité de l'age, entre les deux bœufs. Cette perche est plus longue, mais moins lourde que nos jougs ordinaires.

Le seul instrument aratoire des Arabes est l'*araire* ou dental, plus grossier, plus défectueux encore que celui usité dans le midi. Quelques-uns d'entre eux y ajoutent, m'a-t-on dit, une espèce de petite herse en bois, ou un simple fagot d'épines. Mais, pour la plupart, cette addition est du luxe inutile.

C'est avec ce moyen si imparfait qu'ils procèdent à la préparation du sol, pour les cultures mentionnées.

On trouve, en outre, chez les Kabaïles, des pioches et même quelques bêches.

J'ai déjà dit qu'on ne pouvait pas appeler labour la façon que donnent les Arabes à la terre. Les personnes qui connaissent le dental du midi seront de mon avis, surtout si l'on ajoute qu'aucune adresse de la part de l'ouvrier ne vient atténuer, comme cela se voit chez nous, le mauvais effet de la défectuosité de l'instrument.

Les sillons que tracent les Arabes ont de 5 à 40 centimètres de profondeur; ils sont séparés les uns des autres par des bandes de terre qui demeurent intactes, et que recouvre seulement et imparfaitement la terre remuée. Du reste, ces sillons ne sont presque jamais parallèles entre eux, et il ne peut en être autrément par suite de la présence d'un nombre plus ou moins grand de souches, que l'araire, ne pouvant enlever, doit nécessairement contourner.

Si j'entre dans ces détails, ce n'est pas que je pense que ce système puisse être suivi avec avantage par les colons, mais c'est afin d'expliquer l'exiguité du produit qu'obtiennent les indigènes, et de prouver en même temps la bonté du sol et du climat.

Section III. — Cultures diverses.

§ I. Blé et orge.

Dans le courant de juillet, d'août et de septembre, les Arabes mettent le feu aux broussailles de tous les terrains en général dont ils disposent, mais surtout de ceux qu'ils destinent à la culture des grains. Quand les premières fortes pluies d'automne ont détrempé suffisamment la terre, c'est-à-dire vers la mi-novembre, ils répandent la semence à la volée sur la terre garnie d'herbe et des chicots et souches des broussailles incendiées; puis, avec l'araire que je viens de décrire, ils tâchent de recouvrir la semence tant bien que mal, tout en donnant une culture au sol.

Cette méthode est la plus ordinaire dans les terres faciles, déjà défrichées précédemment, et, par conséquent, peu garnies de broussailles, surtout de palmiers nains. Dans les autres, on donne le labour avant la semaille. Quelques cultivateurs soigneux donnent un second labour pour enfouir la semence. La plupart s'en remettent à la pluie pour cette opération.

C'est parmi les Kabaïles qu'on trouve la culture la plus soignée.

La simplicité de ce système explique comment une population minime peut néanmoins cultiver, en céréales, une très grande étendue de terrain dans des conditions qui sembleraient exiger beaucoup de travail.

On calcule qu'un Arabe laboure environ 40 ares de terrain par jour, et il y a trente à quarante jours propres au travail de préparation et de semaille.

Le froment se sème, en général, à partir du 15 novembre jusqu'au commencement de janvier, dans les plaines et sur la côte. Dans la montagne, on commence et on finit plus tôt.

L'orge se sème généralement plus tard; en décem-

bre et janvier, dans la plaine; en novembre, dans la
montagne.

A. — Espèces et variétés cultivées.

La seule espèce de blé cultivée dans toute l'Algérie
est le blé dur (*triticum durum*), dont on rencontre
néanmoins une foule de variétés qui, presque toujours,
sont mêlées ensemble dans le même champ. Celles
qui m'ont paru les plus répandues sont les blés de Ta-
ganrock, d'Ismaël, la pétanielle blanche et rousse, le
poulard bleu ou noirâtre, le blé corné ou de Barbarie, etc. Nulle part, je n'ai vu de blé tendre. L'expérience a néanmoins prouvé qu'il réussit fort bien en
Algérie.

L'orge cultivée est l'espèce à six rangs (*hordeum
hexasticum*) que nous nommons vulgairement *escour-
geon*.

Les Kabaïles et même quelques tribus arabes cultivent aussi du seigle, mais en petite quantité comparativement au blé.

B. — Moisson et dépiquage.

Lorsque les blés et orges sont mûrs, les Arabes les
coupent avec de petites faucilles à 50 ou 40 centimètres de terre, en font de petites gerbes qu'ils trans-
portent à dos de mulet ou de cheval sur une aire battue
ou dallée où elles sont dépiquées, c'est-à-dire foulées

aux pieds des chevaux, mulets et bœufs, comme cela
se pratique dans le midi de la France.

C. — Silos.

Le grain, après le battage, est nettoyé au moyen du
van, puis serré dans des silos, que les Arabes s'entendent assez bien à construire et qu'ils appellent
matlmourah. Ces silos ont la forme d'une carafe. Ceux
que j'ai vus pouvaient avoir de 3 à 4 mètres de profondeur et 2 de largeur dans la partie renflée. On les établit
dans un terrain élevé, sec, assez compacte; ils sont
creusés d'avance afin de rester quelque temps exposés
à l'action du soleil. Avant d'y mettre du grain, on les
garnit intérieurement d'une couche de paille.

Après le battage, la paille est entassée, tant bien que
mal, aux environs du douar, et sert à la nourriture des
chevaux et mulets.

La quantité de semence que mettent les Arabes
varie suivant la richesse du sol; elle est plus forte dans
une bonne terre que dans une mauvaise. En général,
cette quantité est minime et ne semble pas atteindre
en moyenne un hectolitre par hectare, c'est-à-dire
moins de la moitié de ce qu'on emploie habituelle-
ment en France. Ce qui a pu faire croire qu'ils semaient
dru, c'est qu'on a toujours puisé les renseignements à
cet égard, comme sous le rapport de l'agriculture en
général, dans les grandes fermes des environs des
villes, fermes exploitées par des *khammas* ou métayers,

Arabes auxquels le maître fournissait la semence. Or, il était d'usage constant, parmi ceux-ci, d'en voler la moitié et même plus.

§ 2. Riz.

On m'avait assuré que plusieurs tribus arabes de la plaine du Chéliff faisaient également du riz. Je n'ai pu obtenir aucun renseignement positif à cet égard. Le seul fait certain que je connaisse est celui que j'ai déjà cité précédemment, l'introduction de cette culture dans les environs de Constantine, et notamment dans la vallée de Hammam, par les soins de Salah-Bey. Aujourd'hui cette branche est fort réduite.

§ 3. Maïs, millet, pois, etc.

Les fèves, lentilles et pois chiches, cultivés en petite quantité par les Arabes et particulièrement par les Kabaïles, sont semés en même temps que le blé et l'orge.

Quant aux maïs, sorgho et millet, on les sème au printemps, à partir du mois de mars. On ne les cultive, du reste, que dans les terrains arrosables, de même que les diverses plantes potagères que j'ai indiquées plus haut.

Je n'entrerai dans aucun détail sur la culture de ces plantes. Malgré l'importance du jardinage, je ne saurais ici m'en occuper avec quelques développements sans dépasser les bornes de cet ouvrage. En parlant de la culture des colons, j'aurai soin d'indiquer les époques auxquelles doivent s'exécuter ici les opérations agricoles les plus importantes.

SECTION IV. — *Assolement, fumure.*

J'ai à peine besoin de dire que nulle règle n'est observée par les indigènes pour la succession des diverses récoltes dans le même terrain, en d'autres termes, pour l'assolement. On épuise un sol par une série de récoltes, après quoi on le laisse reposer indéfiniment.

Dans les jardins mêmes, qui pourtant sont tous arrosés, les Maures et les Kabaïles n'ont d'autre soin que de faire succéder les plantes les unes aux autres suivant les saisons de l'année.

Ajoutons que l'opération de fumer le sol est chose inconnue des indigènes. A part l'espèce d'écobuage qui résulte de l'incinération annuelle des broussailles et hautes herbes, opération faite d'ailleurs dans le seul but de procurer un bon pâturage au bétail et de détruire les insectes et reptiles nuisibles, la terre ne reçoit d'autre engrais que les excréments qu'y déposent les animaux. Les Arabes ont cependant remarqué que les terrains qui en avaient le plus reçu étaient les plus productifs; aussi recherchent-ils, pour la culture, les places où les troupeaux avaient coutume de se reposer et de s'abriter du froid ou de la chaleur.

Ce fait suffirait au besoin, s'il n'y en avait déjà mille

autres, pour réfuter l'opinion de quelques personnes qui prétendent que le fumier est inutile, voire même nuisible, en Algérie.

SECTION V. — *Cultures arborescentes.*

§ 1. Dattier.

On sait déjà que le dattier est la plante par excellence des parties méridionales de l'Algérie. Les grandes plaines sablonneuses, qui s'étendent entre les deux chaînes de l'Atlas et au midi de la seconde, doivent en grande partie au dattier la possibilité d'avoir des habitants. Le sol et surtout le climat de ces localités semblent convenir particulièrement à cet arbre. Cependant, il paraîtrait que quelques arrosages, pendant les plus grandes chaleurs, lui seraient nécessaires, sinon pour vivre, du moins pour produire abondamment. Il en est de même de quelques façons données au pied de l'arbre.

Le dattier croît dans toute la régence ; mais, hormis les contrées mentionnées, il ne donne que des fruits petits, secs et sans saveur. On attribue cette absence de qualité au manque de chaleur.

Je ne veux pas affirmer que les dattes pourraient être aussi bonnes dans la partie nord de l'Algérie que dans le sud, mais j'ai lieu de croire que leur mauvaise qualité vient moins du climat que de l'absence ou de la rareté de pieds de mâle. On sait, en effet, que le dattier est dioïque, et l'opinion générale est que, lorsque la fécondation n'a pas eu lieu ou a eu lieu d'une manière imparfaite, les dattes sont sèches et insipides. Les habitants du Beled-el-Djérid (pays des dattes), qui ont une longue expérience à cet égard, en sont tellement convaincus que, au dire des voyageurs qui les ont visités, ils pratiquent généralement la fécondation artificielle qu'ils nomment *dzukhar* (fécondation).

En mars et avril, à l'époque où les fleurs disposées en panicules rameuses sortent de la spathe allongée qui les enveloppait, les Arabes, suivant Shaw, prennent un jet ou deux de la panicule du mâle et l'insèrent dans la panicule de la femelle, ou bien se servent d'une panicule entière du mâle dont ils secouent le pollen sur les fleurs de la femelle.

La même chose a lieu, dit-on, en Égypte. On assure que, pour la première de ces méthodes, un seul mâle suffit à la fécondation de cinq cents femelles.

Ce qui contribue à me faire penser que l'absence de fécondation est la principale cause de la mauvaise qualité des dattes dans le nord de l'Algérie, c'est qu'on en récolte de fort bonnes dans plusieurs parties de l'Andalousie, où le climat n'est certainement pas plus chaud qu'en Afrique.

Le dattier est d'un grand rapport dans le Sahara, parce qu'il y est l'objet de grands soins, et il y est l'objet de soins, parce qu'il est là presque le seul végétal utile qui réussisse. Dans le reste du pays, la variété et l'abondance des autres produits ont fait négliger le dattier ; on n'en voit que quelques indivi-

dus isolés çà et là et venus spontanément, mais nulle
part on ne rencontre de plantation régulière. Il n'est
donc pas étonnant que ses fruits y soient mauvais.

Les Arabes du Beled-el-Djérid multiplient le dattier
par semis de noyaux ou par les rejets qui naissent
autour des vieux pieds. Ce dernier moyen est le plus
usité, parce qu'il est le plus prompt. Tandis que les
pieds venus de semis ne commencent à produire qu'à
seize ou dix-huit ans, les rejets donnent déjà des dattes
après six ou sept ans de plantation. Mais il faut, pour
cela, qu'ils soient munis de racines et abrités du soleil
pendant une quinzaine de jours, après leur mise en
terre.

Le mois de mars est celui qu'on préfère pour la
transplantation comme pour le semis.

Si j'ai insisté sur ce sujet, c'est que, dans cet arbre,
je vois un moyen pour nos colons d'utiliser certaines parties abritées, par conséquent très chaudes,
de la Mitidja et des autres grandes plaines de l'Algérie.
Les plantations de dattiers, faites dans ces lieux, au
moyen de rejetons, présenteraient l'avantage multiple
d'ombrager, et, par conséquent, d'assainir le sol de
ces localités, qui sont en général les moins salubres,
et ensuite de donner plus tard un produit important
sans empêcher cependant d'utiliser la terre, soit à des
cultures annuelles, soit comme herbages. Enfin, on se
créerait, pour un avenir plus éloigné, des ressources
précieuses en bois, tant pour les constructions que
pour le chauffage ; car on sait que le bois de dattier,

quoique d'un tissu lâche, est presque incorruptible,
peut être employé très utilement comme poutres,
solives, etc., et donne en brûlant beaucoup de chaleur.

C'est après trente ans de plantation que le dattier
est dans toute sa vigueur. Dans les situations favorables, il donne alors, chaque année, de quinze à vingt
régimes ou grappes, pesant de 6 à 9 kilogrammes
chacune, c'est-à-dire de 120 à 140 kilogrammes de
dattes. Cette force de végétation se prolonge pendant
soixante à soixante-dix ans, puis elle s'affaiblit successivement, jusqu'à ce qu'enfin l'arbre meure, ordinairement avant l'âge de deux cents ans.

§§ 2 et 3. Olivier et Fabrication de l'huile.

L'olivier est, sinon pour les Arabes, du moins
pour nous, le premier arbre de l'Algérie. L'olivier
vient spontanément dans tout le pays et jusqu'à des
hauteurs de 700 à 800 mètres au-dessus du niveau de
la mer, comme aux environs de Médéah et de Millianah.

Du reste, si les Arabes négligent l'olivier ainsi que
les autres cultures arborescentes, en revanche, les
Kabaïles et les Maures s'en occupent et le cultivent,
sans cependant savoir en tirer, à beaucoup près, tout
le parti possible. Ainsi, presque nulle part cet arbre
précieux n'est greffé, nulle part il n'est taillé ou fumé,
et ce n'est que par exception qu'on le cultive au pied ou
qu'on l'arrose.

Néanmoins, on récolte beaucoup d'huile en Afrique; et, pour certaines tribus, comme celle des Issers, à l'est de la Mitidja, celles des environs de Bougie, Dgigelly, Tenez, ce produit constitue la source la plus importante de revenu.

La fabrication de l'huile n'est pas mieux entendue des indigènes que la culture de l'olivier. Généralement, ils laissent pourrir à moitié les olives. Les Maures et quelques tribus kabaïles des environs des villes emploient des meules verticales pour les écraser, et des pressoirs très défectueux pour en extraire l'huile; mais, dans le reste du pays, on se borne à écraser les olives entre deux pierres; le marc est jeté dans de grandes jarres remplies d'eau, puis comprimé à la main pour en extraire l'huile qui n'est obtenue, comme on le pense bien, qu'en très faible proportion.

Cette huile si mal faite est conservée, soit dans de grandes jarres en terre, soit dans des peaux de boucs cousues, tellement sales et imprégnées de matières âcres que la meilleure huile s'y gâterait en peu de jours. Aussi l'huile d'Afrique ne convient-elle qu'à la fabrication du savon ou à la consommation des indigènes qui paraissent l'estimer d'autant plus qu'elle est plus rance.

La plupart des montagnes, et en général tous les terrains qui ont été pendant quelque temps épargnés par le feu et la culture, sont couverts d'oliviers sauvages.

La vue des olivettes aujourd'hui existantes et en rapport fait penser que les oliviers sont venus spon tanément.

J'ai déjà dit que presque nulle part on ne greffe ces arbres, mais je dois ajouter qu'on rencontre, parmi les sauvageons, un grand nombre de sujets qui portent de magnifiques olives, égales pour la grosseur à la plupart des espèces cultivées de nos départements méridionaux. Rien n'autorise à croire que ces olives soient inférieures, pour la qualité ou la quantité de l'huile qu'elles rendent, aux olives cultivées.

Le colon qui sera assez heureux pour posséder des sujets de ces variétés pourra donc se dispenser de la greffe.

§ 4. Figuier.

Après l'olivier, l'arbre le plus répandu, et qui semble le plus intéresser les indigènes, est le figuier dont les sauvageons couvrent également une grande partie du pays, et s'élèvent jusqu'à 1200 et 1500 mètres au-dessus du niveau de la mer. On en trouve un grand nombre de variétés que les indigènes rangent toutes dans deux groupes distincts ; celles à fruits blancs et celles à fruits noirs.

Les figues-fleurs, nommées *bokhor* par les Arabes, commencent déjà à paraître à la fin de mai. Les figues proprement dites viennent en juillet et août, et durent jusqu'en octobre.

Dans plusieurs localités, notamment aux environs

de Mostaganem, la production, la préparation et la dessiccation des figues formaient une occupation importante des habitants, de même que la vente de ce produit à Alger, Bône et Oran, était pour eux une source essentielle de revenu.

On a dit que les figues algériennes ne valaient pas celles de la Provence, parce que le climat était trop chaud. C'est, je crois, une erreur. J'ai mangé, dans diverses parties de l'Algérie, des figues venues dans la plaine et aussi bonnes que les meilleures qu'on puisse trouver à Marseille. Si elles leur sont en général inférieures, cela tient probablement au défaut de culture et de soins, défaut qui, on le sait, donne aux fruits cette âpreté particulière à tous les sauvageons.

§ 5. Vigne.

Quoique les indigènes ne fassent point de vin ou en fassent très peu, la *vigne* était cependant un objet important pour eux. Non-seulement elle existe, soit en espaliers, soit en plein, dans tous les jardins des environs des villes, mais encore on en trouve chez presque toutes les tribus kabaïles.

Les raisins sont consommés frais, en très grande quantité, et se conservent tels pendant longtemps. On en sèche, en outre, beaucoup, et c'est surtout aux environs de Collo, Tenez et Mostaganem que cette industrie a de l'importance.

Enfin, on en fait encore une espèce de raisiné qu

de vin cuit qui est également un objet de commerce.

Il existe plusieurs variétés de cépages ; les plus répandues m'ont semblé être le muscat d'Alexandrie, le
raisin de Malaga et une espèce de chasselas semblable
au nôtre, mais à peau plus épaisse et à grains plus
gros.

Quoique la culture de cette plante se ressente de la
paresse et de l'incurie des indigènes, elle paraît cependant plus soignée qu'aucune autre. Ainsi, vignes en
plein ou en espalier sont généralement houées deux fois
l'an, en hiver et au printemps. On taille, mais d'une
manière différente que dans nos départements méridionaux ; et le mode de multiplication, soit par provi-
gnage, soit par boutures ordinaires ou crossettes, est
également connu et usité.

Un écrivain distingué a dit que le vin du pays
qu'on lui avait fait boire était tel que nos propriétaires de vignes pouvaient être complétement rassurés, et que jamais l'Algérie ne pourrait faire concurrence aux vins français, ni même s'en passer. Cette
assertion, qui prouve de la part de l'auteur un désir
bienveillant de tranquilliser nos propriétaires de vignes, n'est, malheureusement pour ceux-ci, nullement fondée. Sans même se reporter à des faits bien
connus, il suffit de se rappeler que l'Algérie est
sous le même climat que Madère, les Canaries, Chy-
pre et l'Andalousie, pour qu'il ne soit plus permis de
douter le moins du monde de la possibilité d'y faire
des vins égaux aux meilleurs vins de l'Europe méridio-

nale et même de l'Europe centrale, ces derniers pouvant devenir le partage des localités montagneuses et
élevées.

Ce sera là pour le pouvoir, il ne faut pas se le dissimuler, une cause d'embarras et de difficultés dans
l'avenir. Mais peut-être y aura-t-il moyen de tourner
ces difficultés sans avoir recours à une de ces mesures
arbitraires et antipathiques aux idées actuelles. J'en
parlerai en traitant des cultures coloniales.

§ 6. Oranger.

Le bigaradier franc, de même que le limonier sauvage (citronnier sauvage), croissent spontanément en
Algérie. On les y trouve mêlés aux myrtes, aux arbousiers, aux lentisques, aux oléastres (oliviers sauvages)
sur tous les points à terrains frais, bien exposés et qui
ont été pendant quelque temps épargnés par le feu et
la culture.

Les orangers proprement dits, les bergamotiers,
cédratiers, lumiers et limetiers ne se rencontrent que
dans les jardins. Les premiers sont les plus répandus;
puis viennent les limoniers. Ajoutons que les oranges
algériennes sont à écorce fine et d'une qualité égale,
sinon supérieure, à celles de Portugal.

Les principales plantations d'orangers sont situées
auprès de quelques villes où le sol, l'exposition et
l'abondance des eaux courantes se sont réunis pour
favoriser cette culture. J'ai à peine besoin de citer

comme exemples Blidah, Coléah, les jardins des environs d'Alger, de Mostaganem, de Constantine, de
même que plusieurs grandes fermes de la Mitidja. On
en voit également chez quelques tribus kabaïles occupant des vallées. Mais, en général, ces arbres appar-
tiennent plutôt à la culture mauresque qu'à la culture
berbère.

J'ai mentionné l'exposition. Je me hâte d'ajouter
que sur tous les points qui ne dépassent pas 400 à
500 mètres d'élévation au-dessus du niveau de la
mer, l'exposition au midi et l'abri contre le nord ne
sont point des conditions nécessaires à la bonne venue
de ces arbres en Algérie. Ce n'est qu'à des hauteurs
plus considérables, comme à Constantine, par exemple,
que des abris contre le nord leur sont nécessaires.

L'arrosage est plus important, non pas que l'arbre
ne puisse s'en passer, mais parce que, sans arrosage,
le produit est faible et de qualité inférieure. Aussi,
tous les vergers d'orangers sont-ils ou du moins
étaient-ils irrigués avec soin.

Dans ceux de ces vergers qui n'ont pas encore été
dévastés par nos troupes, on trouve des plantations
assez régulières, disposées par allées, avec une rigole
d'irrigation au milieu, et, au pied de chaque arbre, un
petit bassin, communiquant par un conduit avec la
rigole centrale, pour l'introduction de l'eau dans le
bassin. Partout le relief du terrain est disposé de manière à ce que l'eau parvienne facilement à chaque
pied. En un mot, les plantations d'orangers et de ci-

tronniers semblent être les prodiges de l'industrie rurale des indigènes; pauvres prodiges, sans doute, si
on les met en parallèle avec les travaux de nos cultivateurs; merveilles, néanmoins, si on les compare avec
les autres opérations culturales du pays.

Cela s'explique, du reste, par le produit considérable que donnent ces arbres. On sait, en effet, que,
même dans des localités beaucoup moins favorisées
que l'Algérie, on obtient jusqu'à douze cents oranges
ou citrons sur un seul pied.

Les arbres fleurissent en mai et juin. Les oranges
sont mûres dès le mois de novembre. Les limoniers
et bigaradiers ont des fruits et des fleurs pendant toute
l'année.

Ces arbres prennent ici un développement tout à
fait inconnu en France, mais qui s'explique par ce fait,
que jamais ils ne souffrent de la gelée et n'ont jamais
besoin d'être ébranchés ou recepés, comme cela a lieu
si souvent, même dans les localités les plus favorisées
des départements du Var et des Pyrénées-Orientales.

Outre les fruits que les Maures vendent dans les
villes et dont ils obtiennent, aujourd'hui surtout, un
très bon prix, ils utilisent encore la fleur dont ils savent retirer, par la distillation, une excellente eau de
fleurs d'orangers. Les soins qu'ils donnent à ces arbres
se bornent, à part les arrosages, à deux ou trois façons
données au pied de l'arbre et à la suppression des
branches mortes.

Les moyens de multiplication sont le semis autour

des vieux arbres, la plantation de sauvageons pris dans
les broussailles ou dans les anciennes plantations
même où ils sont toujours très nombreux, attendu
qu'on n'y cultive qu'une minime portion du sol. Ces
sauvageons de bigaradiers et de limoniers sont greffés
avant ou après la transplantation. Les rejets d'orangers doux, de même que les sujets de cette espèce
venus de semis, n'ont pas besoin d'être greffés.

§ 7. Amandier, grenadier, etc.

Parmi les plantes arborescentes cultivées par les
Maures et les Kabaïles, je ne dois pas omettre l'*amandier* qui, s'il est loin d'occuper le rang qui lui revient
de droit dans la culture algérienne, n'est pas non
plus complétement négligé.

Il me suffira de rappeler que, grâce au climat de
l'Algérie, cet arbre n'y est jamais soumis à ces vicis-
situdes atmosphériques qui, même dans le midi de la
France, font de son produit le revenu le plus chanceux
qu'il y ait.

Tous les ans, l'amandier algérien amène ses fruits
nombreux à parfaite maturité.

Les jardins des environs des villes, de même que
les alentours des dechours kabaïles [1], possèdent seuls
un certain nombre d'amandiers. Nulle part on n'en
voit de grandes plantations. Les variétés qu'on cultive
sont en général à coques dures ou mi-dures.

(1) *Dechour*, pluriel de *Dechrah*, nom des villages kabaïles.

On trouve, dans les mêmes lieux, un grand nombre de beaux *noyers* et quelques *bananiers* et *pistachiers* (*pistacia vera*). Noix et amandes sont mangées et ne servent point à faire de l'huile.

Le *grenadier* (*punica granatum*) croît sauvage dans presque toute l'Algérie. Mêlé à l'olivier, à l'agave, au cactus et à l'*arundo donax,* il forme les haies de la plupart des jardins des environs d'Alger.

On trouve quelques grenadiers à fruits doux et à larges feuilles; mais, grâce au climat, même les fruits de l'espèce commune sont ici très mangeables, quoiqu'ils ne le soient pas en Provence.

Je ne dirai rien des *pêchers, pruniers, cerisiers* et *abricotiers.* Je me bornerai à rappeler que les fruits de ces divers arbres, par la raison que j'ai déjà signalée pour le figuier, sont en général inférieurs à ceux de France, et que les abricots notamment passent, et avec raison, pour très malsains. Quant aux *pommiers* et *poiriers*, très peu nombreux en général, si ce n'est chez quelques tribus kabaïles de la haute montagne, l'infériorité de leur produit est encore plus notoire et tient problablement aussi au climat.

§ 8. Cactus.

Parmi les plantes arborescentes, sinon cultivées, au moins utilisées par les indigènes, il faut placer au premier rang le cactus ou figuier d'Inde (*cactus opuntia*).

Ce précieux végétal, qui vient jusqu'à une hauteur de 7 à 800 mètres au-dessus du niveau de la mer, forme non-seulement une clôture, on pourrait dire un rempart impénétrable autour des dechours, mais encore produit la principale nourriture de la population kabaïle et arabe pendant près de quatre mois de l'année.

Du reste, telle est l'incurie de ces hommes que c'est à peine s'ils cherchent à multiplier cette plante précieuse, malgré la facilité de cette opération, car le figuier de Barbarie, de même que la plupart des cactus, se reproduit de boutures avec une grande promptitude et réussit dans les terrains les plus pauvres. Il suffit, à cet effet, de déposer en automne ou au printemps une raquette ou une portion de raquette sur le sol légèrement remué.

Les figues de Barbarie passent avec raison pour très saines, et même pour un spécifique contre les diarrhées et la dyssenterie.

§ 9. Jujubier et caroubier.

Les *jujubiers* (*rhamnus ziziphus*) et les *caroubiers* (*ceratonia siliqua*) sont très répandus dans toute l'Algérie. Les fruits des premiers commencent à mûrir dès le mois de juin et sont recherchés des Maures et des Arabes. Il en est de même des caroubes fraîches et sèches.

Les caroubiers atteignent ici les dimensions de nos

chênes, et leur bois est un des plus durs qui existent.
Malheureusement leur croissance est extrêmement
lente.

Je dois encore citer, parmi les végétaux dont les
fruits sont utilisés par les indigènes qui estiment,
avant tout, ce qu'ils peuvent obtenir sans travail, l'*arbousier* (*arbutus unedo*) qui, avec les lentisques, les
myrtes, les cystes et lauriers-roses, constitue le fond
des broussailles dans les plaines et sur les pentes. Ses
fruits, en forme de framboises, sont recherchés des
Arabes qui consomment également les baies de myrtes,
malgré leur saveur amère, et même celles de palmiers
nains qu'ils disputent aux chacals.

Les jeunes pousses et le cœur des racines, ou plutôt
des tiges souterraines de cette dernière plante, servent
aussi d'aliment aux indigènes.

Il en est de même de plusieurs espèces d'asperges
et d'artichauts (le *cynara cardunculus* et le *cynara
acaulis*) qui croissent spontanément en Algérie.

Les feuilles du palmier nain, ainsi que celles du
dattier, sont, en outre, utilisées à la confection de
cordes, de paniers et de nattes très fortes et durables.

§ 10. Agave.

L'*agave* (*agave Americana*), plante extrêmement
répandue dans toute l'Algérie, sert à faire des haies
impénétrables au bétail. Ses feuilles, lorsqu'on leur a
fait subir une espèce de rouissage, donnent un fil assez

délié et très résistant dont on fait des cordes, des nattes et même des étoffes grossières, mais remarquables par leur solidité et leur brillant.

Cette plante réussit dans les plus mauvaises terres, et croît encore jusqu'à 6 à 700 mètres au-dessus du niveau de la mer.

Les indigènes se procurent une boisson très sucrée et susceptible de fermentation alcoolique en coupant la hampe peu après son apparition, ou du moins avant la floraison, et en creusant la section en entonnoir qui se remplit promptement de liquide.

Le *roseau africain* (*arundo Mauritanica*), à dimensions égales à celles de notre roseau du midi (*arundo donax*), sert également, avec quelques arbrisseaux, à enclore des terrains; il est en outre employé à la confection de nattes.

Il est encore deux autres produits que les indigènes retirent du règne végétal, et qui, pour certaines localités, ne laissent pas que d'avoir quelque importance : c'est la résine et le kermès.

§ 11. Résine.

Cette matière est recueillie et livrée au commerce par les Kabaïles habitant les localités où croissent les pins d'Alep et les thuyas articulés, comme les montagnes de Bousiri et des Beni-Boussfar, près du Sig, etc.

Cette extraction de la résine se fait à peu près comme en France, c'est-à-dire au moyen d'entailles pratiquées sur l'un des côtés de l'arbre et à des hauteurs successives, afin d'appeler à l'extérieur le suc résineux.

Du reste, jamais l'Algérie n'a suffi à sa consommation en résine et goudron, et une partie du tribut payé autrefois par plusieurs puissances du nord, au dey d'Alger, se composait précisément de ces deux articles et de bois de construction.

§ 12. Kermès.

Le *kermès* (*coccus ilicis*) est un insecte de l'ordre des hémiptères, famille des gallinsectes. Malgré son bas prix, il continue à être recueilli, en certaine quantité, par les Kabaïles, pour leur usage d'abord, et ensuite un peu pour l'exportation. On voit, en effet, figurer le vermillon ou kermès pour environ douze à quinze mille francs dans les exportations de l'ancienne régence.

La grande quantité de chênes-kermès qui couvrent le sol de l'Algérie permettrait un développement considérable de cette branche, si, comme je viens de le dire, le bas prix du vermillon ne s'y opposait pas.

Ni l'une ni l'autre de ces deux branches de production n'a, du reste, d'importance pour nous.

SECTION VI. — *Arrosage.*

J'ai déjà dit un mot des arrosages. Inutile d'ajouter qu'ils sont généralement très défectueux, à l'exception des arrosages appliqués aux orangers.

Les Maures et les Kabaïles sont à peu près les seuls qui arrosent, ou du moins ce sont les seuls chez lesquels on trouve des travaux d'irrigation permanents et de quelque importance.

Deux systèmes d'irrigation sont employés dans le pays : l'irrigation par submersion et l'irrigation par infiltration.

Le premier est appliqué aux céréales et aux arbres fruitiers, notamment aux orangers et citronniers; le second, aux cultures potagères, parfois aussi, sur les pentes, aux cultures de céréales.

J'ai déjà parlé de l'arrosage des orangers. Cette même méthode s'applique à tous les arbres; seulement elle n'est pas toujours exécutée d'une manière aussi parfaite. Souvent on se contente de faire passer une rigole au pied de tous les arbres qu'on peut atteindre, et on l'élargit en forme de petit bassin autour de chaque arbre.

L'irrigation par submersion, appliquée aux terres en culture, est plus simple encore, mais ne convient qu'aux terrains à plat situés le long des cours d'eau et peu élevés au-dessus du niveau de ceux-ci. Pour les arroser, les indigènes barrent le cours d'eau au-dessous du terrain à irriguer, de manière à y faire refluer l'eau, et ils entourent les bas côtés de ce terrain d'un petit relèvement de terre dans lequel ils ménagent parfois une issue pour la fuite de l'eau. Quand ils veulent faire cesser l'irrigation, ils ouvrent le barrage.

C'est ordinairement depuis l'époque de la floraison

jusque peu de temps avant la maturité des céréales qu'ils leur appliquent ces arrosages.

Pour l'irrigation par infiltration, le terrain, soit jardin, soit champ, est coupé d'un grand nombre de rigoles dirigées presque horizontalement ou du moins avec une faible pente. L'eau qui les parcourt pénètre dans le terrain meuble qui les borde de chaque côté, et arrive ainsi jusqu'aux racines des plantes.

Dans ce système, de même que dans celui qui s'applique aux arbres, il est nécessaire d'avoir un canal de dérivation qui prend l'eau dans un ruisseau ou un torrent et l'amène aux rigoles d'irrigation.

Comme ailleurs, on établit un barrage, dans le cours d'eau, au-dessous de la prise.

Section VII. — *Bestiaux.*

On sait que les Arabes et les Kabailes, mais surtout les premiers, élèvent une grande quantité de bestiaux, et sont, en général, plutôt pasteurs qu'agriculteurs.

Chez les tribus qui avoisinent le désert, les bêtes à laine et les chameaux sont les deux branches principales, on pourrait dire presque uniques de revenu. Dans les montagnes, ce sont les bêtes bovines; enfin, partout, mais principalement dans les grandes plaines de l'intérieur, l'élève des chevaux et des mulets est d'une haute importance.

Passons en revue très rapidement la nature de ces bestiaux, les moyens de multiplication et d'entretien employés par les Arabes, et enfin le parti qu'ils en tirent.

§ 1. Chameaux.

La vie nomade des Arabes, l'absence de routes et par suite de véhicules ont dû nécessairement donner, dans ce pays, une grande importance aux bestiaux de bât en général, et en particulier aux chameaux, les plus forts, les plus sobres et les plus rapides de tous les animaux de cette catégorie.

Exposer longuement les qualités et les mœurs des chameaux serait entrer dans des détails connus de tout le monde. Je me bornerai donc à rappeler que ces animaux, renchérissant encore sur la sobriété proverbiale des chevaux et mulets de la Barbarie, se nourrissent des plantes les plus grossières, telles que chardons, raquettes de cactus et autres qu'ils ramassent tout en cheminant; qu'ils supportent la soif pendant plusieurs jours; font jusqu'à 60 kilomètres d'une seule traite et avec 500 et 550 kilogrammes de charge, et sont, en général, très dociles lorsqu'on connaît la manière de les diriger.

La chamelle, vers les derniers temps de l'allaitement, fournit un lait qu'on dit être excellent.

Le poil long qui garnit une partie du corps du chameau sert, en mélange avec de la laine, à faire des cordes, des étoffes pour tentes, des tapis; enfin, jusqu'à 5 et 6 ans, les chameaux ont une viande recherchée des Arabes.

Des deux espèces existantes, c'est le chameau proprement dit, à deux bosses, qui est le plus répandu en Algérie.

L'autre, le dromadaire, plus petit, mieux fait et plus rapide encore, se trouve chez plusieurs tribus du désert.

Les chameaux de cette dernière contrée, plus sveltes, d'apparence plus faibles, sont plus sobres, plus infatigables encore que les autres, mais ils réussissent mal dans le *Tell*, et en général ces animaux souffrent du froid, de la pluie, et marchent difficilement dans les terres humides et détrempées, de même que dans les sentiers rocailleux et inclinés des montagnes.

Il leur arrive alors parfois de tomber et de se casser les jambes antérieures, dont la fragilité est passée en proverbe chez les Arabes. Dans ce cas, ceux-ci abattent l'animal, et, quel que soit son âge, en consomment la chair et en utilisent la peau et le poil, de sorte que la perte est minime.

Les lieux de prédilection du chameau, ceux où il rend le plus de services et convient le mieux, sont les grandes plaines sablonneuses situées au midi de l'Atlas.

Si cet animal est néanmoins répandu dans les autres parties de l'Algérie, il faut l'attribuer aux circonstances déjà mentionnées et à ses qualités, surtout à cette extrême sobriété qui fait qu'il ne coûte absolument rien d'élève et d'entretien quand on ne l'emploie pas, et fort peu quand on l'emploie. Dans le premier

cas, le pâturage, dans le second, un peu d'orge, de
féves ou de farine délayée lui suffisent.

Le chameau partage avec le cheval le privilége
d'être mis à couvert, sous une tente, pendant les nuits
froides et pluvieuses de l'hiver.

En Algérie, on ne s'en sert que pour porter, jamais
pour traîner, comme cela se voit dans le Levant. Les
bâts sont assez bien faits; mais ils ne sont fixés que
par des cordes qui passent sous le ventre du chameau.
En voyant marcher et surtout trotter ces animaux, on
conçoit à peine comment le balancement qu'ils impriment à leur charge ne leur occasionne pas très promptement des blessures aux parties qui sont en contact
avec les cordes.

Le prix d'un chameau moyen, qui était, avant notre
arrivée, de 35 à 50 fr., est aujourd'hui de 90 à 150.

§ 2. Chevaux.

Les divergences encore fort récentes d'opinion à
l'égard des chevaux de l'Algérie ne rendront peut-
être pas inutiles quelques développements sur cette
intéressante question.

On est tellement habitué à juger les chevaux sur
l'extérieur, qu'il n'y a rien d'étonnant à ce qu'on ait
pris une mauvaise opinion de la race barbe, telle
qu'elle existe aujourd'hui dans notre colonie. En
effet, pour les gens non connaisseurs ou habitués
aux formes développées du Nord, l'aspect de ces ani-

maux justifie cette assertion que les chevaux actuels
de l'Afrique valent tout au plus nos rosses de fiacres.
On ne voit pas chez eux cette conformation que le
vulgaire confond avec la *beauté*, parce qu'elle plait
aux regards, et on leur attribue des défectuosités,
parce que, sous certains rapports, ils sont disgra-
cieux. D'ailleurs, l'exiguité de leur taille, plus apparente encore par suite de la taille ordinairement grande
des cavaliers qui les montent, suffirait pour les dépré-
cier aux yeux d'une foule de personnes.

C'est à l'œuvre qu'il faut les voir pour les bien
juger, et c'est chez eux qu'on peut apprécier l'influence de ce mystérieux principe d'action, qu'en
physiologie on appelle l'*influx nerveux*, et que le vulgaire reconnaît et désigne, chez certains animaux, en
disant qu'ils ont de l'*âme*. Sobres, dociles, patients,
ils sont cependant, en général, pleins de courage et
de fonds, et d'une sûreté de jambes à toute épreuve.
On voit ces soi-disant *rosses* galoper dans des terrains
où un cheval du Nord passerait difficilement au pas,
contourner ou franchir les obstacles avec une merveil-
leuse agilité, et, sous un soleil brûlant, montés par de
lourds cavaliers, souvent mal nourris, n'ayant pas
toujours de l'eau à discrétion, traités comme le cavalier français traite en général son cheval, c'est-à-dire
sans soins, sans amour, faire, malgré cela, pendant
une série de quinze, vingt et même trente jours, des
marches journalières de trente à quarante kilomètres,
dans un pays accidenté et privé de routes, au travers

des torrents et des broussailles, sur des pentes ro-
cheuses et ravinées, marches qui se compliquent
encore souvent de courses rapides nécessitées par les
alertes ou la poursuite des ennemis. Et cependant,
loin d'avoir ce qu'il y a de mieux dans le pays, c'est à
peine si, jusqu'à présent, nous avons eu le choix dans
le rebut.

Certes, les chevaux africains ne brilleraient pas
sur un hippodrome ; les meilleurs seraient inévitablement battus par les plus mauvais pur-sang ou trois-
quarts de sang anglais ; mais ce fait, que l'on peut
d'avance considérer comme positif, suffirait seul pour
réduire à sa juste valeur l'utilité des courses comme
seul *criterium* du mérite d'un cheval. Qu'on place, en
effet, un de ces coursiers renommés, soit pur sang,
soit ce que les Anglais appellent *cheval de chasse,*
dans les mêmes conditions que celles où se trouvent
les chevaux d'Afrique, et l'on verra quel service on
en obtiendra.

Ce n'est, du reste, plus une simple conjecture.
Beaucoup d'officiers ont eu, en Afrique, des chevaux
anglais de distinction : tous ont été obligés d'y renoncer. Il en a été de même des chevaux allemands. Non-
seulement les uns et les autres ne passaient que difficilement dans ces terrains accidentés, inégaux,
encombrés de rochers et de broussailles, et mettaient
ainsi leurs cavaliers en danger ou rendaient leur
action nulle ; mais encore ils ne supportaient ni la
chaleur, ni la fatigue, ni les privations ou les aliments

de mauvaise qualité, et il est arrivé souvent, dans les expéditions, que les officiers qui, au début, paradaient sur ces beaux chevaux, étaient obligés, au retour, d'emprunter un cheval de soldat, ou revenaient piteusement à pied, traînant après eux leurs tristes montures.

Disons ici, en passant, que, de tous les chevaux européens, ce sont les chevaux français, surtout ceux de races légères, qui ont le mieux supporté le climat et les fatigues, et ont rendu les meilleurs services en Algérie.

En résumé, le cheval africain, tel qu'il existe aujourd'hui dans la colonie, et malgré les causes nombreuses qui ont contribué à sa dégénération, est encore, à mon avis, le cheval de guerre par excellence. On pourrait désirer un peu plus de taille; mais peut-être n'y arriverait-on qu'au détriment de cette légèreté, de cette force, de cette constitution robuste, de cette *âme*, de ce qui fait, en un mot, le mérite de ces chevaux. Dans tous les cas, rien ne sera plus facile à obtenir que cette augmentation de taille, lorsque la production de chevaux ne sera plus uniquement entre les mains des Arabes.

Je n'entrerai que dans peu de détails sur l'extérieur et la conformation de ces animaux, sujet qui a déjà dû être traité avec étendue par des hommes spéciaux. Je dirai seulement que la taille varie entre 1 mètre 45 centimètres et 1 mètre 55 centimètres; que les formes sont sèches, anguleuses, et, généralement,

flattent peu l'œil ; que, néanmoins, lorsqu'on examine
ces animaux de près, on trouve que tout est combiné
de manière à réunir les conditions de force, de vigueur
et de légèreté. Ainsi, capacité thoracique très développée, épaules musculeuses, fortement inclinées ;
avant-bras longs et recouverts de fortes saillies mus-
culaires, genoux larges, canons courts, tendons forts
et détachés, sabots durs et bien contournés, reins
droits et courts, jarrets étirés, larges et plats.

J'ai vu, en outre, dans la province de Constantine
et à Oran, plusieurs chevaux ayant des formes plus
arrondies, plus développées, et se rapportant tout à
fait à celles sous lesquelles on représente habituelle-
ment les chevaux turcs, et même quelquefois, quoique
à tort, les chevaux arabes. Le poitrail et la tête sont
plus larges, l'encolure plus épaisse et rouée, le corps
plus cylindrique et la croupe plus chargée. J'ai même
vu, chez plusieurs d'entre eux, des cous de cochons.

Ces chevaux, m'a-t-on dit, proviennent de chevaux
turcs et turcomans importés à diverses époques dans
la régence.

Dans la province de Constantine, il existe également
une race plus grande, plus développée, plus haute
sur jambes, mais moins bien faite que la race ordinaire, et que l'on connaît sous le nom de *Trass-Berda*
(jument de bât). Cette race, peu estimée, et qu'on dit
provenir de Tunis, sert, en effet, principalement à
porter des fardeaux. On l'emploie également, et de
préférence, à la production des mulets.

Dans la province de Constantine et surtout dans celle d'Oran, les chevaux sont plus nombreux et meilleurs que dans les provinces d'Alger et de Titterie. Peut-être notre occupation a-t-elle contribué à cette différence; mais il paraîtrait qu'elle existait avant notre arrivée. A part les circonstances physiques, plus favorables dans les deux premières provinces, par suite du grand nombre de plaines et de riches vallées qui s'y rencontrent, on expliquerait très bien cette différence par le fait seul de l'action plus immédiate de l'ancien gouvernement sur les provinces d'Alger et de Titterie. Les Turcs avaient, en effet, le triste privilége de tarir toutes les sources de richesse dont ils s'occupaient, et c'est notamment dans la production des chevaux que leur influence nuisible se faisait sentir. Les beaux chevaux étaient l'objet de la convoitise des officiers turcs qui, méprisant les formes légales, habitués d'ailleurs à traiter les Arabes en peuple conquis, s'en emparaient purement et simplement toutes les fois qu'ils le pouvaient. Bien des razzias ont été exécutées dans le seul but d'acquérir un beau cheval. Renchérissant sur leurs chefs, les soldats turcs, dans beaucoup de garnisons, ne se gênaient pas pour arrêter aux portes les Arabes qui arrivaient montés sur de bons chevaux, pour les en faire descendre à coups de bâton et s'en emparer. Aussi les Arabes avaient-ils fini par ne plus venir dans ces villes que montés sur des ânes, des mulets ou ce qu'ils avaient de plus mauvais en chevaux. Des Arabes des environs de Bône m'avouaient qu'une des causes qui leur faisaient accepter la domination française avec plaisir, c'était de n'avoir plus à cacher leurs montures de choix. De là vient que les grandes et fortes tribus possèdent seules de beaux chevaux, et que la province d'Oran, où ces tribus sont plus multipliées qu'ailleurs, en a le plus grand nombre. Ainsi, les Ouled-Sidi-el-Aribi, riche tribu de marabouts de la plaine du Chéliff, les Oulassas, les Hachems-Gharabas, les Ouled-Sidi-Seleïman, les Ouled-Giaffar, riches et puissantes tribus, s'adonnaient et s'adonnent encore, avec succès, à l'élève des chevaux, et en ont un grand nombre de fort beaux dans leurs vastes plaines.

Il en est de même, dans la province de Constantine, chez les puissantes et populeuses tribus des Abd-el-Nour, des Hanenchas, des Haractas, des Ouled-Soltani, des Ouled-Ammer-Ben-Seba, des Ouled-Righas, etc.

Les tribus du désert, malgré les obstacles que leur opposait la nature de leur pays, élevaient et élèvent encore un grand nombre de bons chevaux, grâce à la liberté dont elles jouissaient, tandis qu'aux environs des villes, et partout où le pouvoir turc était fort, les tribus, même les mieux placées, à l'exception de celles du makhzen, s'adonnaient peu à l'élève des chevaux et beaucoup plus à celui des mulets et des ânes.

Les tribus kabaïles sont dans le même cas, non pas à cause des Turcs, mais à cause de la nature montagneuse des contrées qu'elles habitent.

Disons cependant que les chevaux des plaines basses et fertiles qui avoisinent la côte passent, parmi les Arabes, pour inférieurs à ceux des montagnes et des plaines arides du midi, quoiqu'ils aient plus de taille et d'étoffe.

On sait qu'en général les Arabes estiment plus les juments que les chevaux. Ils ne s'en défont que difficilement, et comptent la généalogie de leurs chevaux plutôt d'après les mères que d'après les pères.

Autrefois, ils vendaient leurs plus beaux chevaux aux Turcs qui les préféraient aux juments. Ils en vendaient également dans le Maroc, et les tribus des confins du désert ne conservaient même généralement que quelques chevaux d'élite pour la reproduction.

Les diverses tribus en relation avec nous nous ont vendu un assez grand nombre de chevaux à diverses époques ; mais il a toujours été très difficile d'en obtenir des juments. D'ailleurs, la plupart de ces tribus, étant précisément autrefois les plus exposées aux spoliations des Turcs, se trouvent dans le cas déjà signalé, c'est-à-dire ont peu de chevaux. De là, en partie, la difficulté que nous avons eue pour la remonte de notre cavalerie. Du moment où nous dominerons au loin, nos besoins en chevaux seront, je pense, facilement satisfaits ; car tout ce que j'ai entendu dire des grandes tribus du midi me porte à croire, même en faisant la part de l'exagération habituelle des Arabes, que, malgré l'état de guerre, état qui, du reste, comme on le sait, n'est point anormal chez les Arabes, il s'y trouve encore d'importantes ressources en chevaux.

On serait porté à croire que l'Arabe, peuple pasteur et guerrier, tenant avant tout à ses chevaux, qu'il estime bien au-dessus de ses femmes, devrait avoir acquis une expérience consommée dans la connaissance du cheval, des meilleurs modes d'élève, d'entretien et d'emploi de cet animal. Il n'en est rien cependant, et comme si ces hommes, passés maîtres en ruse et en commerce, étaient frappés d'incapacité en présence des faits naturels, on retrouve chez eux la stupidité du sauvage même en ce qui concerne leur animal de prédilection. On en jugera par ce qui va suivre. Mais disons tout de suite que ce qu'on a conté de l'amour de l'Arabe pour son cheval, et des soins qu'il lui prodigue, est digne d'être rangé à côté de l'énumération des autres vertus qu'on lui a si étrangement prodiguées. L'Arabe aime son cheval plus que sa femme, mais cela ne prouve nullement qu'il l'aime beaucoup. Il passe souvent de longues heures à le contempler, et refuse parfois de le vendre à des prix très élevés; mais il n'y a là rien de ce sentiment qui porterait, par exemple, beaucoup de personnes à conserver leurs chiens, même au prix de grands sacrifices, et quoiqu'ils ne leur soient d'aucune utilité. C'est tout simplement l'avare qui se complaît dans la vue d'un objet d'une haute valeur à ses yeux. C'est le guerrier qui tient à ses armes, parce qu'elles lui sont utiles, ou l'homme vaniteux qui contemple avec orgueil les richesses qu'il possède.

L'Arabe abuse de son cheval comme il abuse de tout. « Mettez un cheval, dit M. Baude, entre les mains d'un enfant qui ne le craigne pas, l'enfant abusera de tous les moyens de l'animal ; ainsi font les plus vieux Arabes. Élevés dès l'enfance à manier des chevaux, les Arabes sont incontestablement des cavaliers plus exercés que nous ; mais leur équitation ne vaut pas la nôtre. L'art patient de beaucoup obtenir de l'animal en le fatiguant peu leur est inconnu : ils l'attaquent du mors et de l'éperon par brusques saccades, et c'est malgré la manière dont il est conduit que le cheval barbe conserve tant de grâce, de vigueur et de solidité. »

Presque toujours à la suite d'une marche, lors même qu'elle n'a nécessité aucune course rapide, les chevaux ont au flanc et au grasset de nombreuses blessures occasionnées par les longs éperons et les étriers tranchants dont le cavalier fait un usage continuel. La bouche n'est pas dans un meilleur état, grâce à ce terrible mors arabe avec lequel on pourrait forcer le cheval le plus flegmatique à se renverser sur lui-même. Tout, en un mot, est calculé pour l'abus et non pour l'usage modéré.

Les juments sont saillies en février et mars. La monte, chez les tribus de notre voisinage, se fait ordinairement en liberté ; mais on m'a dit que chez les tribus de l'intérieur et du désert, tribus qui, sans tenir de livres généalogiques, comme les Arabes de l'Yemen, conservent cependant par tradition la généalogie de

lain d'un an pour le conduire à bien ; monte-le à trois ans jusqu'à ce qu'il en plie ; soigne-le parfaitement de quatre à cinq ans, et alors, s'il ne te convient pas, vends-le. »

Il m'a suffi d'exposer ce mode d'élève pour le faire apprécier par tous les hommes compétents. Aux personnes qui croiraient pouvoir s'étayer de la longue expérience des Arabes pour justifier ce système vicieux, je me contenterai de rappeler leur ignorance, déjà signalée, concernant les moyens de reconnaître l'âge du cheval, et leur ignorance plus grande encore en ce qui touche les moyens de le guérir. Les seuls qu'ils emploient sont les amulettes et le feu. Ce dernier, qu'ils appliquent avec de la résine bouillante, est d'un emploi général, on pourrait dire abusif. Mais cet abus est justifié par l'état déplorable où les dures épreuves dont j'ai parlé mettent le jeune cheval. Aussi est-il rare de voir une bête âgée de plus de trois ans, qui n'ait de nombreuses marques de feu. D'ailleurs, avant la conquête, ces marques étaient un moyen de soustraire les beaux chevaux à l'avidité des Turcs, qui dédaignent généralement tous les animaux portant ces stigmates dégradants. Aussi les Arabes employaient-ils souvent le feu sans motif hygiénique et d'une manière préventive. Ils l'appelaient *feu de précaution.*

J'ajouterai enfin que, depuis notre occupation, des essais d'élève nombreux faits par des colons, par des officiers et même dans quelques régiments, ne laissent plus le moindre doute sur les vices du système arabe, vices qui ne sont pas compensés par ce qu'il a de bon.

Les Arabes ne font jamais de fourrages secs. Ils pensent que ces fourrages fermentent dans l'estomac et les intestins des animaux et leur occasionnent des maladies, surtout la pousse, ou du moins une atonie générale. Il est probable que cette opinion se fonde sur les résultats produits par des fourrages mal récoltés ou mal conservés, car les faits observés depuis douze ans l'infirment complétement. Si les foins amenés du nord ont en général exercé une influence fâcheuse sur les chevaux, ceux récoltés dans le pays, et donnés en quantité modérée, avec une proportion suffisante de grain et de paille, n'ont produit aucun mauvais résultat. Nos cavaliers, toutes les fois qu'on leur a donné des chevaux du pays, ne sont pas restés en arrière des Arabes alliés, lors du moins qu'ils n'avaient pas à porter une charge exceptionnelle ; et si, au retour des expéditions, le nombre des chasseurs démontés a été parfois plus grand que celui des Arabes également démontés, le contraire s'est vu fréquemment.

Le pâturage, l'orge et la paille sont donc les seuls aliments du cheval chez l'Arabe. A la fin de l'hiver, au printemps et jusqu'en juin et une partie de juillet, le pâturage est abondant et suffit à la nourriture des chevaux, lorsqu'ils ne sont pas employés ; mais pendant les mois de juillet, août, septembre et une partie d'octobre, la terre, brûlée par un soleil ardent, n'offre plus que quelques tiges desséchées qui ont porté graines et sont, par conséquent, dépourvues de toute faculté nutritive. Toutefois, les chevaux sont souvent obligés de s'en contenter, car ce n'est, en général, que chez les gens aisés ou dans les tribus qui s'occupent spécialement de l'espèce chevaline qu'on leur donne, à cette époque, un supplément de nourriture en orge et en paille d'orge que les Arabes considèrent comme bien préférable, sous ce rapport, à la paille de froment.

Chez les riches, l'orge est donnée presque à discrétion, surtout quand les chevaux doivent aller ou sont en course. La paille ne sert qu'à faire volume, et, comme on a soin de ne faire boire les chevaux qu'une fois par jour et quatre heures au moins avant qu'ils mangent ou après qu'ils ont mangé l'orge, cette grande quantité de grain ne leur occasionne aucune indisposition. On peut même la considérer comme une des causes de la vigueur et de la bonté de ces chevaux.

Ces animaux n'ont pas moins à souffrir en automne, partout où ils ne sont pas l'objet de soins particuliers. A la vérité, les pâturages reverdissent à cette époque ; mais comme cette nouvelle pousse coïncide avec les grandes pluies et un abaissement de la température, les chevaux en éprouvent un relâchement qui leur serait funeste si on ne leur donnait que cette nourriture et si on n'avait soin de les abriter pendant la nuit sous des tentes. Il en est de même, à plus forte raison, pendant l'hiver, jusqu'en février et mars. Aussi l'automne et l'hiver sont-ils des époques de mortalité pour les chevaux en général, et surtout pour les poulains de l'année.

En voyage, l'Arabe ne donne à manger à son cheval que deux fois par jour, le matin et le soir, et il le fait boire une seule fois, vers midi, plus tôt ou plus tard, suivant qu'il trouve de l'eau. Les seuls aliments sont alors de l'orge à discrétion et un peu de paille.

Dans les parties du pays qui ont des arrosages, on ajoute à l'orge une petite quantité de féves, surtout pour les juments qui allaitent. On donne aussi quelquefois des caroubes sèches.

Les tribus du désert ou des confins du désert qui cultivent peu de céréales y suppléent en partie par des figues fraîches ou sèches, des caroubes et des dattes, ainsi que par du lait de brebis. On prétend même qu'on y donne aux chevaux de la viande desséchée et pilée.

Dans ces mêmes contrées, on ne les ferre point. Ailleurs, surtout dans les montagnes, ils sont ferrés, mais, en général, seulement des pieds de devant et à la turque.

La *castration* n'est jamais pratiquée dans l'espèce chevaline chez les Arabes, et le résultat des essais tentés à cet égard semble prouver qu'ils ont raison, et que, dans la race barbe, comme dans les races orientales en général, cette mutilation a de mauvais effets.

Le cheval, chez les Arabes, sert principalement, on pourrait dire exclusivement à la selle. Ce ne sont que les plus mauvais et les plus vieux qu'on emploie à porter des fardeaux ou à traîner la charrue.

Je ne dirai rien de la selle arabe qui, comme on le
sait, diffère entièrement de la nôtre. Peut-être y aurait-
il là quelques bonnes choses à prendre ; toutefois, je
rappellerai que, pour s'en servir, il faut, comme les
indigènes, y être habitué dès l'enfance, et que, même
dans ce cas, les seules allures possibles sont le pas et
le galop. Du reste, beaucoup de nos Arabes auxiliaires, comprenant les avantages du trot autant pour le
cavalier que pour la monture, ont déjà commencé
à rallonger les étriers.

Le prix moyen des chevaux variait, avant notre
arrivée, entre 100 et 150 fr. ; aujourd'hui il a plus
que triplé, et j'ai vu beaucoup de chevaux qui avaient
coûté plus de 1,000 fr., et n'avaient de remarquable
qu'une taille un peu plus élevée que la taille ordinaire.

§ 3. Anes.

Les ânes sont nombreux en Algérie, plus cependant
parmi les Maures et les Kabaïles que parmi les Arabes. On en rencontre également davantage dans l'est
que dans l'ouest. Ils sont la monture du pauvre et
des femmes, et servent surtout comme bêtes de somme.

Malgré la convenance du climat, ces animaux sont
si peu soignés et si mal traités, qu'ils sont en général
très petits, mais néanmoins forts, alertes et assez bien
conformés. Les Arabes ou Kabaïles les plus pauvres
en ont au moins deux ou trois qu'ils attellent parfois
à la charrue.

Les habitants de la régence de Tunis, plus industrieux que ceux de l'Algérie, élèvent une race d'ânes plus belle, plus grande et plus forte, très estimée pour la production des mulets et qu'on importe dans ce dernier pays pour cet usage.

§ 4. Mulets.

Dans toute l'Algérie, et principalement dans la province de Constantine, on élève un assez grand nombre de mulets. J'ai trouvé chez eux beaucoup d'analogie avec les mulets corses. Comme ces derniers, ils sont plus petits, mais plus vifs, plus alertes et plus robustes que nos mulets du continent, qualités qu'ils doivent autant à leurs mères qu'au climat.

Ces animaux, qui sont employés comme bêtes de somme, de trait, et même pour la selle, ont plus de valeur que les chevaux. L'élève et l'entretien sont à peu près les mêmes chez eux que chez les chevaux, si ce n'est qu'on ne les dresse pas avec autant de soins et de rigueur.

Les mulets ont toujours valu moitié, ou un tiers en sus des chevaux. Quant aux ânes, ils coûtaient, avant notre arrivée, de 10 à 12 fr. tout au plus. Le prix des uns et des autres n'est pas monté dans la même proportion que celui des chevaux et des bêtes bovines et ovines.

Chez les tribus pastorales, on n'emploie à la production des mulets que les vieilles et mauvaises ju-

meuts ; mais, parmi les Kabaïles et les Arabes cultivateurs, on y fait servir, au contraire, les bêtes de la
plus forte taille.

§ 5. Bêtes bovines.

Comme les chevaux et les ânes, les bêtes bovines de
l'Algérie sont petites. Le poids moyen de viande nette,
chez les bœufs, est d'environ 175 kilog., ce qui suppose un poids brut de 320 à 340 kilog. Lorsqu'ils
sont engraissés avec quelques soins, comme chez
plusieurs colons, le poids net arrive alors souvent à
250 kilog.

Ces animaux sont vifs et robustes, et leurs formes
sont remarquables. Elles n'ont rien de ce qu'on voit
ordinairement chez les races mal soignées et à moitié
sauvages. La tête est petite, de même que les cornes;
le corps est long et cylindrique, les jambes sont
courtes, la charpente osseuse est en général fine, le
poil est fin et luisant, la peau souple et bien détachée,
la capacité thoracique développée, en un mot, ils
ont tous les indices d'une grande facilité à prendre
graisse, disposition qui a été prouvée, du reste, dans
les engraissements faits par les colons, et que révèle
d'ailleurs suffisamment l'état d'embonpoint dans lequel ils se trouvent pendant huit mois de l'année.

Le pelage le plus commun est le gris-louvet, avec
les jambes, la tête et parfois une partie de l'avant-train
noires.

Ces animaux sont tenus sans aucun soin. Le pâturage et tout au plus un peu de paille, dans les moments de la plus grande disette, constituent leur unique nourriture. Aussi, gras au printemps et pendant une partie de l'été, ils dépérissent aux mois d'août et de septembre, et plus encore à l'époque des grandes pluies d'automne, par les raisons que j'ai déjà indiquées pour les chevaux.

Jamais ou presque jamais, si ce n'est dans les montagnes, on ne les rentre sous des abris ; aussi, par des froids subits ou par des pluies continues, meurt-il beaucoup de jeunes animaux et de vieilles bêtes, et les expéditions opérées dans ces derniers temps, pendant l'hiver, ont fait grand tort aux tribus qu'elles frappaient, en les forçant à fuir dans des lieux inaccessibles, où les bestiaux, ne trouvant pas de nourriture, périssaient en grand nombre.

C'est en février, mars et avril que viennent les veaux, et c'est alors seulement que les vaches ont du lait. On laisse d'ordinaire les petits teter aussi longtemps que les mères s'y prêtent. Ces dernières sont traites en même temps, et ne donnent alors, bien entendu, qu'une très faible quantité de lait, de trois quarts de litre à un litre et demi par jour. Du reste, la race est peu laitière. En perdant leur veau, les vaches perdent ordinairement leur lait ; mais cela tient plutôt au manque de soins, au régime de misère auquel ces animaux sont soumis pendant une partie de l'année, à l'irrégularité de la traite et à la manière d'effectuer la mulsion qu'aux dispositions innées des animaux, quoique cependant les dispositions mêmes de cette race pour l'engraissement fassent prévoir qu'elle ne sera jamais remarquable pour la production du lait.

La multiplication de ces animaux est, comme leur entretien, abandonnée à la nature.

De tous les produits de l'espèce bovine, le plus important, pour les Arabes, est le lait qu'ils consomment en grande quantité, frais, aigre et à l'état de babeurre et de sérum. Celui que j'ai bu, dans les tribus, m'a paru être gras et de bon goût.

On en fait du beurre qui est blanc et d'assez mauvaise qualité; ce qui, du reste, provient plutôt de l'absence d'un lieu frais pour y tenir le lait, et de la malpropreté des vases dans lesquels on le conserve, que de la nature de celui-ci. La manière dont on le confectionne y contribue aussi. On met non pas seulement la crème, mais une grande partie du lait dans une peau de chèvre cousue qu'on suspend à deux piquets, et qu'on frappe et presse de manière à agiter fortement le contenu. Une partie du sérum suinte à travers la peau; la matière butireuse se prend, mais se mêle aussi avec la matière caséeuse; de là cette nuance blanche et ce goût fade.

On fait également des fromages qui sont aussi de qualité inférieure, par les mêmes raisons. On se sert parfois, pour coaguler le lait, des fleurs de l'artichaut sauvage (*cynara cardunculus*) en guise de présure;

souvent on le laisse se cailler spontanément. Il est
ensuite mis dans des formes tressées avec des feuilles
de palmiers nains, où on le presse légèrement. Les
Arabes le consomment frais ou sec. Dans ce dernier
état, il est fréquemment, surtout en route, délayé
dans de l'eau dont il corrige ainsi le goût parfois
saumâtre.

Enfin, on m'a dit que les Kabaïles, malgré le pré-
cepte du Koran, font fermenter le sérum ou petit lait
qui reste après la séparation du caséum, et en obtiennent une boisson vineuse avec laquelle ils s'enivrent.

Les bœufs, parfois même les vaches, sont employés,
dans toute l'Algérie, aux labours. J'ai déjà indiqué le
mode de harnachement en usage pour ces animaux.

Dans la province d'Oran, on utilise, en outre, les
bœufs comme bêtes de somme, en place des mulets
et des ânes, moins nombreux dans cette contrée que
dans l'est. Le bât se compose d'ordinaire d'une simple couverture fixée avec des cordes qui retiennent en
même temps les paniers ou les fardeaux placés de
chaque côté.

Ces bœufs, malgré le peu de longueur de leurs
jambes, ont un bon pas et paraissent bien supporter
la fatigue. J'en ai vu sur la route d'Oran à Mascara
qui venaient de 25 à 50 kilomètres de distance et ne
semblaient pas fatigués, malgré la charge assez forte
qu'ils portaient.

Malgré le grand nombre de bêtes bovines qu'ils
possèdent, les indigènes ne tuent que peu de ces ani-

maux pour leur consommation. Ce fait trouverait déjà son explication dans la difficulté, pour une famille et même pour plusieurs familles réunies, de consommer à temps une aussi grande masse de viande que celle fournie par un bœuf ou une vache. Mais, à part cela, les Arabes estiment peu la chair de ces animaux, surtout celle du bœuf, qu'ils placent, ainsi que nos soldats, au-dessous de celle de la vache.

Tout étrange que puisse sembler ce goût, il n'en est pas moins parfaitement rationnel. On sait, en effet, que, toutes choses égales d'ailleurs, la chair des femelles est plus tendre et meilleure que celle des mâles. Si le contraire a presque toujours lieu en Europe, cela tient à ce que les femelles, surtout dans l'espèce bovine, ne sont livrées à la consommation que dans un âge avancé et lorsqu'elles ne sont plus susceptibles de prendre graisse. Cela tient aussi à ce que la plupart des mâles sont soumis, dès leur jeune âge, à la castration, opération qui, comme on sait, améliore notablement leur chair.

En Afrique, la castration n'est pas, tant s'en faut, d'un usage général pour les bêtes bovines, et encore ne connaît-on que la méthode vicieuse par écrasement, méthode qui ne détruit pas entièrement les organes séminifères.

C'est à cette circonstance, de même qu'à l'absence d'engraissement préalable, qu'il faut attribuer la qualité inférieure de la viande des bêtes bovines en Algérie ; car, du reste, l'aptitude déjà signalée de la race pour l'engraissement et l'exiguité de sa taille doivent bien faire augurer de la qualité de la chair, lorsqu'on aura adopté les méthodes rationnelles de production et d'exploitation[1].

Les Maures et les Kabaïles salent un peu de viande. Mais le procédé de conservation le plus usité est de placer la viande dans de grandes jarres remplies d'huile ou de beurre, dont la rancidité la rend presque toujours non mangeable pour les Européens.

Les tribus du désert conservent la viande en la faisant sécher.

Enfin, on sait que de tout temps les peaux de bêtes bovines ont formé un article important de commerce pour l'Algérie.

Les tribus pastorales des montagnes et vallées de l'intérieur possèdent d'immenses troupeaux de bêtes à cornes; et, néanmoins, d'après ce que je viens de dire de la faiblesse de la consommation indigène, on pourrait, à bon droit, s'étonner que ce nombre ne fût pas plus grand encore; mais les causes nombreuses de mortalité signalées plus haut expliquent ce fait. Si l'on réfléchit que ces causes se sont multipliées par la guerre que nous faisons en Afrique, et qu'il s'y est joint, en outre, la consommation de notre armée et de la population européenne, consommation plus que double peut-être de celle des indigènes, on verra que

(1) C'est un fait bien constant que, toutes choses égales d'ailleurs, les bêtes de petite taille ont une chair plus fine, plus sapide que celles de grande taille.

cette question est de nature à appeler l'attention toute
particulière du gouvernement et des publicistes.

Cette observation s'applique, du reste, également
aux autres bestiaux ; j'y reviendrai en examinant, au
point de vue de la colonisation, les sujets que je traite
ici au point de vue des indigènes.

Les contrées de l'est paraissent être les plus riches
en bêtes bovines.

Les bœufs qui, avant notre arrivée, valaient de
vingt à trente francs pièce, se paient aujourd'hui de
soixante-dix à quatre-vingt-dix francs et même cent et
cent vingt francs.

§ 6. Bêtes ovines.

Cette espèce se trouve en nombre considérable
dans toute l'Algérie ; les confins du désert en possèdent surtout d'innombrables troupeaux. Elle constitue
la plus importante richesse des tribus pastorales et
fournit le principal article d'exportation du pays, en
même temps que la viande la plus estimée et le plus
généralement consommée par les indigènes.

Il existe un grand nombre de variétés de moutons
en Algérie, lesquelles, par suite des razzias des tribus
entre elles et du peu de soins des Arabes, se trouvent
fréquemment mêlées dans le même troupeau. Parmi
les dix-sept mille bêtes à laine prises par le général
Changarnier, en juin 1842, j'ai trouvé douze à quinze
variétés au moins, toutes ou presque toutes de forte
taille et d'une assez belle conformation, mais la

plupart étaient trop hautes sur jambes ; les unes, en
petit nombre, à tête et extrémités noires ou brun-
jaune ; les autres, en majorité, à tête blanche, plusieurs à deux et quatre cornes, beaucoup d'autres pri-
vées de cet appendice ; parmi les premières, il y en
avait dont les cornes étaient simplement recourbées
en arrière, tandis que chez d'autres elles étaient con-
tournées en spirale comme dans les mérinos. Beaucoup de bêtes avaient une laine lisse, longue et grossière ; quelques-unes même, une espèce de poil long,
analogue à celui du mouflon. D'autres avaient la laine
frisée, mais également grossière. Enfin, j'ai remarqué
un certain nombre d'individus dont la laine frisée était
fine, courte, et offrait tous les caractères de la laine-
mérinos. Les bêtes elles-mêmes ressemblaient aux mérinos pour leur conformation.

Ce dernier fait n'a, du reste, rien d'étonnant, car il
paraît à peu près prouvé aujourd'hui que la race
mérine est originaire d'Afrique.

Je n'ai vu, dans ce troupeau, qu'un petit nombre
de bêtes à large queue, connues en France sous le
nom de *moutons de Barbarie*, et qu'on dit être très
répandues dans la régence de Tunis ; mais j'ai vu
beaucoup de bêtes qui devaient probablement à des
croisements avec cette race un développement de la
queue plus considérable que d'ordinaire. Ces moutons
de Barbarie, qui se rencontrent plus fréquemment
dans l'est et vers le désert que dans l'ouest, sont très
recherchés dans le pays, quoique leur laine soit gros-

sière. Ce qui constitue leur valeur, c'est leur rusticité,
leur aptitude à prendre graisse, et surtout leur queue
dont le poids atteint parfois 8 à 10 kilogrammes et qui
forme une pelote de graisse que les Arabes mangent
avec délices.

Si l'on examine les bêtes à laine de l'Algérie, on
voit que nulle part ces animaux ne présentent les
caractères d'un état à demi sauvage, caractères qui
se retrouvent, au contraire, parmi les races de nos
contrées, arriérées comme celles de la Bretagne, des
Landes, de la Corse, etc. Ce fait me semble tenir principalement à l'intimité dans laquelle les Arabes vivent
avec leurs bestiaux. Il est à croire ensuite que la vie
nomade et ces migrations fréquentes des douars con-
tribuent à rapprocher les animaux de l'homme.

En ce qui concerne spécialement l'espèce ovine,
faisons remarquer que le sol si fertile, quoique plutôt
sec qu'humide, de l'Algérie, son climat chaud et sec,
et jusqu'à cette quantité de sel répandue dans tout le
pays et se manifestant dans un grand nombre de sources, doivent contribuer à faire de notre colonie la
contrée la mieux appropriée aux bêtes à laine. Tous
les individus que j'ai vus, même vers la fin de l'été,
étaient en très bon état, ce qui ne surprendra nullement les personnes initiées à l'agriculture et qui
savent que les bêtes à laine s'accommodent parfaitement d'une nourriture composée de substances sèches
et ligneuses.

L'incurie que j'ai signalée pour les bêtes à cornes

règne également pour tout ce qui concerne les moutons. Nul soin n'est apporté au choix des béliers, à la
monte, à l'agnelage, à l'élève des jeunes bêtes, à l'entretien des animaux adultes; aussi chaque année,
faute d'abri, les troupeaux sont-ils décimés par les
grandes pluies d'automne et d'hiver.

Les béliers restent mêlés aux brebis pendant toute
l'année. Beaucoup de mères mettent bas deux fois
par an, au printemps et en automne, et il en est plusieurs qui ont deux agneaux d'une portée. Ordinairement les Arabes ne leur en laissent qu'un, et tuent les
autres pour leur chair qu'ils estiment beaucoup.

La tonte se fait en avril et mai, chez les tribus du
Tell. Vers le désert, on la pratique, m'a-t-on dit, deux
fois l'an, pour certaines races à longue laine.

On peut dire qu'après les céréales, la laine est le
produit le plus important de l'Algérie. Elle est pro-
duite en quantité exubérante par toutes les tribus
arabes de l'intérieur; en quantité moindre, mais encore suffisante pour leurs besoins, par les tribus
kabaïles.

Il s'en consomme une masse considérable, dans le
pays même, pour vêtements, couvertures, étoffes de
tentes, etc.

Le surplus était jadis vendu au dey et aux beys qui
en avaient le monopole et payaient la denrée au prix
qu'ils voulaient bien fixer eux-mêmes. Cette circonstance est sans doute une des causes du peu de soins
qu'ont apportés jusqu'ici les Arabes à multiplier les

races à laine fine; elle aurait même probablement diminué beaucoup le nombre des bêtes à laine, en Algérie, sans l'importance de ces animaux comme bêtes de boucherie.

On a voulu récemment recommencer le même système; mais, quoiqu'on eût fixé un prix assez élevé, cette tentative a produit un mauvais effet. Les Arabes ont cru voir revivre les anciennes exactions des Turcs, et, n'étant plus sous la main de fer de ces derniers, ils ont su éluder la mesure en exportant une grande partie de leurs laines à Tunis et dans le Maroc, où d'ailleurs la guerre a depuis longtemps dirigé le commerce de l'intérieur de l'Algérie. Il faut espérer que la liberté rendue aux transactions sur les laines ramènera cet article dans les ports de la colonie et entre les mains de nos négociants[1].

Ce que j'ai dit plus haut sur les races laisse assez prévoir que les laines d'Afrique, loin d'être plus belles que les nôtres, sont, au contraire, en général grossières. Une circonstance qui contribue encore à en diminuer la valeur, c'est que, dans beaucoup de localités, il s'y trouve mêlé en grand nombre des graines dont les aspérités s'attachent à la laine et en rendent la séparation très difficile, à tel point qu'il ne serait peut-être pas superflu d'employer, dans ce but, des machines analogues à celles qui servent à l'égrenage

---

(1) C'est ce qui a lieu aujourd'hui : de fortes masses de laine sont arrivées, dans ces derniers temps, de l'intérieur dans les ports de la Méditerranée.

du coton. Ce sont en général des graines de gratterons et de sainfoin.

Malgré cela, on importe et on a de tout temps importé une assez grande quantité de laines barbaresques en France, où elles servent principalement à la confection des matelas et des couvertures.

Le commerce de la laine, qui est pour les Arabes le principal article d'échange, peut offrir un moyen puissant de nouer des relations pacifiques et suivies avec l'intérieur et même le désert. Il est d'une haute importance que ce commerce cesse de se diriger sur les pays voisins, et, en revenant dans nos ports, y ramène forcément les producteurs.

Comme dans tout le midi, les brebis sont soumises à la traite, et leur lait est plus estimé que celui des vaches. La quantité qu'elles en donnent est à peu près la même que celle qu'on en obtient en Provence, c'est-à-dire environ un cinquième de litre par jour.

Ce lait est consommé comme celui de vache, avec lequel on le mêle souvent ; et on en fait également du beurre et du fromage. Le premier, qui est blanc et a un léger goût de suif, plaît néanmoins à beaucoup de personnes. Quant au fromage, il est meilleur que celui de vache.

J'ai déjà dit que la viande le plus généralement consommée par les indigènes de l'Algérie est celle des bêtes ovines ; il faut ajouter que, de même qu'en Espagne et en Italie, la chair de ces animaux est très supérieure à celle des bêtes bovines, et même supérieure à la chair de nos moutons du nord, quoique jamais les Arabes ne soumettent ces animaux à un engraissement préalable, et qu'ils ne fassent subir aux mâles qui ne sont pas destinés à la reproduction qu'une castration incomplète, par le procédé déjà indiqué pour les bœufs. Cette supériorité de la chair des moutons africains s'explique par la nature aromatique de la plupart des plantes des pâturages et par la quantité de sel répandue dans le pays et qui pénètre probablement dans les végétaux. On a observé, du reste, que, de même que pour les autres bestiaux, les petites races ont une qualité de viande supérieure à celle des grandes races.

Les bêtes à laine restent en bon état plus longtemps que les bêtes à cornes ; on en voit encore de grasses en août et septembre ; mais, après cette époque, elles dépérissent visiblement, et, comme les autres bestiaux, elles sont en triste état à la fin de l'automne, en hiver et jusque dans les premiers mois du printemps où elles commencent à se refaire.

Les peaux sont en partie travaillées dans le pays, et façonnées en maroquin, inférieur toutefois à celui de Méquinez et de Tétuan. On en exporte à l'état brut une très grande quantité pour Maroc, Tunis et l'Europe ; ces peaux, surtout celles des confins du désert, sont de meilleure qualité que celles de France.

Le prix des bêtes à laine qui, avant notre arrivée, était de 1 fr. 50 c. à 2 fr. 50 c., est aujourd'hui de 8 à 9 fr. lorsqu'elles sont en chair. Je dois ajouter, et cela s'applique également aux autres bestiaux, que leur prix diminue considérablement en hiver, surtout lorsque cette saison est rude et pluvieuse.

§ 7. Chèvres.

Toutes les tribus ont des chèvres ; mais ce sont surtout les Kabaïles et les Maures qui en élèvent en grand nombre. Celles que j'ai vues m'ont paru semblables aux chèvres de Corse, petites, basses sur jambes, à poil noir ou blanc et très long.

Ce poil est un produit important qui est recueilli chaque année, et sert, soit seul, soit en mélange avec du poil de chameau ou de la laine, à faire des cordes, des étoffes pour tentes, des burnouss, etc.

Les Arabes, qui recherchent plutôt qu'ils ne craignent l'odeur de bouc, mangent sans répugnance la chair de ces animaux et des chèvres, et avec délices celle des chevreaux.

Du reste, le produit principal de la chèvre est le lait, auquel les Arabes assignent le second rang, après celui de brebis, et qu'ils emploient surtout à la confection du fromage.

La peau de ces animaux a une assez haute valeur ; on en fait le véritable maroquin. Les indigènes en font, en outre, un très grand usage pour la conservation et le transport des liquides.

§ 8. Porcs.

L'islamisme a naturellement empêché que cette

espèce ne fût comprise dans le nombre des animaux
domestiques des indigènes; en revanche, elle existe à
l'état sauvage considérablement multipliée dans toute
la régence. Notre arrivée en a quelque peu diminué le
nombre; car les Arabes, qui ne les chassaient autrefois
que pour s'en débarrasser ou en nourrir leurs chiens,
les tuent aujourd'hui pour nous les vendre. Ceux que
j'ai vus appartenaient à des colons et paraissaient
tout à fait apprivoisés. Ils étaient de petite taille, mais
bien conformés, et je ne doute pas qu'avec des soins
convenables on n'en puisse faire très promptement
une bonne race pour la graisse.

§ 9. Volaille.

Les poules et les pigeons sont les seules volailles
qu'élèvent les indigènes. Encore les pigeons se ren-
contrent-ils plus spécialement chez les Maures et les
Kabaïles que chez les Arabes, qui élèvent en revanche une très grande quantité de poules. La poule
cuite avec le couscoussou est le mets favori des indigènes.

Pigeons, poules, et conséquemment œufs, sont également plus petits qu'en France. Le chaponnage est
inconnu aux indigènes, qui ignorent également l'art
d'engraisser la volaille. Ajoutons cependant qu'ils
donnent à ces animaux une assez grande quantité de
grains, notamment de *dourah* et de *sorgho,* qu'ils
cultivent spécialement dans ce but.

§ 10. Abeilles.

En terminant l'exposé de la culture arabe, telle qu'elle existe aujourd'hui, je dois une mention spéciale aux abeilles. Il y en a plusieurs espèces. Celle que les indigènes élèvent le plus communément m'a paru être semblable à la nôtre, si ce n'est qu'elle est un peu plus petite.

Ce sont principalement les Kabaïles et les Maures qui s'occupent de l'éducation des abeilles.

Les Kabaïles se servent généralement de ruches faites d'une ou plusieurs pièces de liége, ou en paille, en jonc et surtout en tiges de *férules* et autres ombellifères. Elles sont cylindriques ou quadrangulaires, de dimensions très variables et posées en long sur une planche.

Quand ils veulent récolter le miel ou la cire, ce qui a lieu au printemps ou en automne, parfois même au milieu de l'hiver ou de l'été, ils ne connaissent d'autre moyen que d'étouffer les abeilles.

Ils consomment ou vendent une assez grande quantité de miel en gâteaux, et ce miel, surtout celui du printemps, est d'excellente qualité. Le reste est séparé de la cire par des procédés analogues à ceux qu'emploient nos paysans du midi.

On sait que la cire a été de tout temps un article assez important d'exportation de la régence [1]. Le gou-

(1) Du temps des Turcs, on en exportait annuellement pour près de 200,000 fr.

vernement seul en avait le monopole. Les Kabaïles
étaient tenus de lui vendre toute leur cire à un prix
fixé d'avance.

Outre les ruches domestiques, les Kabaïles exploitent encore les essaims sauvages qui, dans quelques
localités, se rencontrent en grand nombre dans les
arbres creux et dans les fentes des rochers. Le miel
qu'ils en obtiennent est, en général, aussi bon que le
précédent. Ces abeilles sauvages leur fournissent
également une partie des essaims nécessaires pour
conserver ou pour multiplier le nombre de leurs
ruches.

CHAPITRE III.

Natures de fonds. — Végétation spontanée. — Forêts. — Broussailles. — Herbages. — Champs.

Avant d'aborder la question de colonisation, il est,
je crois, nécessaire de dire quelques mots d'un sujet
que j'aurais dû peut-être traiter avant le chapitre
précédent.

Par l'expression de *natures de fonds*, je n'entends
point ici la constitution du sol, mais le genre de produit qu'il donne, l'état dans lequel il se trouve, en
d'autres termes, s'il est en forêts, en broussailles,
en pâturages, en terres arables ou en marais.

On conçoit qu'il serait d'une haute importance de connaître exactement la proportion de ces diverses natures de fonds entre elles. Malheureusement, c'est une matière sur laquelle il sera longtemps encore impossible d'obtenir des données exactes ; et cependant il serait si important d'en recueillir que c'est un devoir pour chacun de contribuer à les compléter, à en rectifier les erreurs, à faire connaître, en un mot, l'état actuel du sol de la colonie.

Section I. — *Forêts et broussailles.*

Déjà l'on a pu apprécier le peu de fondement de cette opinion qui refusait d'une manière absolue des bois à l'Algérie. On sait aujourd'hui que cette partie de l'Afrique, sans être riche en forêts, est loin cependant d'en être dépourvue, et qu'on doit regretter plutôt la mauvaise répartition que l'absence de bois.

Le gouvernement ayant en Algérie une administration des eaux et forêts, les bois ont dû nécessairement être l'objet de rapports spéciaux, et les renseignements détaillés que je présenterais ici ne pourraient être que des redites fort incomplètes.

Je me bornerai donc à répéter ce qu'on a déjà dit ailleurs, que ni le sol, ni le climat de l'Algérie ne s'opposent à la croissance des arbres ; qu'au contraire la variété des climats, résultant des différences de hauteur et d'exposition, donne lieu à une égale variété dans la végétation forestière et crée une vaste échelle comprenant depuis les végétaux de l'Afrique jusqu'à ceux du nord de l'Europe. Qu'enfin, cette épaisseur déjà signalée de la couche végétale, jusque sur les hauts plateaux et les pentes, assure d'une manière positive le succès du reboisement, même spontané, partout où les causes qui ont amené la destruction des forêts de l'Algérie auront cessé d'agir.

Ces causes, on le sait, sont le pâturage, la culture, et surtout les incendies que, chaque année, les Arabes allument dans tous les terrains qu'ils destinent à la culture des céréales ou à la nourriture de leurs bestiaux. Leur but est non-seulement de débarrasser le sol de la végétation arborescente et ligneuse qui le couvre, afin d'en rendre la superficie plus susceptible d'être cultivée ou mieux fournie d'herbes, mais encore de détruire ainsi une grande quantité d'insectes et de reptiles, et d'éloigner les bêtes sauvages en les privant des conditions nécessaires à leur existence. On comprend facilement que ces divers résultats doivent être d'une haute importance pour un peuple nomade, vivant sous la tente et essentiellement pasteur. Toutefois ces avantages ne compensent pas entièrement les inconvénients qui en résultent, même pour les indigènes, à plus forte raison pour les Européens.

Je suis intimement convaincu que c'est en grande partie à la rareté des forêts que sont dus la sécheresse du climat pendant une partie de l'année, l'insalubrité de plusieurs points, les crues si fortes et parfois si subites de l'automne et de l'hiver, et le tarissement de beaucoup de sources et, par suite, de plusieurs cours d'eau pendant l'été.

Avant d'aller plus loin, indiquons rapidement, d'après ce que nous avons vu, quel est approximativement la distribution du sol forestier dans les parties occupées de l'Algérie.

La province qui paraît être la mieux boisée est celle de l'est. C'est là où se trouvent, en effet, les fameuses forêts de l'Edough, de la Calle, et celles plus belles peut-être encore de la vallée de Guerrya, du Djebel-Zahan dans le pays des Beni-Salah, et d'Amama, chez les Haractas. En général, presque tout le nord et l'est de cette province paraissent assez bien garnis d'arbres. Les pentes de beaucoup de montagnes et les fonds des vallées qui les sillonnent sont encore couverts de forêts ou au moins de broussailles qui ont beaucoup d'analogie avec les *makis* de Corse, et ne demanderaient qu'une interruption de quelques années, dans les incendies périodiques, pour former de beaux taillis. Les montagnes au sud de Sétif paraissent également renfermer encore des forêts d'arbres résineux.

En revanche, le centre, c'est-à-dire les environs de Constantine, dans un rayon de quarante kilomètres, sont presque complétement dénués de bois. Il est probable que la culture, plus active sur ce point qu'ailleurs, et plus riche en bestiaux, a été la cause principale de ce résultat; mais je serais porté à croire que la nature du sol et des roches y a pareillement con-

tribué. La terre argilo-calcaire de cette contrée paraît
être, en effet, essentiellement propre à la production
des céréales et des plantes de la famille des légumineuses, mais fort peu à celle des végétaux ligneux. Il
est de fait qu'on ne rencontre presque nulle part, aux
environs de Constantine, ces broussailles qui ailleurs
couvrent la majeure partie des terrains incultes. On n'y
voit que de l'herbe, surtout des graminées, des légumineuses et des ombellifères. Les couches de roches
calcaires qui constituent les montagnes de cette contrée étant très inclinées, parfois même verticales,
offrent une issue trop facile aux eaux du ciel, et con-
tribuent encore à la rareté de la végétation arborescente.

La province d'Alger est une des moins boisées, de
même que celle de Titterie.

Quant à la province d'Oran, à part les masses considérables de bois qu'on a trouvées au midi, dans le
pays des Hachems-Gharabas et des Idamas, aux environs
de Tagadempt, entre cette ville et Saïda et dans l'Oua-
renseris[1], on n'y rencontre que des espaces plus ou
moins étendus, couverts d'arbres bas, d'arbrisseaux et
de broussailles. Il en est ainsi des forêts de Msila et de
Muley-Ismaël, près Oran, de celles de la Makta, de la
haute vallée du Sig, etc.

Ajoutons que presque partout, même aux alentours
de Constantine et dans les grandes plaines de la côte,

(1) C'est là que l'on a découvert ces forêts de cèdres dont il a tant
été question.

les bords des cours d'eau, sur une largeur de 20 à 60 mètres de chaque côté, sont couverts d'une végétation luxuriante en arbres de haute futaie.

Disons tout de suite, pour ne plus y revenir, que ces arbres sont des peupliers, des trembles, des saules de grande dimension, des tamarix, des frênes, des ormes, des sycomores, parfois aussi des chênes et des ricins[1].

Les forêts basses ont, au contraire, pour essences principales des liéges, des lentisques, des oliviers sauvages, des arbousiers, souvent aussi des chênes verts et des pins maritimes d'Alep. On y voit, en outre, des micocouliers, des sumacs thézéra (*rhus pentaphylla*), des genévriers oxicèdres et de Phénicie, des thuias articulés ; enfin, comme sous-bois, des arbustes tels que le nerprun, les cistes, les genêts épineux, les myrtes, les bruyères arborescentes, les filairs, les palmiers nains, etc., etc. Ces dernières essences couvrent d'immenses étendues.

Les grandes forêts sont en général situées sur les montagnes et se composent principalement de chênes-liéges, de chênes verts, de quelques châtaigniers et chênes-ballottes, de pins maritimes d'Alep, de cèdres, et surtout d'une nouvelle espèce de chêne dont le port est semblable à celui de notre chêne blanc, dont la feuille a de l'analogie avec celle du châtaignier, et qu'on

_____

(1) Ce végétal qui, dans le midi de la France, est annuel et atteint à peine deux mètres de hauteur, s'élève ici aux proportions d'un véritable arbre et dure cinq et six ans.

avait nommé, pour cette raison, *chêne à feuilles de châtaignier,* mais qui, différant beaucoup du chêne amé-
ricaiu connu sous le même nom, a depuis été appelé,
d'après la qualification arabe, chêne *zéen* ou *zahan,*
et, d'après le nom de l'officier qui le premier l'a découvert, *quercus Mirbeckii.* Cet arbre paraît atteindre
des proportions colossales, plus cependant en grosseur
qu'en hauteur, caractère qui, du reste, semble être
général à toute la végétation arborescente de l'Algérie.
J'en ai vu plusieurs dans la forêt de l'Édough, dont il
constitue l'essence dominante, qui avaient, à un mètre
au-dessus du sol, 4 à 5 mètres de circonférence. Malgré les ravages causés, dans cette forêt, par les char-
bonniers marocains, ravages auxquels un arrêté du
commandant supérieur de Bône a heureusement mis
fin, cette forêt, dans une grande partie de son étendue,
qui ne paraît pas être moindre de 1,500 à 2,000 hectares, affecte tout à fait les caractères de nos hautes
futaies. Ces arbres se rencontrent jusqu'au point culminant de la montagne qui s'élève à près de 1,000
mètres au-dessus de la mer, mais descendent aussi
jusqu'à une petite distance de son niveau.

Les chênes-liéges qui garnissent certaines parties et
notamment les abords de la forêt sont faibles et chétifs. Plus forts et plus vigoureux dans les forêts de la
Calle, ils entourent également les chênes zéen qui s'y
trouvent, mais en moindre quantité et de moindres
dimensions que dans l'Édough, ce qui tient peut-être
à la sécheresse du sol ou à la chaleur plus grande du

climat. On explique la présence presque constante des chênes-liéges autour des grandes forêts d'autres essences par ce fait que cet arbre, grâce à son écorce, résiste mieux que les autres à l'action du feu. Lorsqu'il a ainsi préservé de grands espaces des incendies annuels, les essences plus vigoureuses, mais qui n'ont pas, comme lui, cette faculté de résister au feu, croissent à l'abri des liéges qu'elles finissent par étouffer, excepté sur la lisière, où l'action du feu continue à donner la prépondérance au liége.

On sait que cette essence domine dans les vastes forêts des environs de la Calle, de même que dans celles qui couvrent les montagnes du sud-ouest de Philippeville.

A l'exception de quelques arbres démasclés (privés de leur écorce vierge) par les Arabes pour les besoins de leurs ruches, tous les autres ont encore leur liége vierge. Ajoutons que si les incendies n'ont pu empêcher ces arbres de vivre, en revanche ils paraissent avoir nui à leur développement. Ils sont la plupart mal venus et ont l'air souffrant. Nulle part je n'en ai vu qui approchent de ceux du Roussillon, de la Catalogne et de la Corse (à l'époque où ce dernier pays en possédait encore).

D'immenses espaces sont couverts de broussailles qu'il suffirait de garantir pendant quelques années du feu pour en faire de beaux taillis.

Section II. — *Herbages.*

Dans les plaines et les vallées, et même sur les plateaux et sur les pentes peu déclives, ces broussailles alternent avec des herbages, en général bien gazonnés, et où l'herbe, dès le mois de mai, et malgré le pâturage, atteint souvent une hauteur de 1^m,20 à 1^m,50.

Il serait difficile d'indiquer pour quelle cause un terrain est en gazon, tandis que le terrain voisin est couvert de broussailles. Peut-être une culture continuée pendant plusieurs années a-t-elle amené ce résultat ; peut-être aussi sont-ce les eaux qui, en passant ou en séjournant, en ont été la cause. Je pense néanmoins que la nature du sol et la situation y sont pour beaucoup. En général, les prairies couvrent les terrains frais et humides.

L'étendue de ces espaces gazonnés varie beaucoup. Dans le massif d'Alger, ils paraissent à peine constituer le dixième de la superficie ; dans la Mitidja, ils forment peut-être un sixième à un cinquième. Aux environs de Constantine, ils occupent une proportion beaucoup plus considérable. Il est juste d'ajouter que partout les broussailles renferment une grande quantité d'herbe, dans l'intervalle qui règne entre les souches.

Parmi ces herbages, il en est qui ont été jadis cultivés. D'autres ne présentent, au contraire, aucune trace de culture. Les premiers sont, en général, supérieurs aux autres; mais, à mesure que le sol se durcit, ils se détériorent, et l'herbe y devient rare et mauvaise.

J'ai déjà dit que les terres des environs de Constantine se couvrent spontanément de graminées, de légumineuses et d'ombellifères.

Les graminées sont principalement des pâturins, des fétuques, des cinosurus, des dactyles, des brômes, des avoines, des agrostis. Les lieux humides sont couverts de carex, de souchets, de scirpes, de joncs, de phalaris, de roseaux, etc. Dans les broussailles croissent en abondance des méliques et des brômes.

Les légumineuses se composent de plusieurs espèces de trèfles, de luzernes, de lotiers, d'ornithopus, de lupins, de vesces, de gesses, d'astragales et surtout de sainfoins. On y trouve également un grand nombre de plantes de la famille des composées, quelques crucifères, des labiées, etc.

Dans la plaine de Bône, les graminées dominent. Il en est de même dans une grande partie des herbages de la Mitidja, et dans ceux de la plaine de Tlélat, près Oran.

Section III. — *Champs.*

La proportion des champs est tout aussi variable. Aux environs de Constantine, un quart, peut-être même un tiers de la surface, est en terres arables. Dans

la plaine de Bône, dans celle d'Eghris, la proportion
est plus forte encore, tandis qu'ailleurs elle descend
au dixième, au vingtième, au cinquantième même de
la superficie totale. Dans toutes les localités abandonnées depuis quelques années par les indigènes, il est
difficile de reconnaître ce qui était anciennement cultivé, parce qu'ils ne réussissent jamais qu'imparfaitement à détruire les souches et racines d'arbrisseaux
et arbustes partout où le sol en était couvert, et qu'ailleurs la terre se revêt promptement d'une couche de
gazon et se transforme en herbages.

Dans les montagnes habitées par les Kabaïles, la
proportion des terres arables ou des plantations plus
ou moins cultivées d'arbres fruitiers est peut-être plus
considérable que dans les plaines, malgré le désavantage du relief du terrain. On voit parfois des montagnes cultivées depuis la base jusqu'au sommet. Il faut
dire cependant que c'est rare, et qu'en général les
habitants n'appliquent la culture qu'aux parties inférieures et aux plateaux et gradins naturels qui se rencontrent sur les pentes.

SECTION IV. — *Marais.*

Quant aux *marais*, j'ai déjà dit qu'il ne s'en trouve
que dans les plaines, et là encore leur étendue est en
général minime, comparativement au reste, et finirait
par devenir tout à fait insignifiante moyennant quelques travaux peu dispendieux.

SECTION V. — *Proportion des diverses natures de fonds.*

En résumé, on pourrait considérer comme des approximations, sans doute excessivement vagues, fondées cependant sur quelques faits positifs, les chiffres suivants sur la proportion des diverses natures de fonds entre elles.

Ainsi, en prenant comme 100 la surface totale du *Tell*, on aurait les chiffres suivants :

Forêts proprement dites.	0	75
Forêts basses, hautes broussailles dont le feu n'atteint que la lisière. :	1	10
Broussailles basses.	24	»
Terres arables annuellement ensemencées. . .	5	»
Herbages propres à être fauchés.	5	»
Terrains plus ou moins bien engazonnés, mais propres seulement au pâturage, à cause des palmiers nains, etc.	28	50
Marais proprement dits. . ˙	0	15
Espaces inondés en hiver et au printemps, mais pâturés en été.	1	50
Terrains nus, improductifs, sebghas (marais salés), rochers, sables, cours d'eau.	34	»
Total. . .	100	»

Je suppose ici que la superficie du *Tell* est de 560,000 à 400,000 kilomètres carrés.

Tous ceux qui ont parcouru l'Algérie trouveront certainement que j'ai fait une large part aux terrains improductifs, tandis que d'autres qui n'ont pas vu ce pays, et qui se reportent aux proportions existantes dans nos départements méditerranéens, trouveront, au contraire, le chiffre trop faible. J'ai déjà expliqué plus haut les causes qui font que les montagnes de l'Algérie sont moins stériles que celles du midi de la France. Je crois donc être plutôt au-dessus qu'au-dessous de la vérité en adoptant le chiffre de 54 p. 100 pour les terrains improductifs, et l'on peut hardiment admettre que plus du tiers de cette surface offre encore un pâturage pour les moutons et pourrait être complanté avec avantage en arbres fruitiers.

Quant au chiffre des terres arables qui sera considéré comme trop faible par plusieurs personnes connaissant le pays, je ferai remarquer que les localités les plus propres à la culture sont, en général, occupées par les Arabes qui sont, avant tout, pasteurs, tandis que les cultivateurs par excellence, les Kabaïles, habitent les montagnes où l'espace cultivable est proportionnellement minime en comparaison du reste. Aussi, je crois ce chiffre plutôt trop fort que trop faible, et applicable non pas à l'état de guerre actuel, mais à l'état normal.

Enfin, j'ajouterai qu'une grande partie des terrains en broussailles basses et en gazon médiocre est susceptible d'être mise en champs, en prés ou en plantations productives, et que les terres inondées en hiver peuvent, la plupart, avec quelques travaux, être garanties des eaux dans la saison humide, et arrosées en été, par conséquent être transformées en prairies irriguées et en orangeries.

TROISIÈME PARTIE.

COLONISATION.

PRÉAMBULE.

DES COLONIES EN GÉNÉRAL ET D'ALGER EN PARTICULIER.

Tout ou presque tout a été dit pour et contre la colonisation ; mais comme plusieurs arguments qu'on ne cesse de reproduire, semblent avoir laissé une certaine impression dans l'esprit du public, il ne sera pas inutile d'y répondre.

Aujourd'hui, cependant, que des voix éloquentes se sont élevées en faveur de la colonisation, et ont si bien démontré la nécessité, pour le pays, d'avoir une marine puissante, sous peine de déchéance, et l'impossibilité de l'obtenir telle sans cette propagande lointaine qui étend le sol de la France et son commerce sur de nombreux points du globe, il y a peut-être de l'outrecuidance de ma part à discuter ici ces grandes questions qui me sont peu familières, et dans l'examen desquelles je ne puis apporter que quelques faits et mon simple bon sens ; mais, en présence de l'antagonisme qui s'est manifesté, dans ces derniers temps,

entre l'agriculture d'une part, les colonies et la marine
de l'autre, j'ai pensé qu'il pouvait y avoir utilité à faire
connaître mon opinion sur les colonies, à prouver
aux colons, aux marins, au commerce extérieur, qu'il
y a des agriculteurs en France qui, sans cesser de
croire et de dire que notre pays est avant tout agricole,
apprécient cependant la puissante et heureuse influence d'un grand commerce international, d'une
forte marine, de vastes colonies, et ne méconnaissent
pas les lois éternelles de cette solidarité qui unit toutes
les branches industrielles d'un pays.

Après avoir été considérées pendant longtemps
comme le meilleur moyen d'accroître la richesse et la
prospérité d'un pays, les colonies ont été déclarées,
par une nouvelle école d'économistes, non pas seulement inaptes à produire ce résultat, mais même nuisibles à la puissance d'une nation. Les preuves, qui
d'ailleurs ne font jamais défaut lorsqu'on en veut à
toute force, n'ont pas manqué à cette doctrine.

Sans nous arrêter à l'ensemble de cette théorie,
bornons-nous à examiner rapidement les arguments
dont on s'est servi le plus fréquemment contre la colonisation de l'Algérie.

On a dit : « Que les colonies coûtent toujours plus
qu'elles ne rapportent, et que, lorsqu'à force de sacrifices la métropole a réussi à les établir solidement,
elles finissent tôt ou tard par rompre le contrat qui
les unissait à la mère-patrie et par se déclarer indé-
pendantes. »

La première objection est juste. Je ne crois pas qu'il existe une seule colonie au monde qui ait versé directement dans les caisses de l'État ce qu'elle lui avait coûté. Mais cet argument n'a pas autant de force qu'on serait tenté de lui en accorder. Même chez l'individu isolé et l'industriel, il s'en faut que tout se résume en argent. Il s'en faut que, même dans les questions d'intérêts matériels, on puisse tout traduire en chiffres, suivre, jusque dans ses ramifications les plus éloignées et les plus indirectes, la portée de certaines mesures, de certains faits, et en évaluer, avec tant soit peu d'exactitude, le résultat final. En un mot, le compte de *profits* et *pertes* n'offre pas et n'offrira jamais la solution de toutes les questions concernant la prospérité matérielle d'un particulier.

L'agriculture nous en présente un exemple remarquable. Depuis qu'on a introduit dans l'exploitation du sol cette comptabilité en partie double qui a été, pour le commerce et l'industrie, d'une si grande utilité, on a pu se convaincre que presque nulle part le bétail de rente ne paie la nourriture et les autres frais qu'il occasionne; que presque partout, par conséquent, il constitue une branche onéreuse pour le cultivateur. Eh bien! les faits viennent donner ici le démenti le plus formel à la comptabilité. Toujours et partout on a vu les contrées et les cultivateurs qui tenaient le plus de bétail être les plus riches; toujours et partout on a vu la réduction des bestiaux être suivie d'une diminution proportionnellement plus forte encore de prospérité, et *vice versâ*.

C'est qu'avec beaucoup de bétail on a beaucoup d'engrais qui seul peut fertiliser le sol et lui faire produire d'abondantes récoltes, lesquelles, ne coûtant pas plus cher que les récoltes chétives, laissent au cultivateur un bénéfice élevé.

Mais c'est en vain qu'on voudrait essayer d'évaluer en chiffres ce résultat définitif; malgré la simplicité apparente de cette transmission d'actions et d'effets, il n'a pas encore été possible d'estimer l'engrais à sa juste valeur, et, par conséquent, d'en créditer avec exactitude le compte des bestiaux qui continue à être en perte presque partout.

Si de pareilles choses ont lieu journellement dans la vie et la sphère étroites de l'homme privé, à plus forte raison en est-il ainsi pour les nations. Aucun État n'a du reste songé à adopter, dans toute sa rigueur, le système qu'on voudrait faire prédominer à l'occasion des colonies. Nul n'a seulement essayé de faire de toute une question de *doit* et *avoir* une question de budget et de recettes directes. Où en seraient les voies de communication, les moyens de défense et de répression, l'instruction publique et surtout ces encouragements, peut-être un peu exagérés, qu'on prodigue à la littérature et aux beaux-arts, s'il n'en était ainsi? Je le demande : est-il possible d'évaluer en chiffres l'influence de l'un ou l'autre de ces grands éléments de civilisation sur la prospérité d'un pays, et d'indiquer la part de résultats qui doit en revenir à l'État?

La nation la plus positive du globe, la nation anglaise, s'est imposé, plus que toute autre, de ces sacrifices, qui ne rentrent jamais que d'une manière détournée dans les coffres du gouvernement. Et ce n'est certes pas là ce qui lui a nui. Sans parler de ses immenses colonies, ses seules stations de la Méditerranée, Gibraltar, Malte, les îles Ioniennes où elle a fait de si grandes dépenses en travaux défensifs et autres, sont là pour le prouver. Et nous, peuple peu calculateur, chez lequel l'entraînement tient si souvent la place du raisonnement; nous qui dépensons proportionnellement plus que toute autre nation pour des choses futiles ou dont l'utilité est au moins très problématique, nous exigeons, dès qu'il s'agit d'intérêts matériels, la preuve certaine de grands résultats directs et immédiats; semblables, sous ce rapport, à ces propriétaires, plus nombreux en France qu'ailleurs, qui feront volontiers des sacrifices considérables d'embellissement, mais qui reculeront devant l'acquisition d'une charrue nouvelle, ou devant une dépense de desséchement, d'irrigation, de construction, une dépense utile enfin, avant d'avoir acquis la preuve positive d'un profit énorme et prochain.

Quant à la séparation future de l'Algérie, qu'on semble considérer comme un fait certain, je crois qu'on généralise à tort des événements qui n'ont eu lieu que sous l'empire de circonstances à part. Des quatre faits de ce genre accomplis jusqu'à ce jour, trois, Saint-Domingue, les colonies espagnoles de l'Amérique et le Brésil, sont le résultat de circonstances tout exceptionnelles. Et pour ce qui est du quatrième, les États-Unis, on le jugera de la même manière si l'on veut bien se rappeler la dureté de l'Angleterre pour toutes les populations qu'elle tient sous sa dépendance. Ce qui se passe encore aujourd'hui en Irlande explique ce qui s'est passé dans la confédération américaine.

D'ailleurs, la plus rapprochée de ces quatre colonies était encore à vingt et trente jours de la métropole.

Alger, grâce à la vapeur, est à cinquante heures des côtes de France. Alger est en outre habité par une population qui ne se fondra jamais avec nos colons, puis entouré à l'ouest, au sud, à l'est, par des populations analogues, mais avec lesquelles nous aurons toujours peu de contact, sur lesquelles, par conséquent, notre influence civilisatrice ne pourra s'exercer qu'imparfaitement. Les colons auront toujours des ennemis, toujours besoin de la métropole, ou du moins seront longtemps hors d'état de se passer de son aide et à jamais impuissants contre elle. Cette situation a d'assez graves inconvénients, du reste, pour qu'au moins on en fasse ressortir le bon côté.

L'Algérie ne pourrait être enlevée à la France que par une puissance étrangère, ce qui, en ce moment même, ne serait pas chose facile, comme l'ont prouvé toutes les anciennes expéditions et même celle de 1830, et deviendra chose presque impossible lorsque la colonisation aura disséminé dans le pays, et principalement sur les côtes, une population européenne nombreuse et aguerrie.

A ces deux objections on ajoute : « Que les colonies, qu'on ne crée cependant que pour avoir des consommateurs, n'en accroissent pas le nombre, puisque la population qu'elles reçoivent est prise dans la mère-patrie. »

On oublie que la population, comme la consommation individuelle, sont choses extrêmement élastiques de leur nature, et s'accroissent ou diminuent suivant les circonstances. En thèse générale, accroissement de population et consommation relative sont d'autant plus considérables que l'*effet utile* du travail individuel est plus grand. Or, cet effet est d'autant moindre, en agriculture surtout, que la population est plus dense. Le petit cultivateur de nos départements populeux, forcé d'accumuler son travail et celui de sa famille sur un ou deux hectares, tirera bien de cette superficie un produit plus élevé que n'en obtiendrait la grande culture ; mais son travail produira infiniment moins, et sera, par conséquent, beaucoup moins rétribué, que s'il avait été appliqué à une surface plus grande. Donnez à ce même petit cultivateur 10, 12 ou 15 hectares en Algérie, sous ce climat où d'ailleurs les agents naturels suppléent davantage au travail qu'en France, et cet homme, avec la même somme de labeur, produira six ou huit fois plus, car il substituera la charrue à la bêche, et n'appliquera au sol que la quantité de travail strictement nécessaire pour imprimer aux forces naturelles la direction qui lui paraît la meilleure.

C'est la différence entre le batelier qui fait marcher son embarcation à la rame et le marin qui se borne à tendre la voile, et laisse au vent le soin d'accomplir la besogne.

Or, toutes les fois que l'homme produit beaucoup, il consomme beaucoup. C'est un fait qui s'est déjà réalisé en Algérie.

Ajoutons, d'ailleurs, que, lorsque la colonisation s'applique à un pays aussi rapproché que l'Algérie et offrant, comme celle-ci, des points maritimes et militaires aussi importants, elle cesse d'être une simple question d'exportation et de débouchés.

Qu'on veuille bien se rappeler ce que nous avons dit en commençant sur l'impossibilité d'occuper les ports sans dominer tout le pays, et qu'on ne perde pas de vue que, tandis que, d'une part, la nouvelle route des Indes par Suez, la situation de l'empire Turc et la navigation à la vapeur tendent à accroître immensément l'intérêt qu'a la France à conserver son rang dans la Méditerranée; d'une autre, l'Afrique acquiert de jour en jour plus d'importance, et si le Brésil et les Antilles devaient succomber un jour sous les coups de la philanthropie anglaise, elle deviendrait probablement le seul lieu de la terre d'où l'Europe pourrait tirer des denrées coloniales, sans passer par les mains de l'Angleterre.

On dit encore qu'il n'y a pas en France exubérance, mais mauvaise répartition de la population.

Cela est vrai; mais comment remédier à ce mal? Que ceux qui le signalent proposent une loi pour faire aller, dans les landes de Bordeaux, dans la Corse, le Berri, la Bretagne, ces nombreux cultivateurs qui, chaque année, quittent l'Alsace, la Lorraine, le Béarn, etc., pour l'Amérique. On verra si cela est possible.

« Eh bien ! répondent les adversaires des colonies, s'il n'y a pas moyen de conserver ces populations, mieux vaut pour nous qu'elles aillent dans des pays étrangers et indépendants, comme les nouveaux États de l'Amérique. Ces émigrations ne coûtent rien à la France et ont pour elle la même utilité que si elles allaient fonder une colonie ; car, important les goûts français dans leur patrie nouvelle, elles y procurent d'avantageux débouchés à nos produits. »

Cette opinion, je l'avoue, m'avait séduit d'abord; en l'examinant de près, j'ai vu qu'elle pèche par la base.

Une colonie reste sous les lois de la métropole qui, en retour de ses sacrifices, peut lui imposer l'obligation de ne consommer que les produits nationaux, de n'employer, pour les importations, comme pour les exportations, que des navires nationaux, ou au moins peut favoriser, par des droits différentiels, les produits et les navires nationaux. Cet avantage est d'autant plus important pour la France, que l'étranger navigue et produit les trois quarts des objets fabriqués à meilleur marché que nous.

Ai-je besoin de dire que cet avantage ne peut être
obtenu des pays étrangers où s'établissent nos compa-
triotes? Tout ce que nous pouvons en espérer, c'est
d'être traités sur le même pied que les nations les plus
favorisées, c'est-à-dire l'Angleterre, souvent aussi les
États-Unis. Les faits prouvent tous les jours que cette
égalité de position ne laisse que des débouchés malheureusement assez restreints à nos produits, et une
part plus restreinte encore à notre navigation, quel
que soit, du reste, le nombre des émigrants français
établis dans ces pays; car le commerce, il ne faut pas
l'oublier, est essentiellement cosmopolite de sa nature,
et, devant la balance de ses comptes, le marchand,
surtout à l'étranger, n'a plus de patrie. Commerce et
sentiments sont deux mots qui ne s'accordent guère [1].

Les dernières discussions sur la loi des sucres et les
écrits récents de M. Charles Dupin ont démontré,
d'une manière irrécusable, l'influence de nos colonies,
malgré leur exiguité, sur notre commerce d'exportation et sur le mouvement de notre marine [2].

(1) S'il est un pays qui puisse se passer de colonies et adopter
aujourd'hui le système de la liberté commerciale, c'est, ce me
semble, l'Angleterre, à laquelle la supériorité de son industrie et de
sa marine assure une supériorité commerciale incontestable sur tous
les marchés du monde. Par les motifs contraires, s'il est un pays
qui ait besoin de colonies, c'est la France.

(2) Nos pauvres et chétives colonies de la Martinique, la Guade-
loupe, la Guyane et Bourbon, ont, à elles seules, acheté, en 1843, à
l'agriculture et à l'industrie manufacturière de la métropole, pour
une valeur de près de 80 millions, tandis que le Brésil ne nous a pris
que pour 18 millions, la Russie 12, le Mexique 9, l'Autriche 2 !

Souvent, au reste, ces émigrations ont eu des résultats diamétralement opposés à ceux qu'on leur attribue aujourd'hui. Telles ont été et telles seront toujours les émigrations d'ouvriers, de vignerons, de
producteurs de soie dans des pays où des fabriques
analogues aux nôtres, la culture de la vigne ou l'industrie sétifère, pourront s'établir.

Il est un fait qui met bien en lumière la différence
radicale qui existe entre les émigrations en pays étrangers et les émigrations dans les colonies.

Presque à la même époque, des persécutions religieuses firent sortir de France et d'Angleterre un
grand nombre de dissidents. Les protestants français
se réfugièrent dans divers pays de l'Europe et dans
quelques colonies hollandaises et anglaises. Les émigrés anglais vinrent s'établir sur les rivages de l'Amérique du nord, et y fondèrent ces magnifiques colonies qui accrurent si puissamment la gloire et la force
de l'Angleterre, et qui, aujourd'hui encore, offrent
un des principaux débouchés à son industrie. Et tandis que ces événements se passaient, les faits venaient
confirmer ce mot d'une femme célèbre qui, en apprenant la révocation de l'édit de Nantes, avait dit : « Le
roi s'est coupé le bras gauche avec le bras droit. » La
France, en effet, avait perdu doublement, d'abord
tout ce dont elle s'était privée, et ensuite tout ce que
ses rivales avaient acquis d'elle. C'était un chiffre
transporté de l'actif au passif, une valeur positive devenue négative.

Je suis convaincu qu'il en sera de même de presque toutes les émigrations en pays étrangers, dussent-elles être assez considérables, dans un même pays, pour que les Français y constituent une partie notable de la population. A quoi nous sert, par exemple, la communauté d'origine avec la population de la Louisiane?

La guerre que nous avons eu à soutenir avec le Méxique et Buenos-Ayres prouve enfin que, si ces émigrations en pays étrangers épargnent au gouvernement les embarras et les dépenses de la colonisation, c'est souvent pour lui occasionner des embarras et des dépenses beaucoup plus considérables.

Des comptoirs établis par nos grandes maisons de commerce dans les principales villes du Nouveau-Monde peuvent certainement être d'une grande utilité à notre industrie; mais n'oublions pas, qu'à moins de circonstances particulières, ce ne sera jamais que le petit nombre de produits pour lesquels nous sommes supérieurs aux autres qui en retirera du profit, que notre marine y trouvera bien peu d'avantages, et qu'enfin il n'y aura pas là ces débouchés indispensables à l'exubérance de notre population.

Les personnes qui, sans être hostiles aux colonies en général, repoussent néanmoins celle d'Alger, disent: « Pour qu'une colonie soit utile, il faut qu'elle produise des denrées autres que celles que produit la métropole. Or, l'Algérie, quoique placée sous un climat plus chaud, n'a pas, à peu d'exceptions près, de produits différents de ceux de la France. »

Cette assertion n'est pas exacte. Sans doute, la France produit de l'huile, de la soie, des figues et des raisins secs, du tabac, des peaux, du suif, du chanvre, mais tout cela en quantité insuffisante; et il est à remarquer que les pays qui nous fournissent le complément de plusieurs de ces denrées, notamment l'huile, la soie, le tabac, le chanvre, le suif, les fruits secs, sont précisément ceux qui nous prennent en retour le moins de produits et avec lesquels la balance commerciale est le plus en notre défaveur[1].

Ensuite, l'Algérie, toute exagération à part, peut

(1) Voici quelle est, en moyenne, la part de la France dans le commerce qu'elle fait avec les divers pays auxquels l'Algérie pourrait opposer des produits similaires. En prenant comme 100 la valeur des marchandises que nous envoie chacun de ces pays, on trouvera que nous leur expédions en retour, dans les proportions suivantes

Sardaigne.	48 pour 100.
Deux-Siciles, moins de.	44
États-Unis d'Amérique et Turquie, environ.	36
Russie.	28

Ainsi, tandis que les États-Unis, par exemple, nous expédient pour 100 fr. de leurs produits, ils nous prennent en retour pour 36 fr. de marchandises françaises, ce qui prouve une fois de plus la vérité de cet axiome de l'économie politique moderne, qu'on n'achète des produits qu'avec des produits.

On sait que la Sardaigne nous envoie surtout de la soie; la Russie, du chanvre, du suif, des peaux; les Deux-Siciles et la Turquie, de l'huile et de la soie; les États-Unis, du coton et du tabac.

Quant au sucre, j'exposerai plus loin les motifs qui me font croire à la possibilité de faire réussir la canne en Algérie, et les moyens d'empêcher que cette culture ne nuise à nos autres colonies.

nous donner beaucoup de produits que nous n'avons pas : du coton, du tabac aussi bon que celui d'Amérique, de l'indigo, de la cochenille, des dattes, et même du sucre.

En voilà, certes, plus qu'il n'en faut pour assurer, avec les denrées citées plus haut et que nous ne produisons pas en quantité suffisante, le plus brillant avenir à une colonie.

On n'en doutera pas si l'on veut bien se donner la peine de passer en revue les anciennes colonies des diverses nations européennes. On verra, en effet, que celles qui avaient un climat à peu près semblable à celui de la métropole n'ont pas été moins utiles, n'ont pas eu moins de succès que les autres. Il en a été ainsi des colonies anglaises de l'Amérique du nord, notamment de la partie septentrionale qu'on nommait la Nouvelle-Angleterre, et qui en était la portion la plus riche et la plus peuplée. Il en était encore ainsi du Chili, de Buenos-Ayres, d'une partie du Mexique et de l'Amérique centrale, du cap de Bonne-Espérance, de l'Australie. Enfin, les efforts et les sacrifices de tout genre que fait aujourd'hui l'Angleterre, pour conserver le Canada, prouvent combien sa possession lui semble importante.

Que produisaient ces colonies pour mériter tant de dépenses de la part des pays qui les avaient fondées ? Des denrées que ces divers pays produisaient également, mais en quantité insuffisante. Je le répète donc, cet argument est sans force, et ne saurait en aucune manière démontrer l'inutilité de la colonisation de l'Algérie pour la France.

Enfin, la grande, la principale objection que l'on oppose à la colonisation, c'est que la colonisation *ne saurait avoir lieu sans une sécurité entière et complète,* résultat, ajoute-t-on, impossible à obtenir en Algérie.

Cet argument est admis non-seulement par les adversaires, mais encore par les partisans de la colonisation.

L'époque de la création de la plupart des colonies est bien loin de nous, et l'on oublie complétement les épisodes de ces grands événements. Les militaires, d'ailleurs, qui ont beaucoup écrit sur l'Algérie et auxquels on accorde, avec raison, beaucoup de confiance parce qu'ils semblent le plus désintéressés dans la question, les militaires sont naturellement disposés à émettre et à confirmer cette doctrine qui doit nécessairement accroître leur importance et reculer le moment où une nombreuse population civile viendra compliquer les affaires, et probablement leur enlever cette prépondérance qu'ils ont en Algérie depuis la conquête.

Un coup d'œil jeté sur l'histoire de l'établissement des Européens dans les diverses parties du monde ne permet toutefois plus le moindre doute sur la fausseté de cette opinion. On y voit, en effet, qu'aucune colonie ne s'est créée sans une guerre plus ou moins

acharnée, plus ou moins longue, contre les anciens
habitants, guerre qui a toujours eu pour résultat ou
l'extermination de ceux-ci, ou leur soumission. Il est
vrai de dire que nulle part les Européens n'ont ren-
contré une résistance aussi énergique que celle que
nous opposent les Arabes. En revanche, aucune colonie n'était à aussi faible distance de la métropole;
aucune, lors de sa fondation, n'a été favorisée par l'application de la vapeur à la navigation. Ces deux circonstances sont bien de nature à compenser en partie
l'inconvénient que je viens de signaler. On paraît igno-
rer qu'il est telle ville, aujourd'hui florissante, des
États-Unis, qui a été ravagée et brûlée trois à quatre
fois par les Indiens. Le nom seul du *Kentucky* (terre
de sang) prouve l'acharnement avec lequel la race
américaine a lutté, dans cet État maintenant si riche
et si peuplé, contre la colonisation européenne. Actuellement encore, l'émigrant qui vient défricher les
vastes forêts de l'ouest ne peut cultiver que la carabine
sur l'épaule, et souvent, malgré son courage et sa
prudence, ses récoltes et sa cabane sont détruites, et sa
famille est massacrée.

On ne peut sans doute établir aucune comparaison
entre les hordes d'Indiens qui parcourent les vastes
solitudes de l'ouest et la population indigène de l'Algérie. Cependant ces Indiens connaissent aussi les armes à feu et s'en servent habilement. Plusieurs nations
possèdent en outre beaucoup de chevaux et forment
une redoutable cavalerie. Si l'on objecte que tout cela

ne vaut pas les Arabes, je rappellerai qu'en revanche l'armée tout entière des États-Unis est à peine le dixième de celle que nous entretenons en ce moment à Alger, et qu'à part quelques petits forts disséminés sur une ligne immense, les colons en sont réduits à leurs propres forces, ce qui n'empêche pas ces contrées de se peupler avec une rapidité sans, exemple.

Il est même à remarquer que, dans la fondation de la plupart de nos colonies, nous n'avons pas eu seulement à lutter contre les autocthones, mais encore contre les puissances européennes rivales, et la plus belle des colonies qu'ait jamais possédées la France, Saint-Domingue, s'est créée dans une guerre acharnée de nos boucaniers contre les Espagnols.

Aussi, non-seulement je ne crois pas qu'une sécurité parfaite soit indispensable pour le succès de la colonisation, mais encore je suis intimement convaincu que la colonisation, rationnellement et puissamment organisée, est le moyen le plus efficace de pacifier le pays, autant du moins que peuvent le permettre le caractère et les mœurs des indigènes. Je reviendrai, du reste, sur cet important sujet en parlant de la population coloniale.

Ceux qui ont avancé que nous avions mieux réussi là où nous n'avons pas colonisé qu'ailleurs, n'ont vu et comparé que deux points isolés, Alger et Constantine, sans faire attention que le principe qu'ils en tiraient était complétement infirmé par d'autres faits. Nous n'avons colonisé ni à Bougie, ni à Dgigelli, ni à

Oran, pas plus que les Espagnols à Ceuta ou Mélilla, et ces divers points ont été précisément ceux où la guerre a eu lieu le plus fréquemment, on pourrait dire le plus constamment.

A Bône, on a acquis et exploité dès la première année. Les indigènes n'ont plus rien dans les environs et presque plus rien dans la plaine, depuis la Seybouse à la Maffrag, et néanmoins Bône a été et est encore la localité la plus tranquille de l'Algérie.

En attribuant la haine et l'hostilité des Arabes à l'acquisition des terres par les colons, on est tombé dans l'erreur si souvent commise à l'égard de ces derniers'; on les a pris pour des paysans d'Europe, et on s'est dit qu'à l'instar de ce que feraient ceux-ci en pareil cas, ils devaient nécessairement se révolter contre des vainqueurs qui menaçaient de s'adjuger leurs terres.

Cette idée repose sur deux faits également erronés. D'abord, si l'on a beaucoup acheté et beaucoup vendu, en Algérie, on n'a malheureusement que fort peu cultivé, et toutes les exploitations qui se sont établies l'ont été généralement sur des terres acquises des Maures ou sur des propriétés domaniales, et non sur des terres occupées par les tribus. Ensuite, on aurait dû savoir que, chez les Arabes comme chez tous les peuples plus ou moins nomades et chez lesquels le sol est possédé tout au plus d'une manière collective, le sentiment de la propriété existe à peine pour les choses immobilières. De là ces grands déplacements

si fréquents et si faciles de tribus entières, opérés par
l'ancien gouvernement, et même encore aujourd'hui
par Abd-el-Kader.

On cite à l'appui de cette théorie la défense faite
aux Anglais, dans l'Inde, d'acquérir des terres, ainsi
que l'absence de propriétaires parmi les Turcs de
l'ancienne régence. Ce dernier fait n'est pas complétement vrai. Beaucoup de Turcs possédaient de beaux
domaines dans les environs d'Alger. S'ils n'en avaient
pas davantage, ce n'était pas, tant s'en faut, par
ménagements pour les vaincus qu'ils craignaient si
peu de blesser en toute autre occasion; c'était parce
que les Turcs, à Alger comme ailleurs, méprisaient
l'agriculture et préféraient laisser travailler la population indigène, sauf à prélever ensuite la part du lion
sur la récolte. Du reste, le deylikh et les beylikhs possédaient de grandes terres, en général les plus belles,
les plus riches du pays, et il est supposable qu'ils ne
les avaient pas payées cher.

On peut juger du *profond respect* qu'avait l'ancien
gouvernement pour la propriété foncière par le seul
fait du *habou*, unique moyen que possédaient les
Maures de sauver leurs biens immobiliers de la confiscation, et eux-mêmes de la décapitation, lorsque ces
biens pouvaient tenter la cupidité du pouvoir ou de
quelque homme puissant.

Quant aux Anglais dans l'Inde, c'est une autre
question qui n'a aucun rapport avec ce qui se passe
en Algérie. La compagnie des Indes est propriétaire

de tout le sol, comme l'est, du reste, le gouvernement français en Algérie. Mais les Indiens sont doux, laborieux, intelligents en culture, c'est-à-dire juste l'opposé des indigènes de l'Algérie. Les cultivateurs de l'Inde ou *coolies* ne sont, à vrai dire, que des colons partiaires ou métayers, auxquels la compagnie concède le droit de cultiver le sol, à la charge par eux de payer une certaine redevance en argent ou en denrées. Cette redevance, qui est énorme et qui laisse à peine de quoi vivre au pauvre cultivateur, constitue le principal revenu de la compagnie. Celle-ci a donc un grand intérêt à empêcher que la terre ne passe aux mains des Anglais, qui ne consentiraient jamais à être traités comme les Indiens, et occasionneraient, dès lors, une réduction dans les recettes du gouvernement.

L'Angleterre, qu'on nous propose comme modèle dans cette circonstance, a-t-elle agi en Amérique et dans l'Australie comme dans l'Inde? Conçoit-on les beaux résultats qu'elle aurait obtenus en se bornant à occuper ces pays militairement, à administrer et à soumettre à des impositions les peaux rouges de l'Amérique du nord et les sauvages de Port-Jackson et de Van-Diemen?

Son but a toujours été le même : profit de la métropole ; mais les moyens qu'elle a employés ont varié suivant les circonstances.

L'Angleterre n'a pas colonisé dans l'Inde, parce qu'elle y a trouvé toutes les conditions de production jointes aux conditions nécessaires à une abondante consommation de ses propres produits. Elle a colonisé en Amérique, dans l'Australie, et elle aurait colonisé en Algérie si elle l'avait possédée, parce que rien de tout cela n'existait ou n'existe dans ces pays.

Un agronome célèbre a dit quelque part, et cette objection a été répétée par beaucoup de personnes, que le sol n'a de valeur que celle des capitaux qu'on lui a appliqués, et que ces capitaux s'élèvent, en France, de 1,000 à 2,000 fr. par hectare, que, par conséquent, il faudrait plus d'un milliard pour mettre en valeur six cent mille hectares de l'Algérie.

Cette assertion est loin d'être vraie. C'est méconnaître entièrement l'influence toute-puissante des agents naturels, climat et richesse primitive du sol. L'Algérie, d'ailleurs, n'est pas complétement inculte ; il y existe une grande étendue de terres actuellement ou précédemment en culture, ou en herbages et forêts, étendue que nous avons évaluée à 44 pour 100 de la surface totale, et qu'on peut considérer comme déjà productive. La facilité avec laquelle les Arabes, malgré l'imperfection de leurs moyens, abandonnent une terre cultivée pour en défricher une nouvelle, prouve suffisamment que cette opération n'est pas aussi coûteuse qu'on le dit, et, en parlant de la culture coloniale, j'espère démontrer que les plantations d'arbres fruitiers, entre autres, peuvent s'établir à peu de frais.

Si les vergers d'orangers et les jardins arrosés en exigent de considérables, leurs produits sont en revanche tellement supérieurs à ce que nous obtenons

en France sur une surface égale, que le cultivateur y
trouvera une ample compensation. Enfin, même une
partie des broussailles peut devenir terrain productif
et fort important, à la seule condition de n'être plus
annuellement brûlée. Des broussailles, aux environs de
Birkadem, Birmandreis, Koubah, etc., ont été transformées, par cette seule précaution, en beaux taillis
qui commencent déjà à donner quelques produits.

Je ne pousserai pas plus loin cette réfutation des
objections qu'on oppose à la colonisation de l'Algérie.
Je crois que ce sont là les plus importantes, celles qui
ont fait le plus d'impression sur le public.

Et puisque l'impression tardive de cet ouvrage
m'en donne l'occasion, qu'il me soit permis d'appeler
l'attention sur un fait récent qui se lie à la question
des colonies : je veux parler des troubles industriels
qui viennent d'affliger la Silésie et la Bohême. Même
en supposant, comme paraissent le croire plusieurs
publicistes allemands, que ces insurrections d'ouvriers sont en partie l'œuvre d'une grande nation rivale, jalouse du développement que prend l'industrie
allemande, grâce à l'union douanière, on ne peut cependant se dissimuler que, dans l'état actuel des choses,
ces événements auraient difficilement eu lieu si l'Allemagne, au lieu d'être bornée, pour son marché extérieur, aux États-Unis, au Brésil, à l'Espagne et autres
contrées où elle se trouve aux prises avec la concurrence
écrasante de l'Angleterre, avait possédé quelques colonies qui lui eussent offert un débouché pour ses

produits. Et cependant, l'Allemagne a été citée de préférence toutes les fois qu'on a voulu prouver l'inutilité
des colonies. Sans doute l'Angleterre a vu également
des insurrections d'ouvriers; c'est même là, comme
tout le monde sait, l'épée de Damoclès perpétuellement suspendue sur sa tête, et dont elle ne parvient à
retarder la chute qu'en s'ouvrant chaque jour, par la
ruse ou par la violence, de nouveaux débouchés. Mais
quelle différence dans l'état industriel des deux pays!
quelle différence d'ailleurs dans leur état social!

CHAPITRE PREMIER.

Colonisation par l'industrie privée et colonisation par le gouvernement.

La question de la colonisation présente trois points
essentiels, que je demande la permission d'examiner
ici avec quelque développement : *le territoire colonisable;* — *la population coloniale;* — *la culture coloniale.*

Mais, avant tout, se présente une question préjudi-
cielle qui, quoique paraissant avoir déjà été résolue
par l'administration, ne peut être complétement passée
sous silence ici, parce que, dans notre gouvernement
de majorité, celle-ci peut forcer le pouvoir à revenir
sur ses décisions. Je veux parler de la question de

savoir si l'œuvre de la colonisation sera abandonnée au *laissez faire*, ou si le gouvernement y interviendra, non-seulement pour lui donner aide et protection dans la même mesure qu'il aide et protége les citoyens en France, mais encore pour la diriger et pour lui donner, en retour des conditions qu'il lui imposera, les élé- ments d'existence et de production qui lui sont indis- pensables ; en un mot, seront-ce les citoyens ou sera-ce le gouvernement qui fera la colonisation ?

Le système du *laissez faire* et *laissez passer*, c'est- à-dire de la négation gouvernementale, n'a jamais été complétement appliqué nulle part, même dans les États les plus anciennement organisés ; à plus forte raison ne saurait-il convenir à une création quelconque, surtout à celle d'une colonie.

Il est vrai qu'il ne s'agissait pas non plus ici d'une application complète. Tout le monde était d'accord sur ce point, qu'il fallait que l'État protégeât les colons contre les indigènes ; qu'il leur fît des concessions de terres, soit gratuitement, soit avec une faible rede- vance ; qu'il les exemptât d'impôts pendant un temps plus ou moins long. Quelques-uns allaient même jus- qu'à admettre qu'il fît des routes, desséchât les marais, distribuât ou vendît à bon marché de jeunes plants pour l'établissement de vergers et de plantations ; qu'il fondât une ou plusieurs fermes expérimentales pour y essayer et faire connaître les diverses cultures, mé- thodes et procédés les plus avantageux en Algérie. Mais là devait se borner l'action du pouvoir, et lors même qu'on leur aurait prouvé qu'avec cette liberté accordée aux colons de s'établir où ils voudraient, le seul engagement pris par le gouvernement de les protéger devait infailliblement occasionner des dépenses presque aussi considérables que l'eussent été celles nécessitées par l'intervention directe de l'État dans la colonisation, les partisans du système en question se seraient opposés à cette intervention comme à une chose contraire à un principe sacré.

On citait d'ailleurs, à l'appui, quelques autres colonies et ce qui se passe aujourd'hui aux États-Unis, sans faire attention que des circonstances toutes différentes nécessitaient aussi à Alger des moyens différents.

Enfin, un essai malheureux, parce qu'il avait été mal conçu et mal exécuté, est venu encore donner quelque autorité à cette doctrine. Mais les événements se sont chargés d'en démontrer l'erreur, et aujourd'hui, de ces tentatives si nombreuses de culture et d'exploitation, faites dans les environs d'Alger, il n'a presque survécu que les établissements résultant de ces mêmes essais, qui ont servi de texte pour repousser la colonisation par le gouvernement.

J'anticiperais sur la question de la population coloniale si j'entrais dans plus de développements sur ce sujet.

Je me bornerai donc à poser en principe que la colonisation, dans le début et jusqu'à une époque indéterminée, devra se faire par le gouvernement, par ses subsides, et dès lors sous sa direction immédiate.

CHAPITRE II.

Territoire colonisable.

On a beaucoup écrit sur ce sujet. La question est cependant loin d'être résolue sous toutes ses faces, et, chaque jour, des faits nouveaux viennent en mettre en lumière. Je serai, du reste, très bref sur tous les points qui ont déjà été l'objet d'un examen approfondi.

Les questions que soulève ce sujet me paraissent être les suivantes : « Moyens de se procurer le territoire nécessaire à la colonisation. — Configuration, étendue de ce territoire, distribution des établissements coloniaux. — Distribution des habitations coloniales en villages ou en fermes isolées. — Choix des localités et des emplacements. — Répartition des terres entre les colons. »

Section I. — *Moyens de se procurer le territoire nécessaire à la colonisation.*

Ce sujet était, il y a peu de temps encore, un véritable dédale, et il fournissait aux adversaires de la colonisation matière aux objections les plus graves. Mais depuis les écrits récents de MM. Worms, Marion et autres, sur l'état de la propriété foncière dans les pays musulmans, et depuis la promulgation de la loi d'expropriation pour cause d'utilité publique, cette question s'est considérablement simplifiée. Il est reconnu aujourd'hui d'une manière incontestable, et je partirai de ce principe, que le sol tout entier de l'Algérie appartient au gouvernement français, en sa qualité de successeur du dey.

Toutefois, si ce principe résout la question en droit, dans le fait il ne tranche pas toutes les difficultés.

La loi d'expropriation, quoique devenue un non-sens, à certains égards, du moment où on adopte le principe mentionné, peut néanmoins servir efficacement à résoudre plusieurs de ces difficultés, et à modifier, dans ce qu'elle aurait de trop absolu et de trop antipathique avec les mœurs et les idées actuelles, l'application du principe de possession générale.

Tout ce qui concerne la propriété foncière, en Algérie, a été si bien et si complétement traité dans les ouvrages cités et tout récemment encore dans l'œuvre remarquable de M. Enfantin, qu'on me permettra, sans doute, de ne pas entrer dans plus de détails sur un sujet qui, d'ailleurs, m'est complétement étranger et où je pourrais, dès lors, commettre de grossières erreurs.

Je me bornerai donc à dire qu'il me semble que le principe de la possession du sol par le gouvernement français pourrait s'appliquer dans toute sa rigueur, toutes les fois qu'il s'agirait de s'emparer du territoire d'une tribu hostile, soit pour le livrer à la colonisation européenne, soit pour le donner à une tribu

alliée; qu'il pourrait encore s'appliquer aux propriétés concédées par l'État ou achetées aux indigènes,
lorsque leurs possesseurs auraient négligé de remplir
certaines conditions que, dans l'un comme dans
l'autre cas, le gouvernement me paraît en droit de
leur imposer; qu'enfin l'expropriation avec indemnité
pourrait avoir lieu dans toutes les circonstance autres
que celles que je viens d'indiquer, que le sol fût occupé par des indigènes ou par des Européens.

Je dis par les indigènes comme par les Européens. Il y a cependant ici une distinction à établir.
Les indigènes, fixés d'une manière stable et possédant
individuellement, pourraient être traités sur le même
pied que les Européens. On sait que, sous l'ancien
gouvernement, la propriété individuelle avait toujours joui d'une tolérance qui, de fait, lui donnait des
droits à peu près semblables à ceux qu'elle a en Europe. Le gouvernement pourrait donc, sans déroger
au principe, continuer cette même tolérance et reconnaître en fait, sinon en droit, la propriété individuelle chez les indigènes, sauf le cas précité de négligence dans l'accomplissement de certaines conditions;
sauf aussi le cas de conspiration ou autre crime contre
l'État. Alors ce ne serait plus la confiscation qui est
effacée de nos codes, mais un simple retrait d'une
concession faite conditionnellement.

Mais peut-être y aurait-il inconvénient à traiter de
la même manière des tribus plus ou moins nomades,
à leur reconnaître le droit d'exiger une indemnité

pour le territoire qu'on leur aurait enlevé. Peut-être, dans ce cas, serait-il bon que l'indemnité fût dissimulée sous forme de cadeau. On pourrait, du reste, adopter des catégories et accorder, par exemple, aux propriétés des tribus qui s'établiraient d'une manière stable, et à celles des tribus du makhzen, les mêmes droits et les mêmes titres qu'aux propriétés des colons européens.

Si je ne me trompe, le gouvernement aurait là, sinon pour le présent, du moins pour l'avenir, un moyen puissant de pacification et de civilisation. Je me borne à signaler ces diverses faces de l'importante question de la propriété, telle qu'elle m'apparaît, laissant aux hommes spéciaux le soin de les développer s'il s'y trouve quelque chose d'utile.

Je le répète, le principe et la loi me semblent avoir résolu complétement la question, ne laissant plus que des difficultés de pratique.

Ces difficultés se rencontreront d'abord naturellement pour la prise de possession de tout ou partie du territoire d'une tribu hostile; mais ici ce sera au sabre à les trancher.

D'autres difficultés surgiront quand il faudra établir une population européenne nombreuse sur un point occupé et possédé par des Maures ou par des tribus soumises. Il en sera parlé plus loin.

Je n'ai rien dit des difficultés résultant des *habous*. Ce sujet a déjà été traité de main de maître par MM. Blondel et Jiaccobi. Je rappellerai seulement que l'étendue des biens habous est minime comparativement à la totalité de la surface dont nous pouvons disposer.

SECTION II. — *Configuration, étendue du territoire à coloniser, distribution des établissements coloniaux.*

« Faut-il consacrer à la colonisation une étendue plus ou moins considérable, formant un tout compacte et arrondi, dont on expulserait les indigènes, et qu'on défendrait par un obstacle quelconque?—Faut-il, au contraire, disséminer sur une grande partie de la surface du pays des centres de colonisation, comme le sont aujourd'hui les points d'occupation militaire? »

Telle est la question, et j'aurais intitulé ce paragraphe : *Systèmes de colonisation,* car ce sont là, en effet, deux systèmes bien tranchés, si ce mot n'embrassait tout un ensemble dont cette question n'est qu'une des faces.

Cette face si importante a été envisagée et résolue de bien des manières. Cependant, au milieu du conflit des opinions, on peut distinguer deux systèmes principaux, auxquels se rattachent plus ou moins tous les autres. Ce sont les deux systèmes formulés par la question même qui vient d'être posée.

§ 1. Colonisation par zones.

Le premier consisterait, comme je viens de le dire, à s'emparer d'une étendue plus ou moins considérable de pays, qu'on entourerait d'un moyen défensif suffisant, qu'on peuplerait de colons européens et dont on exclurait les indigènes, ou dans laquelle on ne les admettrait qu'à des conditions identiques à celles imposées aux colons.

La plupart des personnes qui proposent ce système supposent qu'on prendrait, dans ce but, le pays environnant les trois principales villes de la côte, Alger, Bône et Oran, ou seulement Alger et Bône.

On commencerait par entourer d'un moyen de défense convenable, c'est-à-dire d'un obstacle continu, la contrée qui environne ces villes, dans un rayon plus ou moins étendu ; puis, après l'avoir peuplée d'Européens, défrichée et mise en culture, on passerait à une seconde zone, pour laquelle on procéderait de la même manière ; ensuite, à une troisième, et même à une quatrième, jusqu'à ce qu'on eût ainsi envahi toute la surface colonisable, n'en exceptant, suivant les uns, que le désert, suivant les autres, que celui-ci et les pâtés de montagnes inacessibles, habités par des populations agglomérées de Kabaïles.

Ce système, qui a été développé avec talent par plusieurs auteurs, et qui a pour lui la plupart des colons, ce système, étendu, comme je viens de le dire, à la totalité ou à la plus grande partie de l'Algérie, est tout simplement le système du refoulement appliqué aux États-Unis.

Ce système a été si souvent combattu, qu'il est à peu près inutile d'en développer longuement tous les inconvénients, ou plutôt l'impossibilité. Je me bor-

nerai à rappeler qu'au delà du *Tell* se trouve le désert dont toutes les parties habitables paraissent être
déjà occupées par des peuplades guerrières, et que si,
à l'est et à l'ouest, il y a des pays où existe une population de même origine et aussi peu dense que celle
de l'Algérie, il ne s'y trouve nulle part de grands espaces habitables inoccupés et capables d'offrir un refuge
à un grand nombre de tribus émigrées ; que, pour
être efficace, le moyen de défense devrait être tel que
l'établissement et la garde en seraient énormément
coûteux ; que, pour ne pas voir les parties non occupées devenir des foyers d'hostilité contre nous et des
centres d'opération pour nos ennemis, il faudrait nécessairement y dominer, y occuper les mêmes points
qu'aujourd'hui, y entretenir une armée aussi nombreuse, ou, pour mieux dire, plus nombreuse encore ;
car si les Arabes tiennent peu à la propriété foncière,
et n'ont pas, comme nous, l'amour du champ paternel,
cela ne veut pas dire qu'ils consentent à se laisser enlever leur territoire sans compensation. Or, quelle compensation offrir à dix, quinze, vingt tribus et plus,
en dédommagement de leurs terres dont on se serait
emparé?

Je le répète, si, en Algérie, on ne rencontre nulle
part de pays peuplés, nulle part aussi il n'y a de grands
espaces déserts et sur lesquels personne n'élève de prétentions.

Sans doute, avec une culture meilleure et des habitations stables, le dixième peut-être de l'Algérie serait

suffisant pour en nourrir la population actuelle ; mais
cette culture et ces mœurs ne s'improvisent point. Ce
n'est qu'à la longue, et par le contact et l'exemple de
nos établissements coloniaux, que ces habitudes pourront pénétrer parmi les indigènes.

Cette réflexion permet tout de suite d'apprécier la
proposition de quelques partisans de ce système qui
veulent qu'on admette, dans l'intérieur des zones occupées, toutes les tribus qui consentiraient à subir
les mêmes conditions que les colons européens. Il
y en aurait certainement quelques-unes, ou plutôt
quelques fractions isolées de tribus, comme celles qui
habitaient et cultivaient autrefois la Mitidja, qui accep-
teraient ; mais la grande majorité s'y refuserait, parce
que l'enceinte, jointe au voisinage trop rapproché des
colons européens, les effraierait, et que d'ailleurs des
hommes qui avaient autrefois 100 hectares et plus par
famille, tant pour la culture que pour le pâturage, et
qui ne connaissent d'autre moyen de remédier à l'épui-
sement d'une terre qu'en l'abandonnant pendant un
temps plus ou moins long et en en défrichant une nouvelle, se décideraient difficilement à ne recevoir que
10 ou 12 hectares.

Ce serait donc la guerre et la guerre acharnée jusqu'à ce qu'on eût exterminé le trop-plein ou qu'on
l'eût forcé de passer à Tunis ou à Maroc.

Je ne cherche pas ici à accumuler à plaisir des arguments plus ou moins fondés contre un système que
je repousserais par instinct plutôt que par conviction.

Cette chance d'une guerre opiniâtre, de même que la
nécessité de dominer et d'occuper le pays comme aujourd'hui, me semblent inévitables, et si je me préoccupe peu du mal que ferait la guerre aux indigènes,
je me préoccupe en revanche beaucoup de celui qu'elle
ferait à la France, des sacrifices d'hommes et d'argent
qu'elle nous imposerait, outre les dépenses énormes
qu'occasionneraient les travaux de défense des diverses
zones.

Je crois donc que le système d'occupation tel que
je viens de l'indiquer, et entraînant, comme conséquence, le refoulement des indigènes, ne saurait être
appliqué avec avantage en Algérie, du moins dans
toute son extension, et comme seul et unique système ;
mais peut-être est-il possible d'un prendre quelque
chose. C'est ce que nous examinerons plus loin.

§ 2. Système de colonisation des Romains.

Sans attribuer aux faits historiques une trop grande
valeur dans la question qui nous occupe, on peut et
on doit cependant les prendre en considération, et
quand ces faits coïncident parfaitement avec le résultat
d'un examen approfondi de l'état présent des choses,
ils acquièrent alors une grande puissance. Cela me
paraît être le cas pour ce que nous connaissons de la
colonisation romaine en Afrique.

Sans entrer à cet égard dans des détails qui ne seraient que des redites des travaux remarquables de

plusieurs savants, rappelons simplement ici que nulle part les Romains ne semblent avoir eu recours à ce système de refoulement, que nulle part il ne paraît avoir existé de zones tant soit peu étendues, exclusivement occupées par des populations romaines. L'histoire nous apprend, au contraire, et les ruines qui couvrent l'Algérie viennent le confirmer, que les Romains avaient disséminé une foule de colonies sur toute la surface du pays. Probablement simples stations militaires dans le début, elles devinrent bientôt des centres de colonisation, des villes, par la réunion d'individus et de familles d'origines diverses, que les événements avaient poussés en Afrique, et que le besoin de sécurité et la présence de consommateurs militaires portaient à s'établir autour et sous la protection de ces stations.

Pareille chose a lieu encore aujourd'hui aux États-Unis, où la plupart des villes du centre et de l'ouest étaient autrefois des forts, et où les forts actuellement existants se transforment successivement en villes.

C'est ce système que je crois le mieux approprié aux circonstances physiques, économiques et politiques de l'Algérie, et qui me paraît offrir jusqu'à présent le plus d'avantages et le moins d'inconvénients.

A l'opposé du système précédent, il est d'une exécution facile, et, relativement, peu coûteuse. Il lèse infiniment moins les populations indigènes. Il assure, entre celles-ci et nos colons, un contact journalier qui ne peut manquer d'agir puissamment sur leurs mœurs et leur manière de voir. Il ne détruit pas les causes de guerre, mais au moins il ne les aggrave pas, et, comme il nécessite l'établissement de routes, et qu'il place, sur divers points choisis, des populations européennes qui ne tarderont pas à s'aguerrir, à devenir d'excellents auxiliaires de l'armée, capables de former, tout au moins, la garnison sédentaire des points occupés, de manière à permettre l'emploi de toute l'armée active au dehors, il me paraît devoir augmenter notablement notre force, et, par conséquent, les chances de paix.

D'autres avantages non moins évidents ressortent encore de ce système. On sait que tous les points de l'intérieur que nous n'occupons que militairement, et où n'existe point de population civile proprement dite, sont de véritables lieux d'exil pour les garnisons qu'on y envoie. C'est là où sévit, parmi nos pauvres soldats, cette terrible nostalgie africaine, cause si puissante de maladies et de pertes en hommes, cause unique parfois, ou du moins principale, de l'insalubrité qu'on attribue à certaines localités où se trouvent cependant réunies toutes les conditions physiques d'un climat sain. La colonisation fera disparaître immédiatement cet inconvénient si grave.

De plus, en produisant les denrées de première nécessité, grains, fourrages, paille, viande, fromage, lait, beurre, légumes, fruits, les colons assureront l'existence des garnisons, et permettront de réduire notablement ces convois si coûteux que nécessite le ravitaillement des points occupés de l'intérieur, et qui viennent si souvent contrecarrer les opérations militaires en employant une partie de l'armée.

D'un autre côté, les garnisons fourniront aux colons, et sur le lieu même, un bon et facile débouché pour tous les produits, avantage immense et dont peu de colonies ont joui dès le début.

En outre, ces mêmes garnisons fourniront des travailleurs aux colons dans les moments pressants, moments plus multipliés en Algérie qu'en France, tant à cause du climat qu'à cause du manque d'une sécurité complète. Cette circonstance sera aussi favorable aux uns qu'aux autres, car, quoi qu'on en ait dit, il est bien positif que l'insuffisance, et parfois aussi la mauvaise qualité de la ration, sont des causes de maladies fréquentes parmi les soldats, et que la plupart de ceux qui, soit par leurs propres ressources, soit par les salaires qu'ils obtiennent de travaux faits au dehors, peuvent ajouter quelque chose à cette ration, notamment du café, se portent généralement beaucoup mieux. D'ailleurs, le travail modéré de la terre est infiniment plus salutaire que le repos presque absolu qui succède fréquemment à des fatigues excessives. Je reviendrai, du reste, sur ce sujet. Qu'il me soit permis d'ajouter seulement que si, en Afrique, par suite de cette répugnance qu'éprouvent malheureusement beaucoup de militaires pour le civil, quelques chefs mettaient, dans les circonscriptions qu'ils commandent, des entraves à l'établissement des colons, ils nuiraient autant à leurs propres soldats qu'à l'intérêt général.

§ 3. Application du système de colonisation des Romains.

Voici brièvement comment j'entendrais l'application de ce système.

Toutes les stations importantes, occupées par nos troupes, seraient successivement livrées à la colonisation.

Dans les villes qui n'auraient pas déjà été envahies par la spéculation, et où une partie de la population indigène aurait émigré et ne serait pas revenue à une époque fixée, on procéderait comme à Cherchell. La loi sur l'expropriation procurerait le surplus des terres. On peuplerait ainsi de colons-agriculteurs toute la portion inoccupée de la ville, et ces colons en cultiveraient les alentours immédiats.

Cette première base établie, on procéderait à la colonisation des environs, d'après les règles que j'indiquerai plus loin.

Les circonstances qui détermineraient le plus ou moins d'extension à donner à la colonie seraient, à part la salubrité, la fertilité du territoire, le relief du terrain, le plus ou moins de densité de la population indigène, arabe ou kabaïle, du voisinage, et surtout les dispositions de cette population à notre égard.

§ 4. Population indigène environnant les établissements coloniaux.

Tout le monde comprend qu'il serait indispensable que ces populations fussent, non pas seulement soumises, mais alliées, et qu'elles se fussent déjà compromises à notre service.

Dans le cas où cela n'existerait pas, une guerre incessante, avant et pendant l'établissement de la colonisation, devrait amener la soumission et l'alliance ou l'expulsion des tribus hostiles.

Ce dernier résultat nous livrerait immédiatement un territoire plus ou moins considérable pour la colonisation. Le premier, c'est-à-dire la soumission, exigerait l'emploi de moyens diplomatiques, car il faudrait se garder de donner aux tribus soumises aucun motif légitime d'hostilité.

Si toutefois leur soumission n'avait eu lieu qu'après la mise en œuvre de la colonisation, on pourrait leur imposer, comme condition, l'abandon d'une partie de leur territoire. Si, au contraire, cette soumission datait de loin, on chercherait à obtenir de ces tribus l'espace nécessaire, soit en leur donnant des compensations en territoire enlevé sur des ennemis ou pris sur des terres domaniales mal situées pour la colonisation, soit au moyen de cadeaux, comme nous l'avons déjà dit.

Ces diverses transactions, et même les déplacements de tribus, ne présenteraient pas autant de difficultés que pourraient le croire les personnes qui veulent à toute force assimiler les Arabes à nos propriétaires campagnards. Des cas semblables se sont déjà présentés sur plusieurs points de l'Algérie, et notamment à Philippeville, sans qu'il en soit résulté aucun acte d'hostilité. Néanmoins, ces transactions exigeraient, non pas des fonctionnaires civils, mais des officiers, et des officiers capables, parlant bien l'arabe, connaissant bien le caractère arabe, et surtout ne se croyant pas obligés, comme certains d'entre eux, de se poser à tout propos en défenseurs officieux des indigènes contre le gouvernement et les Français.

Dans certaines localités, comme à Alger et même à Bône, Oran, Mascara, Sétif, où les tribus environnantes ont en partie émigré, et où le territoire libre est considérable, la colonisation recevrait naturellement plus d'extension qu'ailleurs.

§ 5. Étendue des concessions par famille.

Toute agglomération de cultivateurs suppose nécessairement partout, mais surtout en Afrique, la présence d'un certain nombre de familles de marchands et d'artisans, dont une partie, d'ailleurs, serait attirée par la seule présence du militaire. Comme, en outre, les terres des environs immédiats des villes sont toujours très fertiles, souvent même arrosées, on pourrait ne compter que sur 4 à 5 hectares par familles de cultivateurs ou d'artisans établies dans les villes (beaucoup moins pour les familles d'artisans, un peu plus pour les autres).

A mesure que l'on s'éloignerait du centre et que disparaîtrait la facilité des irrigations, et, par suite, la culture maraîchère, on augmenterait notablement la

superficie. Cependant, je crois qu'à moins de circonstances tout à fait défavorables, dans lesquelles la colonisation ne devrait, du reste, jamais être tentée, 12
à 15 hectares suffiront toujours par famille, même
là où, comme nous le dirons plus tard, l'élève des
chevaux devrait constituer une branche importante de
la culture. On peut donc supposer qu'en prenant la
moyenne des cultivateurs, artisans et marchands établis dans les villes et au dehors, 10 à 12 hectares
seront une étendue suffisante pour une famille. On
aurait donc besoin de 20,000 à 24,000 hectares, ou
d'un carré de 50 à 60 kilomètres de côté, pour l'établissement de deux mille familles de colons, c'est-à-dire
de dix mille individus des deux sexes et de tout âge. Ce
n'est pas là une surface pour l'obtention de laquelle il
faudrait déposséder et refouler beaucoup de tribus. Il
est telle tribu qui compte moins de mille âmes et
occupe une surface cinq et dix fois plus considérable.

Après avoir ainsi colonisé les principaux centres
d'occupation militaire, on tâcherait de les relier, soit
entre eux, soit avec la côte, au moyen d'établissements
coloniaux intermédiaires.

Ces derniers établissements et même plusieurs centres de colonisation, tels que Philippeville, Sétif et
autres à créer encore, se trouvent sur des terres de
tribus.

Les difficultés ne seraient pas plus grandes ici que
pour les zones extérieures des établissements formés
dans les villes mauresques.

Ajoutons que ce qui servira, dans le début surtout, à aplanir ces obstacles du côté des indigènes, c'est le profit très grand que retirent ceux-ci de la présence de nombreux consommateurs européens, et la sécurité qui résulte pour eux du voisinage d'une garnison française. Ce sont là les motifs qui ont fait accepter avec plaisir la création de Philippeville à diverses tribus du voisinage, et notamment à celle des Zerramnahs, sur le territoire de laquelle est située la ville.

La justice et même la bienveillance devront toujours présider aux transactions de ce genre que nous aurons avec les tribus, surtout avec celles qui nous sont depuis longtemps alliées. Je crois, néanmoins, qu'on ne devra que bien rarement s'arrêter devant leur répugnance ou leurs exigences lorsqu'il s'agira de nous céder un peu de leur territoire, et que jamais des difficultés de cette espèce ne devront déterminer le choix de localités n'offrant pas les conditions essentielles que doivent nécessairement présenter les points sur lesquels on appellera des colons.

Je veux éviter la faute que commettent beaucoup de personnes qui, lorsqu'elles présentent un projet, se croient en conscience obligées de n'y voir que des avantages et d'en nier tous les inconvénients. Tout en considérant jusqu'à présent le système que je viens de développer comme le meilleur, je ne me dissimule pas qu'il offre également un revers de médaille, comme du reste toute chose dans ce monde. Ainsi, je conviens qu'en multipliant de cette sorte les points de co-

lonisation, et en les disséminant sur toute la surface
du pays, on accroîtra considérablement la zone exposée aux attaques et au brigandage, et la ligne à défendre.

Cette circonstance me semblerait des plus fâcheuses,
tellement fâcheuse qu'elle devrait, selon moi, faire
rejeter le système, s'il ne présentait de puissants cor-
rectifs.

On connaît assez aujourd'hui le caractère des indigènes pour savoir que le seul moyen de les soumettre
c'est de leur montrer des profits réels, de grands avantages attachés à la paix; des pertes incessantes, la misère, la ruine, comme résultats inévitables de la guerre.
D'un autre côté, quatorze années d'expériences bien
chèrement acquises ont démontré de la manière la
plus évidente que ce fractionnement de nos forces, tel
qu'il a été adopté par le maréchal Bugeaud, et qui,
partout ailleurs, serait un détestable système, est ici
le seul par lequel on puisse se mettre en relation avec
toutes les tribus, réprimer immédiatement toute tentative de révolte, punir efficacement toute hostilité, et
empêcher dès lors la formation de ces grands foyers
d'insurrection qui s'établissent et trouvent un aliment
partout où notre action n'est pas immédiate et énergique.

Pour éviter l'affaiblissement qui pourrait résulter
du fractionnement des établissements coloniaux, il
suffira que ce fractionnement s'arrête, comme celui de
l'armée, à une certaine limite, c'est-à-dire que chacun
des centres de colonisation ait encore une importance

et un développement tels qu'il puisse, au besoin, exister et se défendre par lui-même.

Je répète que la présence des colons rendra plus prompte, et dès lors plus puissante, l'action des corps occupant les centres coloniaux, et cela par les motifs que j'ai déjà signalés et qui seront compris de tout le monde.

Mais, ensuite, l'établissement de colons dans les points principaux d'occupation militaire prouvera aux Arabes, mieux que tout ce que nous pourrions leur dire, notre ferme résolution non-seulement de rester en Algérie, mais encore de continuer à occuper et à dominer tout le pays. Or, on sait aujourd'hui, à n'en plus douter, que c'est la conviction de cette instabilité, de ce manque complet de persévérance dont nous avons donné tant de preuves en Afrique, qui pousse les tribus mal disposées à continuer la guerre, qui empêche celles qui sont bien disposées à se rallier franchement à nous, partout où les unes et les autres peuvent penser que nous ne persévérerons pas long-temps à nous maintenir dans leur voisinage. C'est là le grand argument qu'exploitent les aventuriers et les fanatiques qui cherchent à soulever les indigènes contre nous. « Les Français vont quitter, disent-ils; le grand divan de la France l'a ordonné. Malheur aux tribus qui se seront soumises à eux et qui seront devenues leurs alliées; elles seront pillées, chassées, détruites, et les tribus fidèles à la sainte cause s'enrichiront de leurs dépouilles. »

Une fois nos colons établis sur un point, il ne sera plus possible à nos ennemis d'induire les populations en erreur sur nos projets futurs.

On peut également espérer qu'on n'entendrait plus alors, chaque année, mettre en question, à la tribune, la conservation de l'Algérie, ou tout au moins le système d'occupation, et ce serait là encore un résultat bien heureux, car, je ne saurais trop le répéter, l'effet produit sur les populations indigènes par les discours, brochures, ouvrages destinés à prouver que nous devons abandonner l'Algérie, ou tout au moins l'intérieur, est déplorable.

« Mais, ajoute-t-on, et c'est là le principal argument, ce système nécessitera, pendant longtemps encore, la conservation de l'effectif actuel. Or, quand même la France se déciderait à continuer les sacrifices énormes qu'elle fait en ce moment, ne doit-on pas prévoir le cas où une guerre européenne la forcerait à retirer de l'Afrique la plus grande partie de ses troupes? Que deviendraient, dans ce cas, ces colonies disséminées sur tout le pays, jetées isolément au milieu de populations qui se tourneraient inévitablement contre elles? »

Je l'avoue, cette objection est grave; cependant elle n'est peut-être pas aussi décisive qu'elle le paraît au premier abord.

Je ne suis pas initié aux secrets de la politique; mais il est certains faits qui sont de notoriété publique, et dont on peut, je crois, tirer des inductions assez justes.

Le développement très grand qu'ont pris l'industrie, le commerce et l'agriculture, dans la plupart des pays voisins, a augmenté considérablement le nombre et l'importance des intérêts liés à la paix, tandis que les embarras intérieurs, financiers ou autres de plusieurs États, nous les rendent peu redoutables.

J'ai pu juger des dispositions de quelques-unes des peuples qui nous entourent, et je puis affirmer qu'elles sont toutes à la paix. J'ajouterai que l'enthousiasme guerrier de ces mêmes peuples, en 1840, était beaucoup plus apparent que réel, comme j'ai pu m'en assurer sur les lieux mêmes, et qu'il tenait beaucoup à la conviction qu'ils avaient que la sagesse du gouvernement français et de leurs propres gouvernements saurait conjurer l'orage. Ajoutons ici que, quelle que soit la manière dont on envisage les fortifications de Paris, il est impossible de ne pas admettre que, devant contribuer puissamment, d'un côté, à maintenir la tranquillité à l'intérieur, d'un autre à accroître les difficultés d'une nouvelle invasion, elles sont un nouveau gage de cette paix dont la conservation jusqu'à ce jour est un des plus beaux titres de gloire du gouvernement de juillet.

Je le déclare donc, je ne crois pas à une guerre prochaine. Je vais plus loin ; je crois que, dans un avenir plus ou moins éloigné, la France, ce volcan qui fait trembler l'Europe, en sera peut-être la portion la plus calme.

Aussi je pense que, sans se départir de la prudence

qu'on a montrée jusqu'à présent, on aurait tort de se régler, dans la question de la colonisation, principalement sur la prévision d'une guerre européenne.

Mais ensuite, même en admettant que cette guerre ait lieu, pourvu qu'elle n'éclate pas immédiatement après la création des établissements coloniaux, il me semble que ceux-ci, disséminés ainsi que je l'ai dit, ne se trouveraient pas dans une beaucoup plus fâcheuse position que s'ils avaient été fondés sur le système mentionné en premier lieu.

D'abord, je n'admets pas, et je crois qu'il en sera de même pour tous ceux qui connaissent l'Afrique et les Arabes, que, dans ce système, on puisse se dispenser d'occuper les points de l'intérieur que nous tenons aujourd'hui. Ce serait même plus nécessaire encore, ainsi que je l'ai dit, car nous aurions à lutter non-seulement contre les tribus du lieu, mais encore contre celles que nous aurions dépossédées de leur territoire et refoulées des côtes dans l'intérieur.

Qu'on suppose maintenant l'abandon de tous ces points occupés de l'intérieur; qu'on suppose nos troupes forcées de se replier vers les zones colonisées, afin de défendre celles-ci contre les attaques des Arabes et contre une agression européenne. Que l'on songe qu'il n'y aurait eu presque aucun contact entre indigènes et colons, par conséquent point de liens commerciaux, point de solidarité d'intérêts, point de modification dans les mœurs, et l'on comprendra facilement que cette organisation des indigènes, premier élément de pacification du pays, ne pouvant plus s'étayer sur nous, croulerait de toutes parts et se tournerait contre nous, et qu'Arabes et Kabaïles viendraient se ruer sur les districts colonisés, qu'un obstacle continu ne saurait garantir qu'à la condition d'être établi d'une manière fort coûteuse et garni de nombreux défenseurs, condition difficile à remplir pour une ligne d'un grand développement, et qui deviendrait, en tous cas, insuffisante, si une agression des indigènes coïncidait avec une attaque par mer et un débarquement.

Dans l'autre système, l'existence des colonies serait incontestablement très compromise par une guerre européenne nécessitant le retour d'une grande partie de l'armée en France. Toutefois il est certains faits très présumables qui viendraient atténuer le danger de leur position.

On peut admettre que les tribus environnant les établissements coloniaux seraient non pas seulement soumises, mais alliées; que leurs relations journalières avec nos colons, le commerce et le perfectionnement progressif de l'agriculture, favorisés par notre exemple, par la paix et la facilité des débouchés, les auraient enrichies et rendues plus stables, par conséquent plus attachées à la paix.

Il faut admettre, en outre, que cette organisation des indigènes, d'après un système quelconque, mais qui aurait toujours pour résultat de lier à notre cause un certain nombre de tribus privilégiées et intéressées à soutenir notre domination, que cette organisation, dis-je, aurait marché en même temps que la colonisation; qu'ensuite beaucoup de chefs, nommés par la France, ne devant qu'à nous leur élévation, persévéreraient dans leur fidélité, même après une réduction notable de nos forces.

Tout cela constituerait dans le pays une puissance indigène sur laquelle il ne faudrait sans doute pas compter exclusivement, mais qui, se sentant quelque peu soutenue de notre côté, ne laisserait pas que d'agir efficacement pour le maintien de la paix. Et puis, ce grand principe de la solidarité des otages, principe dont nous avons démontré les avantages et qu'on serait bien forcé d'adopter dans une situation pareille, n'agirait-il pas de tout son poids dans la balance?

§ 6. Importance des colons sous le rapport militaire.

A toutes ces causes réunies, il faut joindre les colons qui, dans la position où les place ce système, s'ils sont d'un côté plus exposés à être attaqués, sont d'un autre mieux placés pour attaquer à leur tour, pour réprimer et punir toute agression.

Beaucoup de militaires n'admettront sans doute pas que les colons, à moins d'être organisés militairement et dirigés par des officiers, puissent être bons à autre chose qu'à se défendre tant bien que mal derrière des murs.

Loin de moi l'idée de rabaisser qui que ce soit et

surtout notre brave armée, qui, chaque jour, renouvelle sur cette terre d'Afrique les faits les plus bril-
lants des époques antérieures.

Mais enfin je dois dire ce que je crois vrai, surtout
dans une question aussi importante que celle-ci. Je
prierai donc de nouveau que l'on veuille bien jeter
les yeux sur l'histoire des diverses colonies. L'on y
verra que, presque partout, les colons et les milices
coloniales ont été plus utiles, plus efficaces pour la
soumission des peuplades aborigènes, que les troupes
régulières, et que celles-ci ont été souvent impuissantes
à accomplir certains faits que les autres ont opérés
très promptement.

Pour ne pas trop m'étendre sur un sujet qui ne se
rattache qu'indirectement à cet ouvrage, je me contenterai de citer ces terribles *Buschmænn* et ces *Caf-
fres* contre lesquels les troupes hollandaises du cap de
Bonne-Espérance ne firent jamais que d'infructueuses
expéditions, et qui ne purent être chassés et réduits à
l'impuissance que par la guerre incessante que leur
firent les hardis *bœrs* (paysans hollandais), qui avan-
çaient successivement leurs établissements bien en
avant des postes fortifiés.

Ce fait, qui semble étrange au premier abord, s'explique parfaitement lorsqu'on veut se donner la peine
d'y réfléchir. Le propre de notre organisation militaire
c'est d'absorber et d'annihiler complétement l'individu
au profit de la masse totale, c'est de détruire l'initiative personnelle pour accroître l'action collective. Tout

est calculé pour donner à cette action le plus de puissance possible.

Lorsqu'il s'agit de combattre des troupes également
régulières, c'est là une condition indispensable, et la
tactique est même encore essentielle contre des peuples sauvages, quand il faut résister en bataille rangée,
avec une faible troupe, à des assaillants nombreux.
Le triomphe de notre organisation militaire a été, en
Afrique, principalement dans la défense. Elle n'a
brillé dans l'attaque que lorsque, chose rare, les Arabes ont tenu devant nos troupes. Dans toutes les autres
circonstances qui forment précisément la règle pour
cette guerre d'Afrique, comme pour toutes les guerres
contre les peuples plus ou moins barbares, ce sont
avant tout le courage, la vigueur, l'adresse, l'activité,
en un mot l'action individuelle, qui sont les conditions
de succès. « C'est la mobilité, ce sont les jambes de
nos soldats et de nos chevaux qui dominent, » a dit
M. le maréchal Bugeaud ; et les faits prouvent journellement la vérité de cette assertion.

Or, l'uniformité des mouvements et des actes, et
jusqu'à l'uniformité des vêtements et des armes, nuisent singulièrement à l'action individuelle, et font que
le soldat, pris isolément, est, toutes choses égales
d'ailleurs, inférieur au colon. Ce qui y contribue
encore, ce sont les habits et l'équipement qui semblent, même après les derniers et très notables per-
fectionnements qu'ils ont subis, peu propres encore
à favoriser les mouvements et les fonctions de la

vie et le développement de la force musculaire. L'habitude atténue ce mauvais effet, sans toutefois le détruire entièrement, car l'habitude ne peut faire que
des choses contraires à l'organisation de l'homme
deviennent complétement inoffensives, surtout lorsque cet homme doit faire une guerre comme celle
d'Afrique, sous un climat comme celui de l'Afrique [1].

D'ailleurs nos régiments renferment beaucoup de
jeunes soldats qui n'ont pas encore eu le temps de
s'accoutumer à l'équipement militaire.

On attribue, et je crois avec raison, une grande
partie de la supériorité des zouaves à leurs vêtements
mieux appropriés au climat que ceux de nos troupes.
Mais là encore se reproduit cet inconvénient attaché à
l'uniformité et qu'il est impossible d'éviter dans le
militaire. Tel soldat s'y trouve à l'aise dès l'abord,
tel autre y est gêné et y restera gêné longtemps, et
surtout lorsqu'il s'agira de développer des efforts
puissants et continus.

Chaque colon se vêtira et se nourrira, au contraire,
de la manière la plus conforme à son tempérament,
au climat et même aux circonstances [2].

(1) L'empressement que mettent les plus vieux soldats, et même
les officiers, à se débarrasser de leurs uniformes toutes les fois qu'ils
le peuvent, prouve bien que jamais l'habitude ne détruit complète-
ment la gêne.

(2) J'ai été à même de voir maintes fois combien cela est important. Qu'on me permette de signaler un seul fait. Le commandant
supérieur d'une certaine localité où je suis resté quelque temps, par
des motifs très louables d'économie pour l'État, fit Taire la plus

On peut supposer, en outre, que les colons ne tarderont pas à devenir meilleurs tireurs que nos soldats, qui la plupart tirent fort mal.

Je crois donc qu'avec une bonne organisation et l'application de moyens rationnels, les colons ne tarderont pas à devenir plus redoutables aux Arabes que nos soldats. Déjà on en a eu plusieurs preuves en Algérie. Je n'en citerai qu'une.

Peu de temps avant mon arrivée à Alger, en mai 1842, une vingtaine d'Hadjoutes, qui étaient venus piller dans le Sahel, s'en retournaient en suivant une vallée qui débouche dans la Mitidja, et pour éviter de passer sous le feu d'un poste, avaient pris le revers opposé, lorsqu'ils aperçurent, au sommet escarpé du mamelon qui domine de ce côté, trois chasseurs (civils) qui s'apprêtaient à les accueillir à coups de fusil à leur passage. A cette vue, les Arabes tournèrent brusquement vers le poste sous le feu duquel ils passèrent. L'événement justifia, du reste, complétement leur prévision. Aucun des cinquante et quelques coups de fusil qui leur furent tirés ne les atteignit. Ils n'en au-

grande partie des foins par la troupe. Chaque jour, le quart, le tiers de ces travailleurs entrait à l'hôpital, et bientôt la garnison présenta un nombre inusité de malades, même pour l'Afrique ; et tandis que cela se passait, les travailleurs civils, Alsaciens et Provençaux la plupart, comptaient à peine quelques malades parmi eux, quoiqu'ils fissent en général plus que le double d'ouvrage des autres. Ces résultats étaient dus non-seulement à ce qu'ils étaient plus habitués que les soldats à ce travail, mais encore à ce qu'ils pouvaient se nourrir et s'entretenir convenablement, grâce à un salaire de 5 fr. par jour.

raient pas été quittes à moins de cinq ou six morts et
blessés en passant à portée des trois chasseurs qui
avaient eu le soin de couler des balles dans leurs fusils
doubles, et portaient, en outre, comme c'est la coutume en Algérie, des cartouches à balles.

§ 7. Organisation des milices coloniales.

L'illustre maréchal qui commande en Algérie me
disait un jour que, pour la guerre d'Afrique comme
pour l'administration de cette contrée, c'était du bon
sens qu'il fallait avant tout. J'ai, comme tout le
monde, la prétention d'en posséder une certaine dose,
et, fort de l'assertion du grand capitaine, je me permettrai, non sans toutefois demander pardon à MM. les
militaires de la liberté grande, d'empiéter sur leur terrain, comme il leur est arrivé fréquemment, du reste,
d'empiéter sur le mien. Je dirai donc quelques mots
de l'organisation militaire des colons.

Cette organisation, au moyen de laquelle on pourrait atteindre le résultat que j'indique, me paraît fort
simple. Il faudrait d'abord habituer les colons au maniement du fusil. Et, par maniement du fusil, je n'entends pas du tout l'exercice en plus ou moins de temps,
chose excessivement peu utile en Afrique, comme le
prouve assez l'exemple des zouaves qui, soldats d'élite
sur le champ de bataille, sont de véritables conscrits
sur le champ de manœuvre. J'entends, par maniement du fusil, l'adresse à s'en servir comme arme défensive contre le fantassin comme contre la cavalerie,

et, avant tout, l'habileté à tirer. Cette dernière condition
me semble de la plus haute importance dans la position
des colons d'Afrique. Soit qu'ils aient à repousser les
maraudeurs, à poursuivre des voleurs de bestiaux, ou,
attaqués par des forces supérieures, à défendre leurs
villages, un bon tireur parmi eux vaudra dix hommes.

Aussi, qu'il me soit permis de le dire, je n'ai jamais
compris quelle idée étrange, ou quel principe d'étroite
fiscalité a pu faire introduire nos règlements sur le
port d'armes dans un pays où nous devons tendre à
multiplier le plus possible le nombre des tireurs habiles parmi les Européens. Peut-être a-t-on eu d'excellents motifs, mais personne n'a pu me les indiquer
et je ne saurais les découvrir.

Par la même raison, je crois qu'on s'est laissé aller
à un sentiment exagéré de prudence, en interdisant la
chasse d'une manière absolue dans beaucoup de locu-
lités où cependant les circonstances auraient permis
d'en user sans danger. Il aurait suffi d'imposer aux
chasseurs l'obligation d'avoir sur eux une arme défensive, couteau de chasse ou yatagan[1], et des cartouches

---

(1) Le fusil normal de chasse et même de guerre (pour le colon)
me paraîtrait devoir être, comme celui que j'ai vu employer en Allemagne, par quelques personnes, pour la chasse au sanglier, un
fusil double, d'un calibre un peu moindre que celui de munition,
dans lequel la balle de munition entre juste, et qui porte une disposition analogue à celle des fusils des chasseurs d'Orléans, pour y
planter un couteau de chasse en guise de baïonnette. On voudra
bien me pardonner ces réflexions, en se souvenant que chasse et
agriculture sont deux choses intimement liées ensemble.

à balles, et d'être toujours deux, trois ou quatre, suivant les lieux.

Je crois donc que non-seulement on devrait supprimer toutes ces entraves apportées à l'exercice de la chasse, sauf les précautions indiquées, mais encore qu'il devrait y avoir, dans chaque village, un tir à cible mobile. Tous les dimanches, une partie de l'après-midi serait consacrée à exercer les colons. Des prix donnés par le gouvernement, et qui pourraient consister en munitions ou autres objets d'usage, récompenseraient les vainqueurs. Chaque année, à un jour fixé d'avance, les lauréats des différents villages d'une même circonscription seraient appelés à disputer un grand prix, qui consisterait en une arme d'honneur.

· Quelques centaines de francs, appliquées, dans chaque village, à des mesures semblables, qui ont entretenu si efficacement l'esprit militaire dans plusieurs contrées, et notamment en Suisse, produiraient certainement les plus heureux effets en Algérie.

Sur tous les points tant soit peu exposés, on devrait, en outre, obliger le colon à ne sortir du village qu'armé. Le colon d'Afrique devrait être, sous ce rapport, comme le paysan Corse; il faudrait que son fusil devînt son compagnon inséparable, qu'il s'habituât à labourer, cultiver, moissonner avec le fusil en bandoulière. .

Dans les localités très nombreuses, comme je le dirai plus loin, où l'élève et la tenue des chevaux devraient être rendues obligatoires à la plupart des colons, on leur ferait une loi d'entretenir constamment, dans chaque famille ayant au moins deux hommes valides, un cheval de selle avec harnachement complet, et on leur imposerait l'obligation de savoir bien monter à cheval. Là également il devrait y avoir des prix fondés pour des courses mensuelles ou trimestrielles, non pas à la façon des nôtres, mais sérieuses, dans des terrains accidentés, courses accompagnées du tir à cheval et du maniement du sabre, à l'exemple de ce qui se pratique dans la cavalerie autrichienne.

En outre, il serait bon que les colons eussent une idée des principales évolutions, qu'ils en connussent, non pas l'exécution précise du champ de manœuvre, mais le commandement et le sens.

Mais, dans tout cela, l'écueil qu'il me paraîtrait, avant tout, essentiel d'éviter, ce serait de faire, avec les colons, ce que l'on a fait avec les gardes nationales de France, de les assimiler plus ou moins aux militaires pour la tenue, les exercices, les vêtements et la discipline, de jouer, en un mot, au soldat. En s'y prenant ainsi, on ne ferait jamais que de mauvais conscrits en permanence. En leur laissant, au contraire, une certaine liberté d'allure, on en tirera les importants services que nous rendirent, dans le temps, ces courageux colons du Canada, de la Louisiane, des Antilles, et que rendent encore aujourd'hui les milices des États-Unis. Ce seront des troupes spéciales qui rempliront admirablement la plupart des conditions que

nécessitera la guerre qu'elles pourront avoir à soutenir
contre les indigènes, et combleront une lacune que
laissent en Afrique les troupes réglées.

Il faudra bien leur accorder, par exemple, une plus
parfaite connaissance du pays, de la force, de la situation et des dispositions des tribus environnantes, ainsi
qu'une plus grande mobilité qu'aux troupes régulières ; et enfin les avantages qui résultent, en Afrique
plus souvent qu'ailleurs, d'une certaine liberté d'action permettant d'agir promptement suivant les exigences du moment, et sans être tenu à en référer
d'abord à une série de supérieurs.

D'ailleurs, qu'on ne l'oublie pas, ces hommes
combattront *pro aris et focis*, et c'est là un stimulant
qui en vaut bien un autre.

Vivant, comme les Arabes, au milieu de leurs bestiaux, et souvent menacés de se les voir enlever, ils
apprendront bien vite l'art que possèdent ces derniers
à un si haut degré, de les rassembler ou de les disséminer, de les faire marcher rapidement, de les lancer
dans une direction donnée pour échapper à des pour-
suites, art que déjà plusieurs de nos soldats se sont
approprié depuis qu'ils ont coopéré à un certain
nombre de razzias.

§ 8. Une guerre européenne ne détruirait pas nos établissements.

J'en reviens au sujet que m'a fait quitter cette
longue digression. Je persiste à croire qu'une fois

la colonisation bien établie sur une partie des points actuels d'occupation, et les colons et les indigènes organisés d'après un système rationnel, l'Algérie ne cesserait pas d'être française, nos établissements coloniaux ne cesseraient pas d'exister par le fait seul d'une guerre européenne qui aurait pour résultat le retrait d'une grande partie de l'armée, et des interruptions plus ou moins fréquentes dans les communications avec la métropole.

N'est-il pas permis de penser que, dans des circonstances pareilles, douze à quinze mille hommes de troupes françaises, convenablement réparties en colonnes mobiles et appuyées sur les mékhazeni et sur les colons qui fourniraient, en outre, les transports, suffiraient pour maintenir le pays en paix, surtout si l'on adoptait le système des otages dont j'ai parlé plus haut?

Sans doute les révoltes, les attaques partielles, les brigandages deviendraient plus fréquents; mais enfin, au pis aller, les colons n'auraient-ils pas leurs villages fortifiés? Et ne sait-on pas que jamais les Arabes n'ont pu prendre la moindre bicoque, pas même un blockhauss, pas même une ferme, lorsque ces lieux étaient défendus par quelques hommes déterminés? Il y a eu, en 1839 et 1840, dans la Mitidja et le Sahel, de la part des colons, des traits de courage et d'intrépidité qui confirment en tous points ce que je disais plus haut du parti que l'on pourra tirer de ces hommes, et auxquels il n'a manqué que des bulletins pour exciter une admiration plus juste que certains faits d'armes du même genre.

Si des faits pareils ont eu lieu dans des circonstances aussi défavorables, dans des fermes disséminées, sans liens entre elles, où d'ailleurs rien n'était disposé pour la défense, que ne doit-on pas attendre des colons lorsqu'ils seront réunis dans des villages convenablement situés, fortifiés et reliés entre eux de manière à pouvoir se prêter secours mutuellement, et s'appuyant enfin sur un point central occupé par la troupe qui, grâce aux chevaux et mulets fournis par les colons, pourra se porter rapidement partout où le besoin l'exigera?

Sans doute, une armée européenne ennemie, débarquant en Algérie, changerait complétement ces conditions, en supposant qu'elle eût d'abord quelques succès qui feraient présumer aux Arabes que la force est pour elle; mais je n'ai pas besoin de démontrer ici toutes les difficultés que présenterait, à une armée ennemie, la prise d'un point important de la côte et surtout l'attaque de nos établissements de l'intérieur, quand même une partie des indigènes serait pour elle. Nous avons aujourd'hui, sur tout ce qui concerne la guerre d'Afrique, une expérience chèrement acquise, et qui, en pareille circonstance, nous assurerait une grande supériorité. D'ailleurs, dans l'hypothèse d'une guerre européenne, il est douteux que nos ennemis pussent disposer d'une armée et des moyens que nécessiterait la conquête de l'Algérie. Le but ne serait pas en raison des efforts.

Ce qui serait plus probable, ce serait l'envoi de subsides, d'argent pour soulever les indigènes, et d'officiers pour les discipliner. Ces moyens pourraient, sans doute, nous faire grand tort ; mais ils seraient insuffisants pour nous chasser du pays, si une fois les Arabes et nos établissements coloniaux étaient organisés comme je l'ai dit.

On ne trouverait d'ailleurs pas facilement un grand nombre d'agents et d'officiers connaissant assez la langue, le caractère et les mœurs des Arabes, pour pouvoir leur inspirer beaucoup de confiance et nous devenir dangereux. Et si ces derniers sont perfides à notre égard, ils le sont vis-à-vis de tous les chrétiens. Enfin, ils nous connaissent mieux que toute autre nation, et ils ont suffisamment appris à estimer le courage de nos soldats.

Je le répète donc, la possibilité d'une guerre européenne, à laquelle je ne crois pas, comme je l'ai déjà dit, ne me semblerait pas justifier l'adoption d'un système de colonisation autre que celui que j'ai indiqué.

Il me reste maintenant à examiner la troisième question.

SECTION III. — *Distribution des habitations coloniales en villages ou en fermes isolées.*

J'ai déjà dit un mot des villages. Tout le monde est, en effet, d'accord sur la nécessité de grouper les colons.

L'agglomération des cultivateurs, en villages plus

ou moins populeux, est une circonstance défavorable
en Europe; car elle nuit à la culture et déprécie,
sans compensation, la valeur d'une grande étendue
de terres. Mais en Afrique, où le besoin de la défense
est la première condition, cette agglomération est une
nécessité, et les premiers colons, en la négligeant,
ont éprouvé ce qui arrive toujours lorsqu'on veut faire
du *mieux* là où le *bien* est à peine réalisable, lorsque
d'un saut l'on veut franchir tous les degrés d'une
amélioration successive.

§ 1er. Système du général Duvivier.

Plusieurs systèmes se présentent pour cette agglomération. Un des militaires les plus distingués de
l'armée d'Afrique, M. le général Duvivier, propose
d'entourer d'un fossé avec relèvement tout le territoire
concédé à un certain nombre de familles, et de disséminer les fermes le long de cette ligne à 150, 200 ou
500 mètres de distance les unes des autres.

J'avoue que ce système me paraît avoir de graves
inconvénients. Et si l'on m'objectait que l'honorable
général connaît mieux l'Afrique que moi, ce qui est
parfaitement juste, je répondrais que des personnes
qui la connaissent aussi bien que lui, et qui se sont
occupées d'une manière spéciale de la matière, sont
aussi d'un avis contraire au sien.

L'auteur me paraît s'être préoccupé avant tout de
l'urgence de mettre les récoltes à l'abri des rapines et
des incendies.

Les rapines ne s'exercent guère que sur les jardins, et quant aux incendies, ils ne peuvent avoir lieu que pendant un laps de temps fort court, pendant lequel des patrouilles, des embuscades, aidées de l'emploi de chiens, pourraient prévenir la plupart des tentatives de ce genre.

Il est vrai que, dans ce système, le bétail, objet principal de la convoitise des Arabes, jouit d'une assez grande sécurité, mais à une condition, c'est qu'il restera dans l'enceinte. Or, pendant une grande partie de l'été, les lieux marécageux ou du moins humides, lieux qui ne sauraient être compris dans l'enceinte, offrent seuls quelque nourriture.

A côté d'avantages plus apparents que réels, ce système offre des inconvénients palpables. Il occasionnerait des dépenses considérables en travaux de terrassement pour le fossé d'enceinte. En outre, il ne me paraît pas d'une grande efficacité pour la sécurité des habitants. Que peuvent deux ou trois individus pour défendre une longueur de 150 à 500 mètres de fossé, surtout lorsque, comme cela arriverait souvent, le relief du terrain permettrait aux assaillants de dissimuler leur approche? On suppose, à la vérité, qu'en cas d'attaque toutes les forces renfermées dans l'enceinte se porteraient sur le point exposé. Mais ce serait là précisément l'écueil; car les ennemis pourraient fort bien simuler une attaque d'un côté, et tomber sur le côté opposé lorsqu'ils le verraient dégarni de monde. Cette idée est si naturelle, qu'elle se présen-

terait probablement à tous les esprits, et qu'en cas
d'alerte, chacun s'empresserait de s'enfermer chez soi
avec sa famille et ses bestiaux, si bien que le fossé, qui
ne pourrait jamais qu'augmenter les difficultés du
passage sans l'empêcher d'une manière absolue, deviendrait à peu près inutile, et ne dispenserait point
de la nécessité de donner aux fermes les dispositions
propres à la défense.

Enfin, avec ce système, l'on serait ou privé des terres les plus fertiles, des terrains arrosables, des fonds
de vallées, et réduit au sol maigre des plateaux ; ou
l'on serait forcé de placer une partie des habitations
dans des lieux défavorables, peu salubres, exposés et
dominés de plusieurs côtés.

§ 2. Villages compactes fortifiés.

Il me semble que le système qui présente encore le
moins d'inconvénients est celui que l'on a adopté
pour les villages du Sahel d'Alger : une enceinte formée par un fossé avec relèvement de terre par derrière et ne renfermant que l'emplacement nécessaire
aux maisons et aux jardins qui y sont annexés.

Ici les maisons se touchent, ou ne sont du moins
qu'à quelques pas les unes des autres. Douze à quinze
ares par famille suffiraient pour l'emplacement de
la maison et du jardin, qu'il serait peut-être bon de
placer d'ordinaire entre le fossé d'enceinte et les habitations, pour que, dans le cas assez peu probable, du

reste, où les colons n'auraient pas su défendre le fossé, ils pussent se retirer dans leurs maisons et diriger un feu nourri sur les assaillants qui auraient franchi l'obstacle.

Il suffirait donc d'un hectare pour six à sept familles, en comptant l'espace nécessaire aux rues et aux places, et de 12 hectares pour soixante-douze à quatre-vingts familles, ce qui serait un nombre suffisant dans la plupart des cas, puisqu'il s'y trouverait cent à cent-vingt personnes, et souvent plus, en état de porter les armes [1].

Dans ce système, les terres en culture, les prés et les plantations seraient au dehors, autour du village, dont la situation pourrait toujours être choisie de telle sorte qu'il les dominât, ou que d'un coup d'œil on pût en embrasser la plus grande partie [2].

Je touche ici une question importante, celle du choix non-seulement de l'emplacement de chaque village, mais encore des lieux consacrés à la colonisation. Traitons d'abord cette dernière question.

(1) Ce chiffre ne paraîtra pas exagéré, si l'on veut bien réfléchir que chez nos colons, de même que chez les Arabes, les jeunes gens de quinze à seize ans sauront se servir du fusil; je ne doute même pas qu'en cas d'attaque, les femmes elles-mêmes qui, en France, ont toujours montré beaucoup de courage, ne deviennent d'utiles auxiliaires, et ne renouvellent ce qu'on leur a vu faire dans les fermes de la Mitidja, en 1839.

(2) Il serait bon, je crois, qu'une vigie fût placée sur le point le plus élevé des villages avancés, afin de signaler l'approche des maraudeurs ennemis, surtout du côté du troupeau.

SECTION IV. — *Choix des localités à coloniser.*

J'ai déjà examiné cette question d'une manière générale. Les points principaux occupés aujourd'hui par nos troupes, dans l'intérieur comme sur la côte, doivent devenir successivement les centres autour desquels s'établiront des villages européens en nombre plus ou moins grand.

J'ai dit successivement. Il ne peut être, en effet, question de coloniser tous ces points simultanément.

On commencera par ceux où l'intérêt politique et militaire exige de fixer le plus promptement une population européenne. Ce seront, en général, les villes les plus importantes.

Ainsi, sans vouloir faire un cadre complet, je nommerai les quatre ports principaux, Alger, Bône, Philippeville et Oran, avec Cherchell, Ténès et Coléah, auxquels on joindrait plus tard Mostaganem, Arzeu et la Calle ; puis les principales stations de l'intérieur, Constantine, Guelma, Sétif, Médéah, Millianah, Mascara, Tlemcen, etc. ; enfin, quelques points de la ligne de communication entre ces stations et la mer, Dréan, l'Arrouch, Blidah, Hamza, Tenied-el-Had et autres. Lorsque, plus tard, on créera d'autres stations intermédiaires, comme entre Tlemcen et Oran, Mascara et Mostaganem, Millianah et Cherchell, ou d'autres stations intérieures, on y construira également des villages. En général, on en fondera partout où il sera utile d'établir, d'une manière durable, une garnison importante, et où les circonstances agricoles, hygiéniques et politiques ne s'y opposeront pas.

Je viens de mentionner les circonstances *politiques*. Il peut se faire que, pour quelques villes de l'intérieur, on soit obligé de persévérer dans ce système d'exclusion des Européens, et cela dans le but de ménager et de conserver la population indigène. Mais s'il pourrait y avoir danger à laisser envahir une ville, comme Constantine, par exemple, par une nuée de marchands de comestibles, de cabaretiers, de cafetiers, etc., qui ne manqueraient pas d'y accourir du jour où cela serait permis, il n'y en aurait aucun, il n'y aurait même qu'avantage à fixer aux environs, à une distance plus ou moins rapprochée, une population de cultivateurs européens. La présence de grandes terres domaniales faciliterait la création de ces établissements dans le voisinage de ces villes.

Dans l'intérêt de nos troupes, il est, au reste, à désirer que cette espèce d'interdit, jeté sur les villes de l'intérieur, cesse le plus tôt possible; mais on ne devra renoncer à ce régime d'exclusion que de manière à favoriser la colonisation sérieuse.

Nous admettons, du reste, que toutes ces grandes stations de l'intérieur sont aptes à recevoir des colons, à devenir des centres de colonisation, comme elles sont déjà des centres d'opérations militaires, et nous passons à la deuxième question.

Section V. — *Choix des emplacements des villages.*

Les alentours de beaucoup de ces centres offrent
des plaines et des montagnes. Les plaines sont parfois
peu salubres. Les montagnes sont la plupart peu fertiles. Or, salubrité et fertilité sont les conditions qu'on
doit rechercher avant tout, non pas que je considère
la sécurité comme moins importante, mais parce que
l'impuissance déjà signalée des Arabes, dans l'attaque
des lieux fortifiés, permet d'adopter toute position qui
ne serait pas dominée ou trop cachée.

§ 1. Salubrité.

A part certaines localités que j'ai signalées en parlant du climat, l'Algérie me paraît, je le répète, aussi
salubre que tout autre pays situé sous la même latitude.

Outre le mauvais effet produit par une chaleur plus
grande et par quelques émanations qui résultent toujours, dans ces lieux, de la présence des eaux, les plaines ont une autre cause d'insalubrité de plus que les
lieux élevés, c'est une abondance plus grande de ver-
mine et de moustiques. Néanmoins, cette cause peut
disparaître avec de la propreté, comme l'effet des autres peut être atténué au moyen d'un genre de vie
convenable et des précautions que nous avons recom-
mandées plus haut.

Le choix d'un emplacement, sous le rapport de

la salubrité, exigera l'attention toute spéciale d'un homme habitué à observer les faits physiques. Telle localité est malsaine, quoique exempte de marécages, parce qu'elle est sous le vent de marais. Telle autre, qui se trouve sur la même ligne et dans l'intervalle, est néanmoins salubre, parce que les émanations passent à une assez grande hauteur au-dessus du sol. Dans plusieurs localités, ce sont les points situés à une certaine élévation qui sont les plus malsains.

Je crois donc que, même en partant de ce principe que la salubrité doit être préférée à la fertilité, on ne saurait poser comme règle que les plaines doivent être abandonnées, et les montagnes seules consacrées à la colonisation ; car, pour rester conséquent, il faudrait souvent n'y appliquer que les sommets les plus élevés.

Il est d'ailleurs un fait qui, sans détruire l'importance des conditions de salubrité dans le choix de l'emplacement des villages, est de nature à diminuer les inconvénients que certains choix présenteraient sous ce rapport : je veux parler de l'influence exercée sur le climat par l'agglomération des habitants. Il paraît, en effet, prouvé, et j'en ai vu des exemples en Corse, que si cette agglomération, poussée à l'excès, comme dans nos grandes villes, donne lieu à plusieurs maladies, elle a pour effet, lorsqu'elle est restreinte à certaines limites, d'atténuer ou même de détruire l'influence morbifique des marais. Il est probable que, dans cette circonstance, la fumée des nombreux foyers et les émanations qui se dégagent des corps des hommes et des animaux, ainsi que des amas d'engrais animalisés, neutralisent ou expulsent les particules vénéneuses répandues dans l'atmosphère.

Cette circonstance milite encore en faveur de l'agglomération.

§ 2. Fertilité.

Quant à la fertilité, quoique plus facile à reconnaître, elle exigera néanmoins l'intervention d'un homme spécial, car il ne s'agit pas seulement de la faculté productive de la terre, mais de toutes les autres circonstances géoscopiques qui influent plus ou moins sur l'avantage que donne la culture d'un sol, telles que le relief du terrain, son plus ou moins de compacité, la nature du sous-sol, la possibilité d'arrosage, les chances d'inondation et de ravinage par les eaux supérieures, à la suite des grandes pluies d'hiver ou des orages, etc.

A la vérité, l'enceinte même du village ne devant renfermer que les maisons et les jardins, la considération de fertilité n'est que très secondaire pour cette superficie; mais il faut songer que les terres cultivées doivent être à proximité et autant que possible tout autour du village, et qu'il y aurait un grave inconvénient à ce que les environs immédiats des habitations fussent stériles ou à peu près, et que les bonnes terres et les herbages abondants se trouvassent à une grande distance.

Il serait essentiel, en outre, que le village se trouvât

placé à peu près au milieu du territoire qui lui est assigné.

On devra donc combiner ces diverses conditions autant que faire se pourra. Les officiers du génie rechercheront les conditions de sécurité et de salubrité. Des agriculteurs habiles, connaissant la culture algérienne, examineront les circonstances spécialement agricoles. Je crois que l'intervention de ces derniers est indispensable.

Du choix de la localité dépendra certainement la réussite d'un village, et il ne faut pas perdre de vue que les considérations de défense et même de salubrité, qu'on ne sera sans doute que trop tenté de mettre au-dessus des considérations agricoles, perdront graduellement de leur importance, à mesure que nos établissements s'étendront, que le pays se pacifiera, se cultivera, et par conséquent s'assainira. L'importance des circonstances agricoles s'accroîtra, au contraire, de jour en jour.

L'intervention d'habiles agriculteurs sera encore indispensable dans une opération essentielle et difficile, la formation des lots de terres et leur répartition entre les colons. Ce sujet est trop vaste pour pouvoir être traité ici d'une manière incidente ; je l'examinerai en terminant ce qui concerne le territoire.

§ 3. Eau.

Il est une condition qui concerne spécialement l'em·

placemeut de l'enceinte des villages, et dont je n'ai rien dit encore; je veux parler de la présence d'une source, ou de la possibilité de trouver de l'eau à une faible profondeur.

Je n'ai pas besoin d'insister sur l'importance de cette condition, tout le monde la comprend.

J'ajouterai néanmoins qu'il ne suffirait pas que la source ou le puits fût à une petite distance du village; c'est dans l'enceinte même que l'une ou l'autre doit nécessairement se trouver.

Section VI. — *Distribution des villages sur le territoire à coloniser.*

§ 1. Établissement des villages par zones autour des stations militaires.

Je suppose que l'établissement des villages se ferait généralement d'après le système adopté aux environs d'Alger, c'est-à-dire par zones concentriques autour du point d'occupation, ville ou camp, qu'on aurait choisi comme centre.

Il s'agit maintenant de savoir si les villages seront assez rapprochés pour occuper tout le territoire, ou si on laissera entre eux un intervalle plus ou moins étendu dont le gouvernement disposera plus tard d'une manière ou d'une autre.

Enfin, si l'on permettra à des indigènes, tribus ou fractions de tribus, de rester dans l'intérieur des zones, ou si on les en exclura d'une manière absolue.

§ 2. Terres réservées à la grande culture entre les zones.

Quant à cette question, je crois qu'elle doit être résolue comme elle l'a été aux environs d'Alger, c'est-à-dire qu'il faut laisser, entre les terres des divers villages, des espaces dont le gouvernement se réservera la disposition.

Je vois peu d'inconvénients et des avantages réels dans ce système. En supposant, en effet, que l'étendue moyenne des terres d'un village soit de 1,200 hectares formant un carré, les villages et les zones se trouveraient à 3,500 mètres environ de distance les uns des autres, si la totalité des terres leur était concédée. Or, l'intérêt de la sécurité n'exige point une telle proximité, surtout entre les zones. Quatre et même cinq et six kilomètres entre les divers villages ne sont pas des distances trop fortes.

D'un autre côté, ces terres restées libres prendraient une valeur assez considérable, par le seul fait de la présence des villages qui leur assurerait la sécurité et des bras pour les travaux agricoles. Une partie de ces terres pourrait donc être vendue à l'industrie privée, qui y établirait de grandes fermes que la proximité des villages peut seule faire prospérer. Ces ventes couvriraient une partie des dépenses occasionnées par l'établissement des villages.

Une autre portion de ces terres pourrait, comme nous le dirons plus loin, être conservée par le gouver-

nement ou donnée aux communes, avec obligation,
dans l'un ou l'autre cas, d'y planter chaque année un
certain nombre de pieds d'arbres forestiers.

§ 3. Indigènes dans l'intérieur des zones.

Quant aux indigènes, je crois qu'il n'y aurait aucun
inconvénient à laisser certaines fractions de tribus, ou
un certain nombre de familles de diverses tribus, entre
les villages, pourvu qu'elles soient entourées d'établissements européens.

On pourrait, dans plusieurs localités, comme, par
exemple, dans la Mitidja et la plaine de Bône, leur
abandonner les parties les moins salubres.

J'en reviens à la question que j'ai soulevée plus haut,
celle de la formation de lots des terres et de leur répartition.

Section VII. — *Lotissement et répartition des terres aux colons.*

J'ai déjà dit que, parmi les colons, il y aurait nécessairement un certain nombre d'artisans et de marchands pour lesquels la culture ne sera qu'accessoire,
et qui ne sauraient que faire d'une grande étendue de
terres.

J'ai dit également que, dans les environs immédiats
des villes, surtout là où existent déjà des arrosages et
des plantations d'arbres fruitiers, l'étendue de terrain
concédé à chaque famille pourrait, l'un dans l'autre,
se borner à 4 ou 5 hectares, tandis que, dans les

villages, cette étendue moyenne devrait être de 10 à
12 hectares. Ces deux faits serviraient de base pour
la formation des lots. Il y aurait donc, dans les villages que nous prendrons ici pour exemples, un certain nombre de lots de 2 à 5 hectares de superficie,
pour les colons non cultivateurs ; les lots seraient, pour
les cultivateurs, de 10, 12, 15 et même 18 hectares.
Ici se présentent plusieurs questions dont la solution
n'est pas facile.

§ 1. Réunion ou morcellement des terres composant les lots.

Tous les lots de cultivateurs seront-ils d'un seul mor-
ceau ? — Seront-ils tous d'une même étendue ?

Il y a un immense avantage pour la culture à ce
que chaque cultivateur ait toutes ses terres d'un seul
tenant. Cet avantage est tel que, dans plusieurs parties
de l'Allemagne, en Prusse, par exemple, le gouvernement a cru devoir entreprendre, dans l'intérêt de
l'agriculture et de la richesse publique, la coûteuse et
difficile opération de la refonte de toutes les propriétés
d'une même commune, et une nouvelle répartition
des terres entre les intéressés, autrement dite la *réunion
des terres morcelées,* opération par laquelle chaque
propriétaire reçoit, en échange des divers morceaux
disséminés et parfois enchevêtrés qu'il possédait auparavant, une seule ou tout au plus deux pièces bien
arrondies, d'un accès facile et offrant à peu près la
même étendue et toujours la même valeur que l'ancienne propriété.

Il semblera que rien ne serait plus facile que d'observer ce principe de la *réunion des terres,* pour la formation des lots, dans un pays neuf où il n'y a pas déjà des droits acquis. En examinant bien, on verra toutefois qu'une opération de ce genre n'est pas sans difficultés.

D'abord, il y a la valeur du sol qui, en Algérie comme dans tous les pays méridionaux et montagneux, varie considérablement, soit par suite de la fertilité de la terre, de l'exposition, de la présence ou de l'absence d'arbres fruitiers, ou par suite de la possibilité de l'arrosage. Cette dernière circonstance, par exemple, décuple et même centuple parfois la valeur naturelle du sol. Il y a ensuite la sécurité, tant pour les hommes que pour les bestiaux et les récoltes, nécessairement moindre dans les terrains éloignés du village, ou placés hors de vue, et à proximité de lieux propres à servir d'embuscades et de retraites aux ennemis.

Il est, en Algérie, telles terres, et leur étendue est assez considérable, qui, à moins de grands travaux de terrassement, conviennent peu ou même ne conviennent pas du tout à la culture ordinaire. Elles ne sont propres qu'aux plantations d'oliviers, d'amandiers, de mûriers et autres essences fruitières ou forestières. Une fois ces terrains complantés et en rapport, ils donneront un revenu plus élevé que les meilleures terres à céréales. Mais il faut attendre, et c'est ce que ne pourront faire que bien peu de colons. On ne pourra donc songer à former des lots exclusivement composés de terrains de ce genre.

Le bétail devant être une des principales branches de production, il est urgent que chaque colon reçoive une certaine étendue d'herbages ou de terrains pro-pres à être convertis en herbages ; or, c'est ordinaire-ment dans les fonds que se trouvent les uns et les au-tres ; et ces fonds, par suite des inondations de l'hiver, ne peuvent, la plupart, servir à autre chose qu'à la production du foin pendant une partie de l'année, et au pâturage pendant le reste du temps, de sorte que le colon qui ne recevrait que des terrains de cette espèce s'en trouverait aussi mal que celui qui n'en re-cevrait point. Il en est de même pour les terrains ar-rosables qu'il serait bon de distribuer entre tous les colons cultivateurs [1].

On voit, par ces exemples, qu'il sera souvent impossi-ble de réunir en une seule pièce toutes les terres données à un colon. Néanmoins, on devra le faire chaque fois que cela sera possible ; et hâtons-nous d'ajouter que, quoi-qu'il importe de mettre une certaine uniformité dans la valeur des lots, ce n'est pas cependant là une con-dition impérieuse, et l'on peut très bien admettre, en principe, qu'il y ait quelques différences et que les familles les plus nombreuses et même les premières ar-rivées obtiennent les meilleurs lots. Ce ne serait même là qu'une juste compensation pour le surcroît de pei-

(1) Reste en outre la question de la *culture par saison* ou *cantons*, dans l'intérêt de la sécurité, culture qui seule nécessiterait déjà la division des terres d'un lot en un certain nombre de pièces. J'y reviendrai en parlant de la culture coloniale.

nes qu'éprouveront nécessairement ces familles et pour
l'avantage que trouveront les derniers occupants dans
l'expérience acquise par leurs devanciers.

Du reste, jamais un lot ne devrait se composer de
plus de trois pièces, à moins de circonstances exceptionnelles, et un hectare devrait être la dernière limite
de la division, non-seulement aujourd'hui, mais aussi
plus tard, dans les ventes ou les héritages, *pour tout
terrain non arrosé*. Jamais, non plus, les pièces ne
devraient être *enchevêtrées*, c'est-à-dire sans issue directe sur un chemin, et cette règle devrait également
subsister à l'avenir dans les diverses mutations de la
propriété foncière, car il faudrait prévenir à temps
ces fléaux du morcellement indéfini et de l'enchevêtrement qui portent aujourd'hui un si grand préju-
dice à la richesse nationale de la France.

§ 2. Étendue des lots.

Reste la seconde question : tous les lots de cultivateurs doivent-ils avoir la même étendue? Du moment
où l'on admet qu'un lot peut se composer de plusieurs
pièces, on pourrait répondre affirmativement. Comme,
toutefois, on ne devra recourir à cette division du lot
que lorsqu'on ne pourra faire autrement; que d'ailleurs quelques colons préféreraient l'étendue à la qualité ou à la proximité et réciproquement, même en
partant du principe de l'uniformité de valeur à donner aux lots, on arrivera forcément à des différences

assez grandes dans la superficie, de huit à dix-huit
hectares, par exemple, dans la même commune.

Revenons à l'uniformité de valeur des lots. Je ne
pense pas qu'il soit juste de régler la valeur du lot
sur la fortune du colon ; mais le colon aisé devrait
avoir la faculté d'acheter, dans l'intervalle réservé
entre les villages, une certaine étendue de terres,
proportionnée à ses moyens. Il me semble, en revanche, que la valeur du lot pourrait varier suivant
le nombre des individus composant la famille. Ce
serait non-seulement équitable, mais encore d'une
bonne politique, puisqu'en favorisant ainsi les familles
nombreuses, on encouragerait le peuplement du pays.

J'ai parlé de *chemins*. Je n'entends pas ici seulement
les voies de communication d'un village à un autre,
ou à la ville, ou à une route, mais aussi les *chemins
ruraux*, uniquement destinés à l'exploitation des terres. Ces chemins, qui n'auront besoin que d'être tracés,
les colons pouvant se charger de les mettre en état au
fur et à mesure du besoin, sont d'une haute importance,
non-seulement pour la culture, mais encore pour la
sécurité des travailleurs et pour celle des bestiaux ; car
c'est un fait bien connu que les Arabes craignent de
s'aventurer dans un territoire coupé de chemins, parce
qu'il est facile de les y poursuivre et de les atteindre.

L'établissement de ces chemins se rattache d'une
manière directe à la formation des lots, et exigera,
comme cette dernière opération, l'intervention d'un
agriculteur habile.

§ 3. Moyen de défendre l'enceinte des villages.

On me permettra, en terminant, de dire un mot du moyen de défendre l'enceinte des villages.

Étranger à cette matière, je puis néanmoins répéter ce que j'ai entendu dire aux hommes spéciaux. Le plus grand nombre paraît préférer le *fossé avec relèvement de terre* par derrière au mur en maçonnerie, beaucoup plus coûteux sans être plus efficace. J'ajouterai que, dans plusieurs cas, le fossé pourra être aussi utile contre l'envahissement des eaux que contre les attaques des Arabes.

Je n'ai point à m'occuper des détails d'exécution. Je me bornerai seulement à dire qu'une haie de figuiers de Barbarie, entremêlés de grenadiers et autres arbrisseaux de ce genre, placée sur le relèvement de terre, me semblerait pouvoir contribuer encore à rendre l'obstacle plus efficace [1].

SECTION VIII. — *Etendue des villages.*

Il reste une dernière question, c'est celle de l'étendue ou, si l'on veut, de la population qu'il convient de donner à la plupart des villages. J'ai déjà, en quelque

(1) Même en plaine, les figuiers de Barbarie opposent aux Arabes des difficultés presque insurmontables, lorsque, bien entendu, l'ennemi s'est posté derrière. Le douar établi à la Rassauta n'a dû qu'aux figuiers de Barbarie qui l'entourent de n'avoir pas été pris et détruit dans les nombreuses attaques dirigées par Ben-Salem.

sorte, tranché la question en parlant de villages de soixante-dix à quatre-vingts familles ; mais je dois ici donner mes raisons.

Au premier abord, on peut croire que plus un village sera populeux, plus la sécurité sera grande. Il n'en est cependant pas ainsi. Ce n'est pas dans le village même, mais bien dans la campagne, que les colons et les bestiaux courront des dangers. Plus le territoire du village sera vaste, plus le danger sera grand pour les cultivateurs dont les terres seront situées vers les limites. Si, néanmoins, je propose de grands villages, non-seulement de soixante-dix, mais même de cent familles, c'est parce que de graves considérations d'économie militent en faveur de ce système. En effet, les travaux de défense seront proportionnellement moins chers pour un grand village que pour un petit. En outre, les constructions d'utilité générale seront, pour l'un et l'autre, presque les mêmes, car je crois qu'il est essentiel que chaque village ait non-seulement sa mairie, mais encore son église, son presbytère et sa maison d'école, par conséquent son desservant et son instituteur. On ne saurait trop encourager partout, mais surtout en Algérie, le sentiment religieux et l'instruction. Or, si l'absence d'église et d'école nuit, même en France, à ces deux éléments fondamentaux de la société, à plus forte raison cela aurait-il lieu en Algérie, où il sera longtemps encore dangereux de laisser circuler des enfants et des femmes à une certaine distance des villages.

Résumons cette première partie de la question.

La colonisation de l'Algérie ne peut se faire spontanément. Le gouvernement doit nécessairement y coopérer, non-seulement en la dirigeant, mais encore en la subventionnant.

Le principe de la possession du sol de l'Algérie par le gouvernement et la loi d'expropriation pour cause d'utilité publique ont aplani la plupart des difficultés que pouvait présenter l'obtention de l'espace nécessaire à la colonisation, du moment, bien entendu, où il ne s'agit pas de refouler les indigènes hors du pays.

Quant à la distribution des établissements coloniaux sur le territoire algérien, elle est tout indiquée par celle des stations militaires qui, à moins de circonstances exceptionnelles, devront également être, à l'avenir, des centres de colonisation, tant sur la côte que dans l'intérieur.

Tout ce que cette dissémination offre de mauvais paraît devoir être plus que compensé par les avantages politiques, militaires et agricoles qu'elle présentera, si l'organisation de ces stations coloniales est bien entendue et accompagnée de l'organisation des indigènes et de celle des colons en milices.

Le choix des localités pour les établissements, et celui des emplacements pour les fermes, ne seraient plus abandonnés à l'ignorance ou au caprice des colons, mais seraient faits par le gouvernement.

Les fermes seraient réunies en villages agglomérés, qu'un fossé, avec relèvement de terre par derrière, défendrait contre les attaques des indigènes. Outre les édifices publics et les rues, places et maisons, l'enceinte renfermerait les jardins annexés à chaque habitation.

Salubrité, fertilité et sécurité seraient les trois conditions que devrait offrir l'emplacement d'un village.

Ces villages s'étendraient, par zones concentriques, autour des points d'occupation militaire.

Entre deux zones et entre deux villages de la même zone, il resterait ordinairement une étendue plus ou moins considérable de terrain dont une partie serait vendue, plus tard, aux colons ou à d'autres ; le reste conservé au gouvernement ou aux communes, et boisé par les colons.

Enfin, les lots de terre concédés aux colons devraient être ou d'un seul tenant, ou en deux ou trois pièces tout au plus, et donnant toujours sur un chemin.

La valeur des lots, quoique ne devant pas varier beaucoup, pourrait cependant différer suivant le nombre des membres d'une famille.

Les chemins d'exploitation, joints aux routes, couperaient le territoire de chaque village en divers sens calculés pour faciliter la culture des terres et la sécurité des travailleurs et des bestiaux.

CHAPITRE III.

Population coloniale.

SECTION I. — *Rareté des éléments de colonisation en France.*

La première question que soulève ce sujet est celle-ci : D'où tirer cette population coloniale? — La France a-t-elle les éléments nécessaires pour coloniser, c'est-à-dire une population *agricole,* ayant des ressources pécuniaires, et disposée à s'expatrier?

C'est en exposant les raisons qui me font considérer comme indispensable l'intervention directe du gouvernement dans l'établissement de la colonisation en Algérie que je vais examiner cette question.

Les événements ont fait justice de la colonisation libre et spontanée. On a vu que le *laissez faire,* en pareil cas, ne pouvait produire qu'une œuvre désordonnée et à jamais impuissante à lutter contre les obstacles nombreux qu'offre le pays.

Mais ce n'est pas là le seul motif qui milite en faveur de l'intervention complète et directe du pouvoir.

L'administration, comme on l'a déjà dit, pourrait empêcher le désordre et l'anarchie en dirigeant, surveillant et protégeant, sans faire par elle-même autre chose que les travaux d'utilité générale.

La raison décisive, à mes yeux, c'est que la population coloniale ne s'obtiendra *promptement*, et dans les conditions voulues, que par cette intervention complète et directe.

Rappelons d'abord que si l'Algérie, sous le rapport de la proximité, du climat et même du sol, a une supériorité incontestable, aux yeux du colon, sur d'autres colonies, elle a une infériorité notoire relativement à la sécurité, et surtout relativement à la stabilité de notre établissement tout entier, première cause puissante de répulsion pour tout ce qui possède quelque chose.

Ce n'est pas tout : notre organisation sociale et nos lois, si avantageuses, à beaucoup d'égards, pour la prospérité nationale, ne sont, par ce fait même, nullement favorables à la création de nombreux éléments de colonisation. Cette proposition deviendra plus évidente par un rapprochement avec d'autres pays.

En Angleterre, une grande partie du sol est en majorats. Le peu de terres libres est accaparé par les grands capitalistes qui recherchent plutôt, dans ces acquisitions, le titre de *gentleman* qu'un placement de fonds, ce qui tient ces propriétés à un prix bien au-dessus de leur valeur réelle. En outre, le droit d'aînesse existe. De là ce nombre considérable d'hommes possédant instruction et capitaux, mais ne pouvant posséder de terres. Ceux qui s'adonnent à l'agriculture ne peuvent être que fermiers, et encore l'étendue de la plupart des exploitations et l'état avancé de la culture nécessitent-ils de grands capitaux dans cette

carrière. Ceux qui ne les ont pas, comme les fils puînés
de beaucoup de petits propriétaires et de presque tous
les fermiers, n'ont d'autre ressource que d'aller s'é-
tablir dans une colonie. Là, les trente ou cinquante
mille francs qu'ils possèdent, et qui eussent été
insuffisants pour entreprendre l'exploitation d'une
ferme en Angleterre, leur donnent les moyens d'acquérir d'immenses propriétés et d'emmener avec eux
une partie des ouvriers nécessaires pour les mettre en
rapport[1].

On voit même de riches fermiers s'expatrier, soit
dans une colonie, soit aux États-Unis, uniquement
pour échanger leur position précaire contre celle plus
stable et plus honorable de propriétaire.

En Allemagne, une partie du sol est, à la vérité, en
petites fermes ; mais, dans plusieurs contrées, ces petites fermes sont indivisibles et presque partout soumises à des redevances, corvées et autres servitudes
féodales. Le reste du sol est en majorats ou en grandes
terres qui, en partie, ne peuvent être possédées que
par des propriétaires titrés. Il en résulte que, comme
en Angleterre, beaucoup de familles agricoles, plus ou
moins aisées, sont disposées à s'expatrier dans l'espoir
d'acquérir des propriétés exemptes de ces charges
onéreuses et humiliantes.

(1) On m'a cité des familles de fermiers, en Angleterre, dont le
fils aîné, destiné à succéder au père, est seul sur les lieux. Les autres sont disséminés au Canada, aux Indes-Occidentales, au cap de
Bonne-Espérance, dans l'Australie, etc.

Rien de tout cela n'existe en France. Toutes ces entraves apportées au droit de propriété de la terre ont disparu, et le morcellement du sol permet aujourd'hui d'acquérir avec une somme minime. Avec quelques milliers de francs et moins encore, le prolétaire devient propriétaire au même titre et avec les mêmes droits que le duc et pair.

A la vérité, ce morcellement même du sol, poussé déjà à l'excès dans beaucoup de départements et qui s'accroît de jour en jour, doit avoir, jusqu'à un certain point, les mêmes résultats que les entraves dont je viens de parler; car, en substituant forcément la bêche à la charrue et en exagérant le prix du sol, il finit par rendre toute culture onéreuse. On sait, en effet, que c'est des contrées où il est poussé le plus loin que partent les émigrations les plus nombreuses. Dans plusieurs localités, l'homme qui possède pour trois ou quatre mille francs de biens-fonds, en parcelles disséminées, peut à peine vivre lui et sa famille, et est forcé de vendre une partie de ses journées. Celui qui calcule comprend fort bien, dans une pareille situation, que son avoir lui serait tout autrement profitable, s'il l'employait à s'établir dans une colonie où il serait transporté sans frais et trouverait, à côté d'une étendue sextuple de terres concédées gratuitement, divers autres avantages que le gouvernement serait disposé à lui faire.

Mais notre caractère national est ici un obstacle. Le Français, si aventureux quand il s'agit d'exposer sa vie, si entreprenant quand il est question d'affaires politiques, est d'une prudence, on pourrait dire d'une timidité poussée à l'excès pour tout ce qui concerne sa fortune. Comme le disait un ancien ministre, M. le comte de Gasparin : « Nous craignons moins la mort que la misère. » Cette timidité, jointe à l'absence assez générale de jugement, produit des effets parfois étranges ; mais elle a surtout pour résultat l'application de ce vieux proverbe national : « Un Tiens vaut mieux que deux Tu auras. » On préfère vivoter dans son village que de risquer quelque chose en tentant la fortune au loin. Nous sommes, avant tout, un peuple casanier.

Faut-il s'étonner, après cela, que jusqu'ici nous n'ayons vu venir à Alger, en majorité du moins, que des hommes dénués de ressources ?

Si encore il y avait déjà eu quelques résultats heureux, et si la conservation de l'Algérie n'était pas chaque année remise en question, ce morcellement, ce haut prix du sol auraient fait arriver peu à peu les plus hardis de ces petits propriétaires dont je viens de parler ; et une fois la route ouverte, le nombre s'en serait accru plus tard dans une progression rapide. Je ne doute même pas qu'en suivant le système proposé et déjà mis à exécution avec succès autour d'Alger par M. le comte Guyot, on n'atteigne ce but ; mais cela ne pourrait être que dans un avenir éloigné, et de longtemps nos stations de l'intérieur ne verraient des colons.

Si l'Algérie était déserte, ou habitée par des peuplades pacifiques, si elle n'exigeait, en un mot, qu'une faible occupation militaire, on pourrait mettre les frais de colonisation en balance avec le temps, et peut-être préférerait-on dépenser du temps que de l'argent ; mais on sait qu'il n'en est malheureusement pas ainsi, et que les énormes sacrifices qu'imposent l'occupation et la guerre, non-seulement ne sont pas le fait de la colonisation, mais ne peuvent être compensés que par les résultats de celle-ci. J'ai cherché à démontrer que les dépenses d'occupation et de guerre devaient même diminuer d'une manière certaine par la colonisation ; j'ajouterai que c'est là une proposition qu'il me parait difficile de ne pas admettre. Tout ce qu'on peut contester, c'est la possibilité, ou du moins le succès d'une colonisation établie sur une grande échelle.

Dans une pareille occurrence, que doit faire le gouvernement? Commencer l'essai, et le commencer sur plusieurs points à la fois. Et comme il ne trouvera d'abord, et pendant assez longtemps, que des hommes n'ayant que leur courage, leurs bras et leurs connaissances agricoles, il sera forcé de les établir à ses frais, en leur procurant les conditions qui leur manquent pour réussir.

Je le répète, une fois un certain nombre de ces colons établis et obtenant de bons résultats, on sera certain de voir arriver des familles de petits propriétaires qui échangeront leurs deux ou trois hectares morcelés et leur chaumière contre douze ou quinze hectares en Algérie ; puis enfin les grands propriétaires, les capitalistes, ou du moins nos riches fermiers des départements du nord qui, assurés de trouver des bras et une certaine sécurité, voudront, eux aussi, devenir propriétaires en Afrique. Le tout est de commencer, d'ouvrir la voie ; car une conséquence de cette timidité dont j'ai parlé et de ce manque de jugement, c'est de faire qu'on se jette dans les routes battues avec autant d'empressement qu'on s'éloigne des voies nouvelles. C'est toujours l'histoire des moutons de Panurge.

Il faudra donc, de toute nécessité, que le gouvernement commence par *tout donner ;* plus tard, il donnera moins, puis enfin il cessera de donner et vendra. Répétons encore qu'un des moyens de réduire les dépenses, c'est de les faire largement dès le début, et de hâter ainsi la venue de l'ère productive.

Voici comment j'entends qu'on pourrait procéder.

Section II. — *Division des villages en trois classes.* — *Intervention de l'État.*

Il y aurait trois catégories ou classes de villages. La première comprendrait ceux que le gouvernement ferait établir entièrement à ses frais, et où les colons recevraient, en outre, une grande partie des moyens d'exploitation.

La seconde se composerait des villages où le gouvernement non-seulement ferait les travaux d'utilité générale, mais encore aiderait les colons par des avances en matériaux de bâtisse, instruments, bestiaux, semences.

Enfin, dans les villages de troisième classe, l'administration se bornerait aux travaux généraux et au lotissement.

§ 1. Distribution des villages suivant leur classe.

Les villages de première classe, qui sont ceux dont il y aurait le plus à s'occuper en ce moment, seraient placés sur les points où l'intérêt politique exige de fixer le plus promptement une population européenne que l'intérêt privé n'y appellerait pas de longtemps.

J'ai signalé plus haut les localités où il importe d'avoir promptement une population de cultivateurs européens. J'ajouterai que, sauf quelques localités exceptionnelles, les environs d'Alger, Bône, Philippeville, Blidah, Coléah, offrent assez d'attrait à l'intérêt privé, pour que les sacrifices que devrait s'imposer le gouvernement pussent être réduits, par conséquent pour qu'on s'y bornât aux villages de deuxième et de troisième classe.

Ce ne serait que pour Oran, Mostaganem, la Calle, et les stations de l'intérieur, qu'il faudrait nécessairement des villages de première classe.

Encore ne serait-il pas nécessaire que tous les villages établis autour de ces stations fussent de première catégorie; ils pourraient être en partie de seconde et même de troisième classe. Les circon-

stances locales, rapprochées de l'utilité de l'occupation, détermineraient le classement pour chaque
point.

Dans la plupart des cas, le premier ou les deux ou
trois premiers villages seraient nécessairement de la
première catégorie. Une fois établis, ils permettraient
d'en fonder d'autres de la seconde et de la troisième.
L'essentiel serait de placer les premiers de manière à
ce que, tout en remplissant, à l'égard des stations
militaires auprès desquelles ils se trouveraient, le but
qu'on se propose, ils procurent certains avantages à
un territoire plus ou moins étendu où l'on pourrait
ensuite établir des villages de seconde et de troisième
classe.

Pour expliquer plus clairement ma pensée, je prendrai un exemple; ce sera, si l'on veut, Arzeu, où,
grâce à un bon port, il est probable qu'on créera un
jour une ville.

En même temps qu'on développerait la station sous
le point de vue militaire, maritime et commercial, on
établirait des villages européens sur le territoire cir-
convoisin, dans un rayon de trente à quarante kilomètres, par exemple. Tous ces villages devraient-ils
être de la première catégorie? Je ne le pense pas. Les
points mal partagés, sous le rapport de la sécurité,
de la salubrité ou de la fertilité, mais qu'il importe-
rait néanmoins de peupler promptement, jouiraient
seuls de cet avantage.

Si l'on procédait par zones concentriques, en établissant d'abord les villages de la zone la plus rapprochée du centre, puis ceux de la seconde, de la troisième, etc., il arriverait que chaque village, au moment où on l'établirait, serait toujours plus ou moins exposé, et ne cesserait de l'être qu'après l'établissement de la zone suivante. A moins de circonstances particulières, il faudrait donc que tous les villages fussent de la première catégorie. Or, il est impossible d'admettre que l'administration établisse tous les colons à ses frais.

Si, au contraire, on commençait par la zone extérieure, celle qui doit être assise sur le périmètre du territoire à coloniser, on aurait enfermé tout ce territoire dans une ceinture de villages fortifiés, reliés entre eux par des routes; on y aurait assuré la sécurité, et dès lors accru la valeur des terres et l'avantage que les colons trouveraient à s'y fixer.

Cette zone extérieure se composerait donc de villages de la première catégorie. La seconde zone, après celle-ci, comprendrait des villages de la seconde catégorie. Enfin, la zone la plus rapprochée du centre n'aurait plus que des villages de la troisième catégorie.

Il semble, au premier abord, que cette manière de procéder n'est pas très rationnelle. Elle présenterait, en effet, des inconvénients si, dans chaque localité, on faisait absolument comme je viens de le dire, si on s'emparait immédiatement de tout le territoire destiné à être colonisé un jour, et si on commençait à établir une ceinture de villages sur l'extrême limite.

Cela ne me paraît applicable que sur certains points, Alger, Bône, Oran, la Calle, Arzeu, etc. ; mais je crois qu'on pourrait adopter le principe que je viens d'énoncer, sauf à lui faire subir toutes les modifications qu'exigeraient les circonstances. Ainsi, dans la plupart des cas, au lieu d'une ceinture de villages, ce ne serait qu'un, deux ou trois villages, placés, comme je le disais, dans des situations peu favorables peut-être sous le rapport de la sécurité et de la culture, mais particulièrement aptes à servir de *vigies*, d'avant-postes, à surveiller des passages suspects et à protéger un territoire plus ou moins étendu, destiné à la colonisation.

Il me semble que ce système est non-seulement avantageux, mais encore le seul vraiment équitable à l'égard des colons.

Il est avantageux, car il réduit les dépenses de colonisation ; équitable, car il proportionne les sacrifices que fait le gouvernement en faveur du colon aux chances que court celui-ci, tandis que le contraire a lieu dans l'autre système.

Supposons, en effet, que, pour la même localité, on ait procédé en sens contraire. Le gouvernement établirait autour d'Arzeu, devenue ville, un certain nombre de villages, six ou huit, de la première catégorie ; s'ils réussissent, il est certain qu'il y aura grande affluence de colons. A mesure que les demandes se multiplieront, l'administration réduira naturellement ses subventions. Il arrivera donc que les villages qui entourent immédiatement la ville, et jouissent, par conséquent, de tous les avantages de cette proximité, sécurité, débouchés faciles, etc., auront été entièrement créés aux frais du gouvernement, tandis que les villages établis plus tard, et dès lors à une plus grande distance, ne seront plus que de la deuxième ou de la troisième classe.

Sans doute la présence de six ou huit villages européens sera, pour les nouveaux arrivants, d'un grand secours; mais cela n'empêchera pas qu'il y aura toujours des maraudeurs indigènes, que ces maraudeurs s'attaqueront de préférence à la zone extérieure qui, d'ailleurs, dans les révoltes et les incursions auxquelles on doit encore s'attendre de la part des tribus, sera nécessairement la plus exposée; enfin, cela n'empêchera pas les inconvénients qui résultent, au point de vue agricole, de l'éloignement du marché.

Il me reste maintenant à indiquer quelle est la part de travaux et de dépenses qui doit être à la charge de l'État dans les villages des trois catégories.

SECTION III. — *Travaux à la charge du gouvernement dans chacune des trois classes de villages.*

J'ai à peine besoin de dire qu'il n'est nullement question de déterminer ici avec une exactitude mathématique cette part de dépenses et de travaux. On conçoit qu'il sera souvent difficile, pour ne pas dire impossible, de fixer d'avance, d'une manière définitive, dans quelle catégorie il conviendra de ranger un village. Telle situation présente des inconvénients sous un rapport, des avantages sous un autre. Elle est trop favorisée pour que le village qu'on y établira rentre dans la première catégorie; elle l'est trop peu pour qu'il soit de la seconde. Dans une pareille occurrence, qui pourra se présenter souvent, on prendra un terme moyen.

Il pourra même arriver qu'il y ait convenance à établir la première partie d'un village sur les bases de la première catégorie, et le reste sur celles de la seconde ou troisième, et *vice versa*.

L'affluence des colons, la position pécuniaire de la plupart d'entre eux, diverses circonstances survenues pendant l'exécution du village, telles que assainissement, établissement de canaux d'irrigation, pacification de la contrée, peuvent amener cette modification qui, d'ailleurs, dans plusieurs cas, serait justifiée par l'avantage seul que trouveront les derniers arrivants dans la présence des premiers colons, en supposant, bien entendu, que l'arrivée des colons n'ait lieu que successivement.

§ 1. Villages de la troisième catégorie.

On se rappelle que ce sont ces villages qui reçoivent le moins. Pour plus de clarté, c'est par eux que je commence.

Le gouvernement établirait, à ses frais, tous les ouvrages d'utilité générale, l'enceinte avec les divers moyens de défense nécessités par la position ; l'église, la mairie, le presbytère, et la caserne de gendarmerie s'il y a lieu ; les routes, les fontaines ou puits, abreuvoirs et lavoirs ; le lotissement du village et des terres, et en même temps l'alignement et le nivellement des rues et le tracé des chemins d'exploitation ; enfin, s'il était nécessaire, le desséchement des terrains marécageux qui pourraient se trouver à proximité. Les colons feraient le reste. L'administration donnerait, en outre, à chaque village, après l'établissement d'une partie des colons, un taureau, un étalon et deux ou trois béliers pour la monte des vaches, juments et brebis de la commune. En parlant de la culture coloniale, j'indiquerai les moyens de placer et d'entretenir convenablement ces animaux pour en tirer bon parti.

§ 2. Villages de la deuxième catégorie.

Le gouvernement exécuterait tous les travaux qui viennent d'être indiqués ; de plus, il ferait aux colons des avances qui pourraient s'élever jusqu'à douze cents francs par famille et qui consisteraient en matériaux de bâtisse, bestiaux, instruments de culture et de transport, semences, vivres, fourrages, suivant les besoins des colons.

Ces avances seraient réglées sur les dépenses en travail et argent déjà faites par le colon, de telle sorte

qu'elles ne constitueraient jamais qu'un complément,
et non le principal.

Outre les ouvrages mentionnés d'utilité générale, le
gouvernement ferait construire, dans chaque village,
deux ou trois grandes baraques en planches pour
abriter les colons pendant la construction de leurs
maisons.

§ 3. Villages de la première catégorie.

J'ai dit que, dans ces villages, tout serait à la charge
du gouvernement. A part les travaux publics que j'ai
spécifiés plus haut, il construirait donc encore les
maisons, ferait défricher et mettre en état les jardins
et une portion des terres de chaque lot (du sixième au
tiers); enfin il donnerait aux colons cultivateurs une
partie des instruments aratoires et de transport, des
semences et des bestiaux qui leur seraient nécessaires, deux ou trois vaches, un bœuf, une demi-douzaine
de brebis, parfois aussi une jument. Les circonstances détermineraient le nombre des bestiaux et la proportion de chaque espèce.

Les instruments seraient un araire Dombasle ou
autre solidement construit, une herse à dents en fer
sur le modèle Valcourt, l'attelage de deux bœufs. Une
charrette à une bête et un rouleau seraient donnés
pour deux familles. Les semences consisteraient dans
six à huit hectolitres de blé, huit à dix d'orge, autant
de pommes de terre, deux ou trois de maïs et millet,

et, suivant les circonstances, une certaine quantité de graine de luzerne ou de graine de sainfoin.

Enfin, les colons recevraient des rations pendant une année, à partir de leur arrivée.

Les plants d'arbres leur seraient délivrés gratuitement.

Plus tard, le gouvernement se chargerait encore, avec le concours des habitants, de l'exécution des premiers travaux nécessaires pour amener les eaux destinées à l'irrigation, partout où cela serait faisable.

Section IV. — *Maisons.*

Je viens de parler des maisons que le gouvernement devra faire construire. Comment devront-elles être pour remplir toutes les conditions de salubrité, de commodité et d'économie désirables? Les fera-t-on à l'européenne? Il est douteux alors qu'elles conviennent au climat. Les fera-t-on d'après le système mauresque? Dans ce cas, il est certain qu'elles ne conviendraient ni aux habitudes des colons, ni à leur genre d'occupation.

Si j'avais, comme beaucoup de gens, cette heureuse disposition d'esprit qui leur fait considérer comme autant de chefs-d'œuvre tout ce qui leur passe par la tête, je serais peu embarrasé de présenter un plan quelconque; mais comme j'ai la conscience de mon insuffisance, et que je tiens, avant tout, à ne donner que des choses positives, praticables, j'ai reculé devant la difficulté du problème.

Je pense qu'il faudrait mettre ce sujet au concours et le scinder en deux parties : habitations pour les localités chaudes et en plaines ; habitations pour les localités montagneuses et tempérées.

La commission qui serait chargée de juger ce concours devrait nécessairement comprendre parmi ses membres un ou deux agriculteurs habiles, connaissant l'Afrique et la culture africaine, car il est probable que la grande majorité des projets envoyés pécheront, avant tout, sous le rapport agricole. Nos architectes sont, en général, des artistes ou tout au plus des constructeurs de villes, mais ils n'entendent rien aux constructions rurales, même pour la France. On pourrait donc s'attendre à voir arriver des plans de *cottages* anglais, ou, qui pis est, des projets, plus ou moins bizarres, basés sur des réminiscences de l'Alhambra.

Voici toujours quelques données qui pourraient servir à diriger les études à ce sujet.

Le gouvernement ne doit faire que les maisons d'habitation. Les logements des bestiaux, granges, etc., doivent être construits par les colons, sauf indemnités en nature.

La disposition des maisons mauresques, c'est-à-dire bâtiments carrés avec cour intérieure, ne convient point. Malgré ce qu'en ont dit les personnes qui veulent à toute force qu'on admire tout ce que font les indigènes, il est douteux que cette disposition soit bien appropriée au climat. Tous les Européens qui ont habité quelque temps ces maisons ont pu s'apercevoir, en effet, que la chaleur, concentrée dans des cours où l'air se renouvelle difficilement, devient souvent insupportable, à moins qu'on ne tende une toile par-dessus ou que la cour ne soit bien ombragée par des arbres. Les toiles sont une dépense trop forte pour le colon, et, quant aux arbres, il souffrirait longtemps avant de pouvoir jouir de leur ombrage. D'ailleurs, cette construction est fort chère et ne s'accorde en aucune manière avec les travaux agricoles. Il faut une cour, mais elle doit être de plain-pied, ouverte pour donner passage aux voitures, assez grande pour les renfermer, ainsi que les bestiaux et la fosse à fumier. Elle pourra être formée d'un côté par la maison d'habitation, d'un autre par les bâtiments d'exploitation, les deux autres faces par des murs ou des haies, à la volonté du colon.

Des toits peu inclinés et avancés, avec galerie tout autour, au premier étage, conviennent mieux que les terrasses. Les fenêtres, sans être aussi grandes que dans nos maisons européennes, ne devront pas être aussi petites que dans les maisons mauresques. C'est moins le climat que les mœurs qui portaient à les faire ainsi, et qui, en général, ont déterminé l'ordonnance des maisons mauresques.

La galerie dont j'ai parlé et qui pourrait régner devant et derrière, soutenue par quelques poteaux, formerait une seconde galerie inférieure que des plantes grimpantes qui croissent rapidement pourraient

abriter en partie du soleil, en attendant que les pieds
de vignes et les orangers, qu'il conviendrait de planter devant les deux principales faces de la maison,
eussent atteint assez de développement pour l'ombrager.

J'insiste sur l'utilité de planter des arbres fruitiers
sur les deux façades principales; et, à cet effet, il serait
nécessaire que la maison ne fût pas sur l'alignement
même de la rue, mais à 1 mètre et demi ou 2 mètres
en arrière, de façon à laisser un espace libre pour la
galerie et les arbres.

J'ajouterai qu'il ne me semble pas nécessaire de
donner aux rues une grande largeur. C'est une erreur
de croire qu'un espace vaste et ouvert est plus sain
qu'un autre, dans les pays chauds. La première cause
de l'insalubrité est toujours le soleil. La preuve, c'est
que les marais cessent d'être insalubres lorsqu'on les
couvre de plantations. Je crois donc que, dans la plupart des cas, une largeur de 10 mètres pour la principale rue, et de 8 pour les autres, serait suffisante, et
l'on devrait tendre à ce qu'un jour ces rues fussent
complétement ombragées par les arbres plantés devant
les maisons.

Quant aux *matériaux de bâtisse,* il ne peut y avoir
aucune règle absolue. Tout dépendra des localités.
Dans l'une il conviendra de construire en pierres, à
chaux et à sable, ou avec du mortier de terre. Ailleurs
il sera préférable de bâtir en pisé. J'ajouterai que ce
dernier mode de bâtisse, qui est le plus généralement

usité chez les indigènes, semble tout à fait à sa place
en Algérie. On y trouve, en effet, presque partout, des
terres qui conviennent parfaitement à cet usage, tandis que, d'un autre côté, l'absence de pluies, pendant
une partie de l'année, facilite les travaux et en assure la
réussite. Il suffit de s'y prendre dans la saison convenable. C'est ce que l'on n'a pas fait lors du premier
établissement de Dely-Ibrahim, dont le peu de succès
ne doit, en conséquence, nullement faire mal préjuger
la question.

On sait, du reste, aujourd'hui, qu'une faible addition de lait de chaux dont on humecte la terre en la
massant, accroît notablement sa dureté et contribue à
la tenue du crépi.

Ces constructions en terre pourraient, selon les circonstances, être faites soit d'après la méthode ordinaire, soit d'après la méthode Cointereau, qui consiste
dans l'emploi de briques ou blocs en terre crue, con-
fectionnées d'avance, avec des machines puissantes, et
au moyen d'une pression plus ou moins forte.

Le bois, dont on a fait jusqu'à présent un si grand
usage, ne convient nullement pour la construction des
maisons en Algérie, ni même pour la couverture. Ce
serait, d'ailleurs, la matière la plus chère dans l'intérieur, là du moins où l'on n'est pas à proximité des
forêts.

Si je conseille de ne faire d'avance que la maison
d'habitation, c'est d'abord parce qu'elle est le seul
bâtiment indispensable au colon dès son arrivée;

ensuite parce que le colon édifiera ses bâtiments d'exploitation plus économiquement que ne pourrait le
faire l'administration, et qu'enfin il les disposera et les
étendra selon ses besoins qui varieront nécessairement
suivant sa profession. En fait de bâtiments d'exploitation, le cultivateur aura besoin de toute autre chose
que le charron, le maréchal, le boulanger ou le cor-
donnier, tandis que la maison d'habitation peut être,
à peu de chose près, la même pour tous.

La réunion de deux maisons, comme on l'a fait à
Foukah, est avantageuse en ce qu'elle est économique.
Mais il serait indispensable que la séparation fût com-
plète à l'intérieur.

J'ai supposé des maisons à un étage. Je crois, en
effet, que ce sera presque partout la meilleure disposition, préférable à celle des maisons n'ayant que le
rez-de-chaussée.

Je le répète, je n'ai nullement la prétention de résoudre ici la question de la forme et de la disposition
à donner aux maisons des colons. Cependant, comme
simple jalon, comme indication à laquelle je n'attache pas autrement de prix, j'ai cru devoir mettre à
la fin de cet ouvrage (*fig.* 1 à 4) les dessins, élévation, plan et coupe d'une maison telle que je la
construirais si j'avais à établir des colons en Afrique.

Le défrichement des jardins se fera à la pioche.
Celui des terres pourra se faire avec une forte charrue
disposée d'une manière particulière. Je reviendrai sur
ce sujet en parlant de la culture coloniale.

Enfin, j'ai à peine besoin de dire que le gouvernement fournirait aux villages des trois classes les armes
nécessaires à la milice et quelques fusils de rempart.

SECTION V. — *Dépenses à la charge de l'État, pour chaque famille
de colons.*

Quant au chiffre de la dépense qu'aurait à faire le
gouvernement pour l'établissement d'une famille dans
chacune des trois classes de villages, il est impossible
de l'évaluer d'une manière tant soit peu exacte pour
toutes les parties de l'Algérie. Cependant comme on
veut toujours des chiffres, lors même qu'ils ne peuvent être que des approximations, je présente le calcul
suivant, sans lui attribuer d'autre valeur que celui
d'une moyenne très vague.

Je suppose, comme je le dirai plus loin, que les
travaux sont faits par les condamnés militaires, par
des galériens ou par les troupes, et j'admets que leur
travail coûte un grand tiers de moins que celui des
ouvriers libres, ce qui n'étonnera personne si l'on
veut bien réfléchir au prix élevé de la main-d'œuvre
en Algérie.

§ 1. Villages de première classe.

Un village de première classe, pour 74 familles, et
dont l'emplacement présenterait une superficie de 12
hectares formant un rectangle de 500 mètres sur 400,

ayant, par conséquent, un périmètre de 1,400 mètres de développement, exigerait les dépenses suivantes :

1° Travaux de terrassement pour fossé d'enceinte, relèvement de terre par derrière, tours aux deux angles opposés, nivellement de l'emplacement, établissement des rues et places, etc. . 20,000 fr.

2° Défrichement et défoncement des jardins, plantation des rues et du relèvement de terre. 6,000

3° Église[1], presbytère, école, logement de l'instituteur. 24,000

4° Fontaines, lavoir, abreuvoir. 5,000

5° Trente-sept maisons doubles à 3,000 fr. . . . 111,000

6° Matériaux de bâtisse donnés à soixante-cinq colons cultivateurs, valeur de 300 fr. par famille[2]. 19,500

7° Lotissement des terres, établissement des chemins de communication et tracé des chemins d'exploitation. 10,000

8° Défrichement de 209 hectares de terre, à 100 fr.[3]. 20,000

9° Bestiaux, instruments aratoires, semences et rations pour 65 familles de colons cultivateurs, à 1,500 fr. 97,500

Total. . . 313,000

Ce chiffre est très élevé ; il porterait la dépense, par famille, à 4,229 fr. Toutefois, je ferai observer qu'il s'agit ici de villages de 1ʳᵉ classe, et que j'ai supposé les circonstances les moins favorables. Ainsi, il est évident que, dans une foule de localités, l'enceinte et le

(1) Je suppose que l'église aura une petite tour qui pourra servir de vigie pour la sécurité des colons disséminés dans la campagne, et pour la communication par signaux avec les villages voisins.

(2) On verra plus loin que cette somme sera presque partout suffisante pour élever les abris nécessaires aux bestiaux. Quant aux récoltes, céréales et fourrages, on les mettra en meules.

(3) Des essais partiels, tentés par l'administration, pourraient faire croire que ce chiffre est trop faible. Il le sera, en effet, dans plusieurs localités ; mais, dans beaucoup d'autres, la dépense sera moindre, moyennant les procédés que j'indiquerai plus loin.

nivellement de l'emplacement du village ne coûteront pas autant que je l'indique. Il y aura aussi de grandes économies à faire, dans beaucoup de lieux, sur les constructions, par l'adoption de la bâtisse en pisé.

Dans toutes les positions favorables, on économisera également une partie ou la totalité des 500 fr. accordés aux colons cultivateurs, en matériaux pour leurs bâtiments d'exploitation. Enfin, j'ai supposé que sur soixante-quatorze familles, soixante-cinq, c'est-à-dire la totalité des colons cultivateurs, devraient recevoir bestiaux, instruments, semences et jusqu'à des rations pendant un certain temps ; or, je suis convaincu que, dans toutes les localités tant soit peu favorables, c'est-à-dire sur presque tous les points indiqués plus haut, le nombre des familles possédant quelques avances sera beaucoup plus considérable. Je crois donc qu'on pourrait porter à 4,000 fr. seulement la dépense par famille, dans les villages de la 1ᵉ classe.

§ 2. Villages de deuxième classe.

Dans les villages de la seconde catégorie, que nous supposerons de la même étendue, nous trouvons :

L'article 1ᵉʳ. . . . . 20,000 fr.
L'article 3. 24,000
L'article 4. 5,000
Enfin, l'article 7. 10,000
                                           ————————
                                            59,000
Plus deux baraques pour loger soixante personnes. . 6,000
                                           ————————
                              Total. . . 65,000

Ce qui porte à 878 fr. 57 cent. la dépense par famille, à laquelle somme il faut ajouter les subventions en nature (matériaux de bâtisse, bestiaux, instruments, semences, rations), qui pourront se monter jusqu'à la somme de 1,200 fr. par famille.

Mais comme il faut apporter en déduction les matériaux qui auront servi aux cabanes provisoires et qui seront distribués plus tard aux colons; que, d'ailleurs, dans les circonstances favorables, ces subventions pourront ne monter qu'à 600 fr., on peut supposer que la moyenne ne sera que de 800 et quelques francs, et adopter le chiffre de 1,700 fr. comme total des frais que chaque famille occasionnera au gouvernement, dans les villages de seconde classe.

§ 3. Villages de troisième classe.

Dans ceux de la troisième catégorie, ces frais ne s'élèveraient plus qu'aux 879 fr. indiqués plus haut.

A la vérité, j'ai omis une dépense qui devra figurer dans quelques villages ; je veux parler de la *caserne de gendarmerie*. Ce sera un objet de 8 à 10,000 fr. répartis sur deux et même sur trois et quatre villages. Cela ne pourra donc pas modifier sensiblement mes évaluations. Si l'on trouvait avantageux, dans certaines localités, de multiplier les stations de gendarmerie, cela ne pourrait être que dans le cas où l'on aurait réduit l'effectif des troupes ; par conséquent, la dépense serait largement couverte par cette économie,

§ 4. Dépenses supplémentaires ; total des frais.

Il faut aussi ajouter à toutes ces dépenses celles des *plants d'arbres fruitiers* que le gouvernement distribuerait gratuitement aux colons. Cette dépense ne sera pas immédiate. Ensuite il est difficile de donner même un aperçu vague de cette dépense, parce qu'elle variera considérablement, et pour le prix et pour le nombre, suivant les localités. On peut cependant admettre deux cents plants par famille, et 30 centimes comme prix de chaque plant.

Enfin, je n'ai pas mentionné les *armes* distribuées aux colons, et dont la valeur accroîtrait de plus de 100 fr. les frais par famille. Disons, toutefois, que, quoique ce soit bien une dépense pour le gouvernement, elle ne me semble pas devoir être imputée au compte de la colonisation. Ce n'est pas pour cultiver, c'est pour se défendre, pour remplacer les soldats, qu'on donne des armes aux colons. Autant vaudrait, sans cela, porter les frais de la garde nationale comme dépenses faites pour l'industrie.

De tout cela on peut conclure, si les chiffres que j'ai donnés ont quelque réalité, que l'établissement de chaque famille de colons coûterait à l'État une dépense qui variera :

Dans les villages de 1re classe, entre 4,000 et 4,500 fr.;

Dans les villages de 2e classe, entre 1,800 et 2,000 fr.;

Dans les villages de 3e classe, entre 1,000 et 1,100 fr.

§ 5. Proportion des villages de diverses classes.

Quelle sera maintenant la proportion de ces divers villages? C'est ce qu'il serait impossible de préciser d'avance. Dans quelques localités, il n'y aura pendant longtemps que des villages de première classe. Ailleurs, et notamment sur la côte, ces villages ne seront qu'en petit nombre relativement aux autres. Comme je l'ai dit plus haut, à mesure que la colonisation progressera, que le flot de la population française et européenne se dirigera d'une manière plus régulière et plus rapide vers l'Algérie, et que le pays se pacifiera, il deviendra moins nécessaire de faire de grands avantages aux colons, et, dans un avenir prochain, en supposant une marche rationnelle, le gouvernement n'aurait plus besoin d'établir de villages de 1re classe.

Les familles prolétaires ne seraient pas exclues pour cela; les choses se passeraient à peu près comme aux États-Unis. Ces familles, en arrivant en Algérie, travailleraient pendant un certain temps, soit dans les villages, soit dans les fermes, jusqu'à ce qu'elles eussent économisé la somme nécessaire pour se fixer dans un des villages de 2e ou de 5e classe que le gouvernement fonderait encore.

SECTION VI. — *Application de ce système.*

Cette question de la colonisation par le gouverne-

ment en soulève plusieurs autres. Doit-on, dès aujourd'hui, procéder promptement à la fondation d'un
grand nombre de villages dans tous les lieux où il
importe de placer une population européenne, et s'occuper en même temps des villages des trois catégories?
Quel sera le personnel qu'emploiera le gouvernement
pour l'exécution des travaux mentionnés? A quel titre
les colons posséderont-ils, et à quelles conditions de-
viendront-ils propriétaires définitifs de leur concession? Enfin, le gouvernement doit-il chercher à rentrer dans les avances faites aux colons, et par quels
moyens pourra-t-il atteindre ce but?

§ 1. Nombre des villages de diverses classes à établir.

Pour ne plus revenir sur cette question, disons
tout de suite que si nous regardons comme indispensable de faire marcher le plus rapidement possible
l'œuvre de la colonisation, parce que le temps est ce
qu'il y a de plus coûteux en Algérie, nous ne considé-
rons pas encore les divers projets présentés, sans en
exclure le nôtre, comme assez sûrs, assez étudiés,
pour conseiller à l'administration d'en faire immédiatement l'application en grand. Il faut un essai préalable qui, toutefois, pour être concluant, devrait avoir
lieu simultanément dans plusieurs localités.

Mon projet a le grand avantage de permettre, sans
inconvénient, des tâtonnements et des modifications,
non-seulement dans l'essai, mais encore dans le cours

de l'exécution en grand. Ainsi, dans toutes les situations assez favorables, le gouvernement pourrait commencer des villages de la troisième catégorie. Si les
colons n'arrivaient pas, ou si, après être arrivés,
on s'assurait qu'ils ne peuvent se tirer d'affaire, on
ajouterait la subvention qui porterait les villages dans
la seconde classe. Enfin, si cela ne suffisait pas, on
accorderait tous les avantages donnés aux villages de
première catégorie.

On pourrait également, et ce serait, dans beaucoup
de cas, la marche la plus rationnelle, faire passer les
villages de première catégorie dans la seconde classe,
si les faits en démontraient la convenance, en faisant
payer aux colons les maisons et les travaux de défrichement exécutés.

Dans tous les cas, il importe, avant tout, de ne pas
voir se renouveler le spectacle affligeant de malheureux émigrants conviés à venir en Afrique et n'y trouvant, au lieu d'un établissement, que la misère, les
maladies et la mort.

Il sera donc nécessaire de n'accorder les autorisations de passage qu'à mesure que les villages seront
prêts à recevoir les colons. Ce ne seront certainement pas les colons qui manqueront. Les villages ne
devront donc pas être construits, parce qu'il y aura
des colons dont on ne saura que faire; mais on devra
faire venir des colons, parce qu'il y aura des villages
terminés.

C'est, comme je l'ai déjà dit, sur la côte et notamment à Bône, Philippeville et Oran que doit commencer l'essai. Dès que les premiers résultats auront permis de compter sur un succès positif, on passera aux principaux points d'occupation de l'intérieur. Je mets Alger en dehors, parce que l'émigration s'y porte déjà spontanément, et que d'ailleurs les localités environnantes qu'il importait le plus de coloniser promptement, le Sahel, les alentours de Blidah et de Coléah, sont aujourd'hui en pleine voie de colonisation. Lors même qu'on songerait à étendre la colonisation jusque dans la Mitidja et sur le revers nord du petit Atlas, il est douteux qu'on soit obligé de recourir aux villages de première classe pour attirer les Européens.

A Bône, il n'en est pas de même. Il y faudrait au moins quatre de ces villages, qu'on placerait au fort Génois, sur l'Édough, à Sidi-Denden et vers l'embouchure de la Maffrag. Philippeville en aurait deux, l'un dans le haut de la vallée du Zéramnah, au lieu nommé *Brincardville*[1], au-dessous du camp d'Eddis, l'autre sur les bords du Saf-Saf, soit au point où la route de Philippeville à Bône quitte la vallée, en se dirigeant vers l'est, soit plus bas. A Oran, on en établirait trois, à Misserghen, aux environs du Figuier et vers la montagne des Lions, sur la route d'Arzeu.

Dans toutes ces localités on se bornerait d'abord à l'établissement de ces villages de première classe. Ce ne serait qu'après les avoir terminés et peuplés qu'on

---

(1) Hommage rendu par les colons à l'habile et zélé capitaine Brincard pour les services signalés qu'il a rendus à Philippeville.

procéderait à la construction de ceux de seconde et de troisième classe qui, ainsi que l'ai déjà dit, rempliraient l'intervalle entre les premiers et le point central d'occupation.

SECTION VII. — *Personnel employé par le gouvernement pour la construction des villages.*

§ 1. Soldats et condamnés militaires.

On a déjà essayé l'emploi des condamnés militaires et des troupes aux travaux de routes, de constructions, de défrichement et même de culture, et cet essai a été assez satisfaisant pour permettre de bien augurer de l'application de ces deux classes de travailleurs à la construction des villages.

Je me permettrai une seule observation à cet égard : ne serait-il pas convenable, si on ne l'a déjà fait, de donner aux troupes et même aux condamnés militaires une certaine rémunération pour ce travail, rémunération qui varierait suivant les individus ? Ce serait le moyen le plus sûr de donner à tous du *cœur à l'ouvrage,* de diminuer ainsi le prix du travail et d'éviter que ce travail ne devienne la cause de maladies.

Il est vivement à désirer que les chefs militaires oublient un moment leurs préjugés contre l'emploi des troupes aux travaux publics, et cessent d'y voir quelque chose de dégradant pour eux et leurs soldats. Comme l'homme est toujours homme dans toutes les conditions possibles, je proposerais d'allouer également-

ment une indemnité convenable aux officiers qui seraient commis à la surveillance des travailleurs militaires, car il me paraît indispensable que ceux-ci
restent sous le commandement de leurs chefs naturels,
sauf à ces derniers à recevoir les indications nécessaires des ingénieurs ou des officiers du génie chargés
de la direction des travaux.

§ 2. Forçats.

Quant aux forçats, je sais que de graves considérations s'élèvent contre leur emploi en Afrique. Toutefois je dois dire que les inconvénients d'une mesure
pareille, malgré le talent avec lequel les ont fait ressortir plusieurs auteurs, et notamment M. Genty de
Bussy, dans son remarquable ouvrage sur l'Algérie,
me paraissent infiniment moindres que les avantages
qui doivent en résulter, car il ne faut pas seulement
tenir compte de l'Algérie, mais encore de la France,
dont l'intérêt me semble devoir être de quelque poids
dans cette question, comme dans toutes les autres.

Les bagnes sont jugés et leur suppression est décidée en principe. Il n'en est pas de même des moyens
de les remplacer, car ceux qu'on propose entraîneraient
à une telle dépense que, dans l'état actuel des choses et
de longtemps encore, le pays n'y pourra songer. Nous
avons en Algérie, si nous voulons conserver et utiliser
ce pays, d'immenses travaux à exécuter que le climat
rend plus difficiles, plus insalubres qu'ailleurs. Nous

manquons de bras. Pourquoi n'y pas employer, au moins pour les travaux particulièrement dangereux, ces hommes voués jusqu'à présent au crime? C'est là, je le sais, une proposition qui révoltera bien des personnes ; mais j'ai déjà fait ma profession de foi à cet égard, et je répéterai encore : Arrière cette philanthropie qui n'a d'entrailles, qui n'a de tendresse que pour le criminel, qui se préoccupe avant tout des prisons, et qui voit d'un œil sec les douleurs et la lente agonie de tant d'honnêtes ouvriers que la nécessité de gagner leur vie condamne à travailler dans ces nombreux établissements insalubres, véritables bagnes du pauvre !

Quand quelques milliers de forçats paieraient de leur vie l'assainissement des marais de l'Algérie, je ne vois en vérité pas où serait le mal, à moins qu'on ne prétende que leur existence est plus précieuse à l'humanité que celle de nos braves soldats ou des ouvriers libres que nous emploierions à ces travaux ; car, d'une manière ou d'une autre, il faut que ces travaux s'exécutent.

Et pour ce qui est de l'effet moral produit sur les indigènes par la vue de ces criminels, sans vouloir le nier entièrement, je ne pense pas qu'il soit de nature à influencer leur conduite à notre égard.

Les condamnés militaires qui travaillent journellement sous leurs yeux, n'ont pas, que je sache, diminué le sentiment qu'ils ont de notre supériorité. Nous possédons d'ailleurs, comme je l'ai dit plus haut, assez de moyens d'action sur ce peuple qui, avant tout, adore la force, même abstraction faite de la justice et des lumières, pour ne pas craindre de déchoir dans son esprit par une mesure semblable.

Je ne parle pas du danger de corruption qui résulterait pour lui de la présence des forçats. C'est là une idée d'homme honnête, mais ne connaissant nullement les populations algériennes d'abord, et ne se rendant pas compte ensuite de la manière dont on ferait travailler les forçats.

Qu'on ne s'appuie pas, pour repousser ma proposition, sur les inconvénients et les difficultés qu'ont présentés et que présentent encore les colonies pénales de l'Angleterre. Là, il y avait, outre l'insuffisance des premiers moyens employés et la distance, la colonisation par les criminels mêmes qui était la règle, tandis que les colons libres étaient l'exception. Colons et condamnés étaient mêlés ensemble. Ici, au contraire, la colonisation doit se faire par des colons libres, et les condamnés, qui doivent constamment rester sous la direction du gouvernement, ne seront employés qu'à des travaux dont l'État doit s'imposer au préalable l'exécution, pour assurer et favoriser l'établissement de ces colons.

Du reste, point de contact entre les colons et les forçats.

Peut-être plus tard, après l'exécution des travaux mentionnés, pourra-t-on faire en Algérie quelque chose d'analogue à la colonie agricole forcée de

Friedericksoord, en Hollande. Mais c'est là une question
d'avenir. D'ailleurs n'avons-nous pas en France des
marais à dessécher, des rivières dont le cours doit
être amélioré, de grands travaux d'irrigation à faire et
des montagnes nues à reboiser? C'est même par là
qu'il aurait fallu débuter. Toutefois, on ne saurait
s'étonner qu'une nation artistique et littéraire comme
la nôtre commence d'abord par le *beau*, puis passe à
l'*utile*, et n'arrive au *nécessaire* qu'en dernier ressort.

L'Algérie n'aura peut-être pas trop coûté à la
France, même abstraction faite des résultats matériels
et politiques, si, théâtre d'une expérimentation rationnelle, elle sert à résoudre un certain nombre de ces
grandes questions qui peuvent avoir une action si
décisive sur la prospérité et la grandeur de notre pays.

J'arrive maintenant à la question spéciale de la
population coloniale.

Section VIII. — *Personnel de la colonisation.*

Qu'on me permette de passer rapidement en revue
les divers éléments et combinaisons proposés pour le
peuplement de l'Algérie.

Toutefois, avant d'aborder ce sujet, faisons justice
d'une de ces assertions vagues qu'on répète à satiété
toutes les fois qu'il s'agit de l'Afrique, et au moyen de
laquelle on croit pouvoir justifier les projets les plus
fantasques. « L'Algérie, dit-on, est un pays *neuf;* il
faut donc y introduire une organisation toute nouvelle,

et non les vieux errements sur lesquels nous nous traînons en Europe. »

Oui, l'Algérie est un pays neuf; mais les *hommes* qu'on veut y fixer sont-ils *neufs* aussi? Or, les hommes ne sont-ils pas dans tout cela l'élément le plus important?

Je ne prétends pas qu'il faille transporter en Algérie, et sans aucun changement, l'organisation sociale, administrative, judiciaire et militaire de la France. Je pense que, surtout pour les deux premières, il y a des modifications à introduire. Mais je crois que ces modifications ne doivent affecter que la superficie et non la base, la forme et non le fond, ce qui touche le pays et non ce qui touche les hommes. On pourra, si cela est jugé indispensable au succès, heurter quelques préjugés, quelques habitudes du *Français;* mais on ne doit, sous aucun prétexte, violer les tendances naturelles de l'*homme*.

Je reviendrai sur ce sujet en examinant quelques combinaisons préconisées.

On a proposé pour la colonisation : l'armée active; les vétérans; les condamnés militaires; les indigènes seuls ou mêlés aux Européens; les forçats condamnés ou libérés; des compagnies financières; des associations de travailleurs dirigés par un syndicat; des réunions d'hommes acceptant le lien religieux; des cultivateurs ayant même origine, même langue, même culte, et retrouvant la patrie dans une cité nouvelle; des colons isolés, accueillis individuellement, formant

néanmoins agrégation par l'effet des mesures administratives et la communauté des intérêts.

Pour plus de simplicité, je grouperai tous les sujets
qui ont quelque analogie ensemble, et je comprendrai
les trois premiers sous le titre suivant :

§ 1. Colonies militaires; armée active; vétérans; soldats libérés;
condamnés militaires.

On a beaucoup parlé des colonies militaires. Les
chefs militaires surtout, soit par une idée exagérée de
l'impuissance de la population civile à rien fonder de
fort en Algérie, soit par une tendance bien naturelle à
vouloir conserver exclusivement la haute direction,
dans cette grande œuvre de la colonisation africaine,
ont toujours et avant tout préconisé les colonies militaires. Mais ce que j'ai lu et ce que j'ai entendu
dire me prouve que beaucoup de personnes ne se rendent pas un compte parfaitement exact de ce que c'est
que la *colonisation* et de ce que peut être, par conséquent, une *colonie militaire*.

Qu'il me soit permis de rappeler en peu de mots
ces données si simples. La colonisation d'un pays,
c'est, ce me semble, l'introduction et l'établissement,
dans ce pays, d'une population nouvelle, composée
indispensablement des éléments nécessaires à la vie
propre et à la multiplication de toute population, c'est-
à-dire composée de *familles*. Aussi la colonisation, par
l'armée active ou par les condamnés militaires, est-
elle tout simplement un non-sens.

L'armée active, comme les condamnés militaires, fera des routes, des villages, des défrichements, de la culture ; elle pourra préparer les voies à la colonisation, mais elle ne fera point de *colonies,* quand même elle occuperait le pays pendant cent ans encore, et en même nombre qu'aujourd'hui.

C'est ce qu'ont senti plusieurs écrivains militaires qui, néanmoins, ne voulant pas abandonner leur idée favorite, proposèrent seulement les *vétérans* et les *soldats libérés.*

Quant aux *vétérans,* on se serait épargné toute discussion à cet égard, si l'on s'était donné la peine de consulter les essais tentés dans d'autres pays. On aurait vu que nulle part il n'a été possible de tirer le moindre parti de ces hommes pour quoi que ce soit ressemblant de près ou de loin à la colonisation.

Ce fait s'explique du reste très facilement. Je suis bien éloigné de vouloir jeter la moindre défaveur sur un corps composé de vieux braves qui ont noblement payé leur dette à la patrie ; mais enfin on ne saurait se dissimuler qu'en France surtout ces hommes ne sont vétérans que parce qu'ils sont impropres à toute autre carrière, soit par goût, par habitude de l'oisiveté, soit par incapacité physique ou morale. Comment attendre d'eux qu'ils se soumettront à la rude vie et aux travaux pénibles et continus auxquels sont nécessairement condamnés les colons, surtout dans les débuts d'un établissement ? Il faut, je crois, abandonner sans retour cet élément proposé.

§ 2. Soldats libérés.

En sera-t-il de même des soldats libérés, surtout de ceux libérés au milieu de leur temps, c'est-à-dire après quatre ans de service? Évidemment non.

Sans doute le soldat libéré n'a rien de plus pressé, surtout lorsqu'il se trouve en Afrique, que de rentrer dans ses foyers. Mais, comme on l'a fort bien dit, au bout de quelques mois, les plaisirs du toit paternel ne lui paraissent plus aussi attrayants, et c'est presque toujours sans répugnance qu'il vient rejoindre son corps; à plus forte raison reviendrait-il volontiers en Afrique, s'il pouvait y ramener une épouse et s'il savait y trouver un établissement plus grand, plus avantageux que tout ce qu'il aurait pu espérer en France. Il y a donc là un élément sérieux, utile de colonisation, car ces hommes n'auront pas encore perdu l'habitude du travail, et ils auront le grand avantage de connaître déjà l'Afrique, d'y être acclimatés, d'être rompus au maniement des armes, et d'avoir des habitudes d'ordre et de subordination qu'il est essentiel d'introduire parmi les colons.

Jusque-là rien de mieux. Voilà les premières conditions de succès. Le reste dépend de l'*organisation*. Quelle sera celle qu'on donnera à ces soldats transformés en colons? A quel règlement, à quelle discipline les soumettra-t-on?

En proposant des soldats libérés, il est bien clair

que MM. les chefs militaires n'ont jamais eu l'idée de
s'annihiler et de se voir remplacés, auprès de leurs anciens subordonnés, par un maire et un simple chef de
la milice, comme dans les villages civils. En un mot,
c'est, je crois, toujours de la *colonisation militaire*
qu'ils ont entendu faire avec les militaires libérés. On
peut donc supposer qu'il s'agirait de créer quelque
chose d'analogue à ce qui existe dans les *Confins militaires* de la Hongrie et de la Transylvanie. Quelques
détails sur ceux-ci ne seront donc pas superflus.

§ 3. Colonies militaires de la Hongrie et de la Transylvanie.

La contrée connue sous le nom de Confins militaires, et qui comprend quatre provinces ou *généralats*,
n'est, en effet, autre chose qu'une vaste colonie militaire où les provinces sont commandées par des généraux, les districts par des colonels, les subdivisions
par des majors, et les villages par des capitaines ou
des lieutenants ; où les circonscriptions territoriales se
font par régiments, bataillons et compagnies, où le
chef militaire résume en lui toutes les autorités administratives, civiles et judiciaires, où enfin tout, jusqu'à
la culture, se fait militairement.

La longue durée de cette colonie, les résultats qu'elle
a produits dans des circonstances fort analogues à
celles qui existent en Algérie, tout doit la faire considérer comme le type le plus parfait, l'exemple le plus
concluant d'une colonie militaire.

C'est une véritable colonie, car la population s'y compose de familles. La seule différence gît dans cette organisation qui fait de chaque colon un soldat, de ses fils des enfants de troupe, et qui ne se borne pas à lui imposer l'accomplissement de certains devoirs militaires, comme cela a lieu pour notre garde nationale et pour les milices africaines, mais soumet tous ses actes, et, comme je le disais, jusqu'à ses travaux agricoles, à des règlements précis et aux ordres de ses chefs.

Cette organisation a produit, je le répète, d'admirables résultats.

A l'époque où furent créés ces Confins militaires, le pays qu'ils occupent était depuis longtemps inhabitable par suite des incursions continuelles des Monténégrins. Cette organisation a non-seulement permis de repeupler ces contrées, mais encore, grâce à la précaution qu'eut le gouvernement autrichien d'appeler l'intervention d'agronomes instruits dans la création et dans l'exécution de cette mesure, elle a eu pour effet d'y introduire une culture excellente, bien supérieure à celle des contrées voisines. Aussi les Confins militaires présentent-ils, sous ce rapport, un contraste remarquable avec celles-ci.

De tout cela faut-il conclure qu'un système pareil serait parfaitement approprié aux circonstances de l'Algérie, et que tous les villages de première classe, par exemple, ou même tous les villages de l'intérieur, devraient recevoir une organisation de ce genre?

C'est là ce que je pensais, et mon séjour en Allemagne m'ayant fait connaître les Confins militaires, j'avais adressé, avant même la publication de l'ouvrage de M. le duc de Raguse, quelques notes dans ce sens à plusieurs députés.

Mais une plus mûre réflexion m'a prouvé que ce système était, sinon impossible, du moins d'une application excessivement difficile chez nous. Quelques développements suffiront, je crois, pour le mettre hors de doute.

Tout a son bon et son mauvais côté dans ce monde. La liberté et l'égalité des droits, ces deux avantages si chers aux Français, sont, comme le reste, soumis à cette loi. Dans cette circonstance comme dans beaucoup d'autres, ces avantages constituent un obstacle presque insurmontable au bien.

Les soldats qui ont servi à peupler les Confins militaires étaient de la classe des paysans, et, la plupart, Hongrois, Transylvains ou Esclavons. Libérés du service militaire, ils redevenaient ce qu'ils étaient auparavant, des serfs corvéables, taillables et vendables suivant le bon plaisir de leurs seigneurs. Ils ne quittaient donc le joug militaire que pour tomber sous un joug en quelque sorte plus dur encore, et qui n'avait pour eux d'autre compensation que de leur procurer les joies de la famille. Il ne faut donc pas s'étonner que ces hommes aient accepté avec empressement la position que leur faisait le gouvernement, et aient consenti à se soumettre *perpétuellement* à la discipline

militaire, car le seul inconvénient de leur état de
soldat, l'absence de famille, disparaissait dans la nouvelle position qu'on leur faisait.

C'est donc à la servitude dans laquelle vit le paysan
de beaucoup de parties de l'Autriche, c'est à l'analogie
qui existe entre le joug féodal et le joug militaire,
seules alternatives pour lui, qu'il faut attribuer le
succès et la facilité de cette création.

Tout le monde sait qu'il n'en est pas ainsi en France,
et que tandis qu'il existe beaucoup de similitude dans
la position des soldats des deux pays, à la *schlague*
près, il n'en existe pas la moindre dans la position des
soldats libérés, qui, une fois leur congé obtenu, re-
deviennent, en France, citoyens de l'État le plus libre
de l'Europe. Il y a ici une différence immense entre
ce qu'ils sont et ce qu'ils étaient.

En présence d'un pareil état de choses, on ne peut
raisonnablement admettre qu'il se trouvera parmi
nous beaucoup d'hommes disposés à sacrifier, non-
seulement pour eux, mais encore pour leurs femmes
et pour leurs enfants, les droits du citoyen français,
à se soumettre perpétuellement à la discipline militaire, appliquée à tous leurs actes. Et cela, pourquoi?
Pour une concession de maisons et de terres dont ils
ne seront pas libres de disposer, qu'ils ne seront
même pas libres de cultiver suivant leur bon plaisir!

Je ne veux pas prétendre qu'il soit impossible de
trouver une combinaison conciliant ces deux choses si
opposées, la discipline militaire et la liberté du ci-

toyen. Mais je crois que ce sera difficile, et, dans tous les cas, je considère le problème comme tellement au-dessus de mes forces que je n'essaie seulement pas de le résoudre.

Qu'on tâche de retenir en Afrique le plus de soldats libérés possible ; que, dans ce but, on les libère avant le temps ; après qu'il auront été chercher femmes en France, qu'on les place de préférence dans ces villages de première classe dont j'ai parlé, et à la construction desquels ils pourront avoir été employés, soit isolément, soit en corps ; que même, pendant un certain temps, on les soumette à une certaine discipline, à certains règlements, non-seulement en ce qui concerne le service de la milice, mais encore pour ce qui touche à la culture (ce qui sera très praticable dans tous les villages peuplés exclusivement, et à la même époque, de militaires libérés) ; que le maire s'appelle, si l'on veut, capitaine : tout cela est faisable. Mais il faudra toujours et nécessairement qu'il arrive une époque, et cette époque ne saurait être reculée au delà du temps que le soldat aurait encore eu à passer sous les drapeaux, où ces colons militaires devront rentrer dans la plénitude des droits du citoyen français, sauf les modifications exigées par l'état de l'Algérie. Ces colonies donc n'auront plus de militaire que leur origine.

Je ne sais, du reste, jusqu'à quel point il ne serait pas préférable de répartir ces soldats libérés et mariés parmi les colons civils, ayant déjà famille. On

peut croire qu'ils se viendraient mutuellement en aide,
les uns par leur expérience et leurs habitudes agricoles, les autres par leur connaissance du maniement
des armes et des évolutions militaires.

On pourra de même non-seulement faire construire
des villages et faire défricher des terres, mais encore
faire habiter ces villages et cultiver ces terres, pendant
quelque temps, par des soldats choisis dans différents
corps parmi les fils de cultivateurs, et placés sous la
direction d'officiers capables. Quelles que soient les
combinaisons plus ou moins ingénieuses qu'on adopte
pour stimuler le zèle de ces soldats, ces créations seront toujours fort utiles. Mais ce ne seront pas là des
colonies. Ce seront des stations militaires et agricoles
en même temps, qui devront nécessairement recevoir,
le plus tôt possible, de véritables colons.

On me pardonnera de m'être arrêté aussi longtemps
sur ce sujet. L'importance qu'on lui accorde l'exigeait.
Si, malgré les développements dans lesquels je suis
entré, je n'ai rien donné de précis sur l'organisation
des deux sortes d'établissements coloniaux militaires
dont j'ai parlé, c'est parce qu'un règlement pour ces
établissements ne me semble pouvoir être fait que
par une réunion de militaires et d'agriculteurs.

§ 4. Indigènes seuls ou mêlés aux Européens.

Je crois en avoir dit assez sur les indigènes pour
n'avoir plus à revenir sur cette question, et surtout à

démontrer qu'ils sont et seront pendant longtemps
encore le plus grand obstacle, et non un élément pour
la colonisation.

Par humanité, ou pour éviter des hostilités, on
pourra, comme je l'ai déjà dit, permettre l'établissement de fractions de tribus au milieu des villages
européens, à la condition de quitter la vie nomade et
de se soumettre aux règlements établis.

Il pourra même être d'une bonne politique, dans
plusieurs cas, de faire émigrer et de fixer dans une
autre contrée certaines tribus dangereuses par leurs
accointances, ou dont on espère pouvoir se servir
comme d'utiles auxiliaires contre les populations voisines. Là encore on substituera des établissements
fixes à la tente, dût le gouvernement en faire les premiers frais.

Enfin, les indigènes isolés pourront continuer à travailler chez nos colons, et nul doute qu'ils ne leur
deviennent de jour en jour plus utiles et moins dangereux, à mesure qu'ils s'habitueront à nos procédés,
à nos instruments, et qu'un contact plus fréquent
adoucira leurs mœurs.

Voilà, je pense, à peu près tout ce que nous pourrons tirer des populations indigènes pour la colonisation, du moins dans les premiers temps.

Il y aurait peu d'inconvénients à admettre quelques
familles kabaïles ou arabes dans les villages européens;
mais je doute que de longtemps une seule d'entre
elles profite de cette permission.

§ 5. Forçats.

Je viens de parler de l'emploi des *forçats* en Algérie, et j'ai dit un mot de la possibilité d'établir dans ce
pays des *colonies agricoles forcées*. Qu'il me soit permis d'ajouter que l'emploi préalable des forçats aux
travaux publics, dans une colonie, me semble être le
bon moyen d'y établir des lieux de déportation.

Toute colonie verra d'un bon œil des travaux utiles
s'exécuter chez elle, et se soumettra volontiers, en
retour, à recevoir à demeure les déportés qui auront
exécuté ces travaux, et à leur donner le territoire
nécessaire pour y former des établissements ruraux.
D'ailleurs, de cette manière, et en répartissant les forçats dans diverses colonies, aucune n'aura la honte
d'être spécialement *colonie pénale*, et on aura cependant
atteint le grand but de ces institutions, celui de débarrasser la France de ses criminels, et d'empêcher surtout ces déplorables récidives, effet inévitable de l'influence corruptrice des bagnes et du préjugé qui pèse
sur le malheureux forçat libéré.

On pourrait, à la vérité, craindre en Afrique des
évasions fréquentes ; mais je crois qu'il y aurait des
moyens efficaces de les prévenir. La cupidité bien connue des indigènes donnerait toute facilité pour atteindre ce but.

Pour les colonies forcées, de même que pour les
villages des indigènes, il conviendrait, je crois, de

choisir spécialement les localités peu salubres, mais qu'il importe néanmoins de mettre en culture.

§ 6. Compagnies financières ; associations de travailleurs dirigés par un syndicat ; réunions d'hommes acceptant le lien religieux.

J'ai réuni ces trois systèmes, parce que tous trois reposent sur l'association.

Disons tout de suite, pour n'y plus revenir, que la troisième combinaison est tout à fait inexécutable, non pas que le sentiment religieux soit aussi affaibli chez nous que le pensent beaucoup de personnes, mais parce que, pour devenir un lien assez puissant, en pareille occurrence, il faut que ce sentiment soit poussé jusqu'à l'exaltation par l'effet des persécutions.

Ce n'est, en effet, que parmi des sectaires dissidents qu'on a vu réussir cette combinaison.

Je crois donc qu'il n'y faut pas songer, à moins de guerres religieuses qui, grâce à Dieu, ne sont plus à redouter en France.

Je passe aux deux autres systèmes.

L'association, ce moyen si puissant et surtout si avantageux aux individualités faibles, par conséquent si parfaitement approprié à l'état des choses chez les nations organisées démocratiquement comme la nôtre, l'association est malheureusement très peu dans le caractère français. Je puis me tromper, et je le désire vivement ; mais cela m'a paru ressortir de la manière la plus évidente de tout ce que j'ai vu, de tout ce que j'ai appris, depuis que j'ai pu observer. Que l'on examine, en effet, ce qui se passe en France, soit dans la sphère des intérêts généraux, soit dans celle des intérêts privés, et l'on verra que, si l'*initiative individuelle* est peut-être aussi forte, aussi puissante chez nous que chez aucun autre peuple, il n'en est pas de même de l'*action collective*. C'est là notre côté faible, c'est là où nous péchons. Nous manquons de cet esprit d'ensemble qui est la cause principale de la grandeur de nos voisins du nord. Aussi, loin de s'appuyer, de se compléter mutuellement, il n'arrive que trop souvent chez nous, dans les grandes comme dans les petites choses, que les efforts individuels se contrecarrent et s'annulent.

Nous manquons ensuite d'une autre vertu également indispensable à l'association, la persévérance. Les inconvénients inséparables de l'association, surtout au début, nous rebutent et nous font reculer. Enfin, nous n'avons pas, comme les peuples que je viens de signaler, le sentiment profond, réfléchi de nos *droits* et de nos *devoirs,* de ce que nous devons aux autres, de ce que les autres nous doivent. De là absence d'esprit de subordination, absence de ces concessions réciproques, indispensables à une existence commune ; de là des prétentions exagérées de part et d'autre, des empiétements réciproques.

Aussi, nulle part les associations diverses n'ont eu moins de succès qu'en France.

Une autre cause de ce fait, c'est la puissance du né-

potisme, ou, pour parler plus juste, de la camaraderie. De tout temps on a reproché au gouvernement
d'accorder à la faveur ce qu'il n'aurait dû donner
qu'au mérite, et de placer souvent un danseur là où
il aurait fallu un calculateur. Ce reproche, malheureusement fondé, trouve néanmoins son excuse dans
l'esprit même de la nation. Nous voyons, en effet, les
particuliers suivre un système absolument semblable.
Qu'on examine ce qui se passe autour de soi, et l'on
verra que la parenté, la camaraderie, les liaisons d'a-
mitié, les succès de salon et même les succès auprès
des femmes, ont procuré proportionnellement autant
de positions dans l'industrie privée que la faveur a pu
faire obtenir de places dans les administrations publiques. C'est surtout dans les entreprises par association que de pareils faits se sont reproduits. Pour les
opérations simples, et pour celles où la nécessité d'un
homme spécial était trop évidente pour qu'on essayât
de s'en passer, les associations ont souvent réussi. De
là le succès de beaucoup de sociétés commerciales et
industrielles.

Malheureusement, il n'en est pas ainsi en agriculture. On envisage encore l'agriculture à peu près
comme la politique, comme une chose que l'on connaît d'intuition, ou du moins que tout homme qui a
reçu quelque instruction apprend bien vite, dès qu'il
veut s'en occuper. Il en est résulté que, dans toutes les
entreprises agricoles, les places ont toujours été données à la faveur. Et cependant rien n'est plus compli-

qué, plus difficile à bien diriger, qu'une grande entreprise agricole. Aussi n'avons-nous pas encore vu réussir
une seule compagnie agricole en France. Or, je le
demande, peut-on raisonnablement compter sur le
succès d'une entreprise de ce genre en Afrique, au
milieu des difficultés et des obstacles si nombreux que
rencontre la colonisation de ce pays?

Déjà quelques sociétés ont eu, en Algérie, une existence éphémère. Leurs œuvres reposent en paix sous
les marais et les broussailles de la Mitidja; et il est
douteux que, quand même les gérants eussent été aussi
forts en agriculture qu'ils étaient la plupart étrangers
à cet art, elles eussent obtenu un succès complet.

J'ai vu plusieurs plans d'associations pour l'Afrique,
et je dois dire qu'aucun, si ce n'est celui d'un honorable ecclésiastique, M. l'abbé Landmann, ne m'a paru
supporter le moindre examen. Et le projet de M. Landmann a été, si je ne me trompe, reconnu inexécutable,
du moins quant à présent, par son auteur lui-même.

Je ne veux pas affirmer qu'il soit impossible de trouver une combinaison qui remplisse toutes les conditions nécessaires au succès, mais je crois qu'il y a là
de très grandes difficultés à surmonter.

A part celles que je viens de mentionner, il en est
d'autres qui résultent de la nature même des choses.
Une compagnie financière ne se crée que dans un but
de gain, dont la quotité doit toujours être en raison
des risques. D'un autre côté, il faut, je crois, renoncer
complétement à l'idée d'amener en Afrique des culti-

vateurs pour n'en faire que des métayers ou des fermiers. On n'aura de colons sérieux qu'en leur offrant
le titre de propriétaire en perspective. Et ce titre, ce
droit de possession, il doit nécessairement leur être
concédé gratuitement. Ce ne sera même que plus tard,
dans quelques années, qu'on pourra leur demander,
sous forme d'impôts ou de redevance, la rente, non
pas du sol, mais des avances qui leur auront été faites
en bâtisse et mobilier.

On pourrait peut-être en exiger plus promptement
une certaine rente en travail appliqué sur une partie
des terres de la compagnie; mais ce serait, avec une
origine différente, tout simplement le retour des corvées féodales. On sait ce que vaut ce travail, et on peut
juger de toutes les difficultés qu'il provoquerait, de
toutes les répugnances dont il serait l'objet, par ce qui
se passe dans les pays où, depuis des siècles, cette
redevance en travail est en usage.

D'ailleurs, à quoi s'appliquerait ce travail? A l'élève
des bestiaux? c'est impossible. A la culture granifère?
il est très douteux qu'elle soit profitable en Afrique.
A la plantation d'arbres fruitiers? ce n'est qu'au bout
de dix à douze ans qu'on peut en espérer des produits,
et une compagnie, surtout en Afrique, n'attendra pas
aussi longtemps.

Mais alors la colonisation de l'Algérie serait donc
une opération onéreuse? Je n'ai jamais dit qu'elle fût
directement profitable; mais comme elle est le seul
moyen de faire produire des résultats à notre coûteuse

occupation, de réduire à l'avenir les dépenses de celle-ci, et d'assurer la conservation définitive de notre conquête ; comme, d'ailleurs, le gouvernement profite nécessairement de toute augmentation de prospérité, de tout accroissement de richesse qui se manifestent dans le pays, et qu'il se trouve toujours dédommagé largement, quoique d'une manière indirecte, des dépenses qu'il a faites dans ce but, la colonisation de l'Algérie, tout en étant une entreprise onéreuse pour l'industrie particulière, me semble être une opération avantageuse pour l'État, absolument comme l'établissement des routes qui serait certainement une détestable spéculation pour une compagnie financière, et qui a toujours été très profitable pour le gouvernement.

Quelques millions affectés à cette destination et ajoutés aux nombreux millions qu'exige l'occupation, donneront enfin un but et des résultats à celle-ci. Dieu veuille que la législature ne se montre pas aussi avare, pour ces dépenses productives, qu'elle s'est montrée large pour les dépenses improductives !

Ce ne serait pas la première fois que cela aurait eu lieu.

Quant aux associations de travailleurs dirigées par un syndicat, les considérations que j'ai développées au commencement de ce chapitre s'y appliquent également.

On a essayé des syndicats dans les circonstances les plus favorables à cette institution, là où elle avait réussi dans tous les autres pays, c'est-à-dire sur nos fleuves et nos rivières. On sait ce que la plupart sont devenus. Presque tous sont mort-nés et n'existent que sur le papier.

D'ailleurs, associations et syndicats ne résoudraient pas la question financière qui est évidemment la question fondamentale. Il faudrait toujours que le gouvernement accordât des subventions plus ou moins considérables. Or, il est encore très douteux pour moi que l'État trouve profit à se dessaisir en faveur de qui que ce soit du soin de dépenser les fonds qu'il consacrera à la colonisation.

Cette dernière observation s'applique à plus forte raison aux compagnies financières qui pourraient chercher, dans des subventions du gouvernement, le bénéfice que certainement les colons ne pourraient leur procurer.

On a proposé encore une autre combinaison : le gouvernement paierait mille francs, par famille de colons, aux grands propriétaires qui auraient établi des villages sur leurs terres.

Cette mesure ne pourrait s'appliquer que là où il y a de grands propriétaires européens, c'est-à-dire aux environs d'Alger et de Bône, localités où la colonisation rencontre déjà moins de difficultés qu'ailleurs. Elle pourrait ensuite donner lieu à de nombreux abus, car, quoiqu'on puisse imposer certaines conditions bien définies à l'obtention de l'indemnité, il ne serait peut-être pas difficile aux hommes adroits et bien épaulés d'éluder la plupart de ces conditions.

Néanmoins, je considère cette combinaison comme rationnelle en principe, et comme susceptible d'être appliquée plus tard à plusieurs localités de l'intérieur. On pourra même, un jour, faire de l'établissement d'un certain nombre de familles de colons la condition de la concession des grandes terres.

J'ai à peine besoin d'ajouter que les colons établis de la sorte devraient recevoir l'étendue de terres que j'ai indiquée plus haut comme nécessaire à chaque famille, et la posséder en toute propriété, après avoir, bien entendu, rempli certaines conditions qui leur seraient imposées.

Si, comme je n'en doute pas, les événements favorisent la colonisation de l'Algérie, un moment arrivera où le gouvernement n'aura plus besoin, pour attirer les colons, de leur faire de grands avantages.

Néanmoins, pour que l'Algérie ne soit pas fermée aux familles pauvres, aux prolétaires agricoles, à tous ceux enfin qui n'auraient pas les deux ou trois mille francs nécessaires pour s'établir, l'administration pourrait avoir recours, accessoirement, à une nouvelle combinaison.

Ce qui est peu praticable aujourd'hui deviendra facile plus tard, lorsque tous les doutes, sinon sur la conservation, du moins sur l'occupation entière et la colonisation de l'Algérie, auront cessé, que la sécurité sera plus complète, et que des villages européens entoureront, comme nous l'avons dit, toutes les stations militaires. Alors on pourra essayer quelque chose

d'analogue à la belle création de l'honorable maire de
Strasbourg, M. Schutzemberg, à Ostwald.

Voici comment je comprendrais qu'on procédât :

Les familles indigentes, placées sous les ordres d'un
directeur nommé par le gouvernement, seraient réunies au nombre de trente, quarante et plus, dans une
localité convenable, et employées à défricher les terres,
à les complanter, à les dessécher, à les irriguer, à les
mettre enfin en parfait état de production. On em-
ploierait également ces mêmes travailleurs, concur-
remment avec des ouvriers spéciaux, à la construction
des bâtiments nécessaires pour les loger.

Les salaires, tant pour les journées que pour les
travaux à la tâche, seraient tarifés d'avance, mais avec
maximum et *minimun*, afin que le directeur pût récompenser l'ouvrier laborieux et habile.

Une portion seulement des salaires serait payée
chaque semaine ou chaque mois, à la demande des
individus. Le reste serait porté au compte de chaque
famille.

Tout le monde serait nourri et entretenu par la
communauté, et il n'y aurait point de ménages isolés ;
une seule cuisine commune, un seul magasin général
pourvoieraient à tous les besoins.

Les frais occasionnés pour nourriture et entretien
seraient également portés en compte à chaque famille.

Les produits en grains, bestiaux, laines, peaux, etc.,
qui dépasseraient la consommation, seraient vendus
au profit de la colonie, et la somme en serait répartie

entre tous les travailleurs, au *prorata*, non pas du nombre de leurs journées, mais de la valeur totale de leur travail de l'année. Cette somme serait également portée au compte de chaque famille.

Les frais généraux seraient supportés par l'État, qui concéderait, en outre, gratuitement les terres.

Je ne puis entrer ici dans tous les détails d'une pareille organisation ; mais toute personne, quelque peu au courant des affaires commerciales, pourra s'en faire une idée très nette.

Le principe en est très simple. Le gouvernement fournit le capital-terre et le capital-argent ; les colons fournissent leur travail, et, comme le gouvernement est grandement intéressé à ce que le pays se peuple le plus rapidement possible, non-seulement il renonce à gagner sur les colons, mais encore il concède les terres gratuitement, et fait la part large aux travailleurs, en supportant les frais généraux.

Cette combinaison, qui se rapproche, comme on le voit, de celle du célèbre fondateur de l'école sociétaire, ne serait néanmoins que transitoire. Lorsque toutes ou la plupart des terres seraient en état de production, c'est-à-dire au bout de quatre, cinq, six ou huit ans, on diviserait ces terres en lots, à la manière indiquée précédemment.

On calculerait ce qu'a coûté chaque lot, terrain et bâtiments, soit en matériaux, en travail ou en mobilier, et toute famille qui, par ses journées et par ses parts dans les produits de la colonisation, déduction faite de ce qu'elle a reçu en nourriture, vêtements, argent, etc., aurait au crédit de son compte une somme au moins égale à la moitié de la valeur d'un lot, deviendrait propriétaire des dix à douze hectares, ainsi que de la maison et du jardin composant ce lot. Les familles qui n'auraient pas encore cette somme continueraient à travailler en communauté, jusqu'à ce que leur *avoir* eût atteint le chiffre nécessaire.

Quant au remboursement du reste de la valeur du lot, il aurait lieu suivant le système que nous proposons plus loin, pour les colons des trois catégories de villages, à l'exception que le paiement de l'intérêt et des annuités commencerait dès la seconde année de l'entrée en possession.

Plusieurs personnes trouveront peut-être cette combinaison plus rationnelle, plus avantageuse que le projet de fondation de villages que j'ai développé plus haut. Mais, d'abord, je doute qu'une combinaison pareille qui, toute simple qu'elle paraisse aux hommes instruits, restera longtemps inintelligible pour le paysan, attire dès à présent beaucoup de familles d'honnêtes et laborieux cultivateurs. On pourrait craindre de n'avoir principalement que des vagabonds ne remplissant aucune des nombreuses conditions indispensables aujourd'hui au colon d'Afrique. Ensuite, il ne faut pas se faire illusion, le succès d'une entreprise pareille dépend essentiellement de l'homme qui sera chargé de la diriger. Qu'on suppose, en effet, un directeur placé à la tête d'une création pareille et

manquant de probité ou de connaissances agricoles,
ou de fermeté, ou de cette modération si nécessaire
aux hommes chargés du commandement et qu'on rencontre si rarement chez nous; qu'on suppose, dis-je,
un directeur privé de l'une ou l'autre de ces qualités,
et l'entreprise ne pourra que languir. Les hommes
utiles s'en éloigneront, il n'y restera bientôt plus que
le rebut qui ne trouvera pas à se caser ailleurs. Or, je
le dis ici avec regret, mais avec une profonde conviction, toutes les fois que le succès d'une combinaison
dépendra, avant tout, du choix des hommes chargés
de l'exécuter, il faudra désespérer de la voir réussir
généralement, qu'il s'agisse d'entreprises publiques ou
d'entreprises particulières.

Je ne veux pas, à cause de cela, repousser d'une
manière absolue cette combinaison ou toute autre offrant le même inconvénient; mais je crois qu'il convient de n'en pas faire la base d'une œuvre aussi importante que la colonisation de l'Algérie, et qu'il faut
préférer des systèmes qui, moins parfaits, moins avantageux peut-être, ont le grand avantage de dépendre
moins complétement du choix des individus.

J'ai dit un mot de l'école sociétaire. Cette école, à
la tête de laquelle sont aujourd'hui des hommes d'un
incontestable talent, à vues grandes et pures, s'occupe
de questions si importantes, et dont la solution intéresse à un si haut degré la prospérité, l'existence même
de la société, que, sans partager ses doctrines, j'émets
ici le vœu bien ardent que le pouvoir lui donne les

moyens de faire, en Algérie, un essai en grand de l'application de ses théories. Si, comme je le crois, tout n'y est pas également bon, également praticable, il s'y trouvera toujours une foule d'excellentes choses dont on pourra profiter ultérieurement, non-seulement en Algérie, mais encore dans d'autres colonies, et même dans la métropole.

§ 7. Cultivateurs ayant même origine, même langue, même culte, et retrouvant la patrie dans une cité nouvelle; colons isolés accueillis individuellement, formant néanmoins agrégation par l'effet des mesures administratives et la communauté des intérêts.

Ces deux combinaisons, les plus simples et par conséquent les plus négligées par les faiseurs de projets, me paraissent, à vrai dire, les seules au moyen desquelles on puisse arriver à une colonisation prompte et sérieuse de l'Algérie.

La première semble surtout réunir toutes les conditions désirables. Le campagnard est, beaucoup plus que le citadin, attaché à ses usages, à son patois et à tout ce qui l'entoure. Sa position, même en France, et à plus forte raison en Algérie, le force bien plus souvent à recourir à ses voisins, et établit forcément entre eux et lui des relations très intimes. Nul doute qu'en ayant soin de faire partir et voyager ensemble, et, dans tous les cas, de réunir dans un même lieu des émigrants d'une même contrée, on ne diminue notablement les inconvénients et les épreuves toujours si pénibles du premier établissement, et par suite la ré-

pugnance de beaucoup de cultivateurs pour l'expatria-
tion ; nul doute qu'on n'accroisse ainsi, dès le début, le
nombre des colons honnêtes, possédant des ressources,
car ces hommes seront bien plus disposés à abandonner leur clocher et à risquer leur petit avoir en Algérie,
lorsqu'ils sauront y trouver des *pays*, peut-être même
des voisins, des amis, des parents, que tant qu'ils seront dans l'incertitude sur leurs futurs compagnons.
C'est là ce qui explique les nombreuses émigrations
de nos Basques dans l'Uruguay.

Toutefois cette combinaison, admise comme règle
absolue, ne serait pas sans inconvénients. L'Algérie est
un pays neuf pour tous les émigrants européens, mais
à un degré variable, suivant la contrée d'où ils sortent. On peut donc s'attendre à ce qu'il y aura plus ou
moins de bévues, plus ou moins de fautes commises,
dans la culture, pendant les premières années. Mais il
est évident que ce seront surtout les gens du nord qui
auront une longue et dure école à faire. Qu'on suppose, par exemple, des Suisses ou des Alsaciens composant exclusivement la population d'un village ou de
tous les villages environnant un centre. D'abord cette
population, venue de pays si différents de l'Algérie,
n'apprendra qu'à ses dépens les règles d'hygiène nécessaires dans toutes les contrées chaudes ; de plus, elle
cultivera absolument comme elle cultivait en Suisse
ou en Alsace. Cette hypothèse s'est déjà réalisée, et
j'en ai vu des exemples à Bouffarik et dans le Sahel.

On obvierait sans doute un peu à cet inconvénient

très grave, qui pourrait même compromettre pe:
dant longtemps le succès de la colonisation, en pla-
çant, dans chaque centre, un directeur ou inspecteur
des cultures, qui serait chargé de faire connaître aux
colons les précautions hygiéniques et les points principaux de la culture algérienne, les plantes les plus
importantes, les divers procédés de culture, les époques de semailles et de récolte, etc. Cela pourrait encore se faire par des instructions claires et détaillées,
répandues parmi les colons. Mais tout cela, bon pour
l'homme instruit, est complétement insuffisant pour
le paysan. Il lui faut nécessairement l'exemple ; il faut
parler à ses yeux et non à son intelligence. Quelques
fermes-modèles, disséminées dans le pays, pourront
être fort utiles, en supposant qu'elles soient bien dirigées, ce qui est encore problématique. Mais ces établissements n'agiront au loin que sur les colons instruits. Leur action sur le paysan ne s'étendra pas au
delà d'un rayon restreint. C'est dans son village même
que celui-ci doit trouver ses modèles ; et c'est ce qui
aura lieu, d'une manière incomplète sans doute, mais
suffisante pour lui épargner les plus grosses erreurs,
si l'on a soin de placer dans chaque village, à côté
des gens du nord, un certain nombre de colons du
midi, français, italiens ou espagnols, mais toujours
venus d'une contrée où croît l'olivier.

Ce système offre, en outre, le seul moyen de *franci-
ser* promptement les étrangers que la colonisation
amènera en Algérie, et de donner à notre population

coloniale, malgré la diversité des origines, une certaine homogénéité qui me paraît une condition importante pour les diverses éventualités auxquelles peut être soumise l'Algérie.

Je crois donc qu'on devra modifier le principe en ce sens que, tout en ayant soin de réunir dans un village beaucoup de familles de même origine, on n'en formera cependant pas la population exclusive, mais la moitié, ou tout au plus les deux tiers de l'ensemble. Ainsi, une commune de soixante-quatorze feux pourrait recevoir, par exemple, 38 à 42 familles alsaciennes, franc-comtoises ou lorraines, et 52 à 56 familles provençales, languedociennes ou mahonaises.

Pour arriver à cette *francisation* dont je viens de parler, il serait bon de ne placer avec les Suisses, les Allemands et même les Alsaciens que des méridionaux français, et avec les Espagnols, des Français du nord.

Ce mélange de deux populations fixées à côté l'une de l'autre dans le même village, et néanmoins toutes deux compactes, pourra sans doute présenter des inconvénients, donner lieu à des rixes, des haines, surtout là où il y aura des Espagnols qui, par cette raison, ne devront jamais former la majorité. Il est à croire, néanmoins, que la communauté des dangers et des intérêts, et de bonnes mesures administratives, feront taire la plupart des dissidences, dans le début. Plus tard, une fusion s'établira, cimentée par des unions, par la communauté de religion et par celle de l'instruction donnée aux enfants.

Je viens de mentionner la communauté de religion. Je crois, en effet, qu'il importe de ne placer, dans un même village, que des colons d'une même croyance.

A bien considérer, ce ne serait donc autre chose que la seconde combinaison, des colons isolés, accueillis individuellement, mais formant agrégation, non-seulement, comme l'indique le titre, par la communauté des intérêts et l'effet des mesures administratives, mais encore par la communauté d'origine d'une partie des habitants de chaque village.

La première combinaison suppose des émigrations en masse. Mais, outre que le gouvernement ne peut en aucune manière les provoquer, elles présentent tant d'inconvénients, qu'en eût-il le pouvoir, il ne devrait pas en user.

Ainsi donc, émigrations isolées, mais qu'on pourra rendre nombreuses dans les circonstances convenables, par des circulaires faisant connaître l'état des choses et les avantages qu'assure le gouvernement aux colons, de même que par des secours de route; réunion, dans les villages, d'un certain nombre de familles de même origine.

Tout cela est praticable, facile. La dernière mesure offre d'autant moins de difficultés que le lieu d'arrivée de presque tous les colons est Alger, et qu'ils peuvent être dirigés de là sur tous les points désignés par l'administration.

CHAPITRE IV.

Mesures administratives.

Il me reste maintenant à examiner quelles seront ces *mesures administratives* au moyen desquelles on obtiendra cette *agrégation,* cette union d'intérêts, cette communauté de tendances, de volontés et d'actions qui devra exister dans la population d'un même village. C'est là une grande et importante question, comprenant à elle seule toute l'organisation sociale et une partie de la législation qui doit régir la population coloniale de l'Algérie.

Je ne saurais prétendre traiter ce vaste sujet d'une manière tant soit peu complète. Il faudrait pour cela une réunion de connaissances que je n'ai pas. Je me bornerai donc à examiner quelques-uns des points principaux. D'autres trouveront leur place dans divers sujets du chapitre suivant.

Une des plus importantes questions que renferme ce sujet est celle de la *propriété*.

Section I. — *Nature de la propriété.*

Tout ce que j'ai dit jusqu'à présent indique d'une manière assez évidente que j'admets, dans tous les villages et pour tous les colons, la *propriété indivi-*

duelle pure et simple, à peu près telle qu'elle existe en France. Mais je dois exposer ici brièvement quels sont les motifs qui me font repousser les systèmes différents qu'on a proposés, systèmes que je considère, je dois l'avouer, comme tout à fait impraticables.

Ces systèmes proclament la *communauté des terres* et sont fondés sur l'*association*.

On connaît déjà mon opinion sur les associations. Je ne voudrais pas cependant qu'on en inférât que je repousse l'association entre cultivateurs d'une manière absolue, et que je la considère comme impossible en Algérie.

Je crois, au contraire, que ce principe peut recevoir une application très étendue, très fructueuse parmi les agriculteurs de France, et à plus forte raison parmi ceux de l'Afrique. Ainsi, pour ne citer que quelques exemples, j'indiquerai les grands travaux d'irrigation qui, dans une foule de localités, se sont faits par l'association de tous les intéressés. J'indiquerai ensuite un des plus beaux et des plus remarquables faits de l'association qu'offre, non pas seulement l'agriculture française, mais on peut dire l'industrie française tout entière : je veux parler des *fruitières*. J'indiquerai aussi ces troupeaux communaux qui existent dans presque tous nos villages. Enfin, je rappellerai que, dans quelques localités de la France, les travaux pressants, comme ceux de moisson, de fenaison et de récolte en général, sont faits en commun.

Je dois dire néanmoins que le premier et le dernier

des faits cités ne peuvent être considérés que comme
exceptionnels, l'un s'appliquant à des travaux tempo-
raires et d'un puissant intérêt pour la commune qui
les exécute, l'autre étant plutôt une chose de mœurs,
une affaire de bonne volonté, une occasion de fêtes
entre voisins, qu'une règle établie.

L'association régulière ne me paraît possible qu'à
certaines conditions basées sur les tendances les plus
intimes de l'homme. Ces conditions me semblent être
les suivantes : possession individuelle des instruments
de production ; travail individuel ; répartition du produit entre les divers intéressés, au-*prorata* de leurs
mises en instruments de production et en travail.

Sans ces conditions, l'association me paraît détestable, car elle enlève tout stimulant au travail, et elle
pousse constamment l'individu à sacrifier l'avenir au
présent, comme je le démontrerai tout à l'heure.

On me fera observer qu'avec ces règles il n'y a plus
d'association possible. C'est une erreur. Seulement
l'association ne peut plus s'appliquer qu'à certaines
opérations, à certaines branches spéciales. Elle n'est
plus ce qu'on veut en faire, le principe de l'organisation sociale tout entière.

Qu'on me permette, pour mieux faire comprendre
ma pensée, d'exposer en peu de mots les bases sur
lesquelles reposent les *fruitières*. Ce sujet n'est nullement étranger à la question qui m'occupe. Ces bases,
modifiées plus ou moins, suivant les circonstances,
pourront s'appliquer, je crois, à plus d'une branche

de l'agriculture algérienne. Il me suffira de citer l'indigo, l'huile d'olive, les raisins et fruits secs, le coton, etc.

SECTION II. — *Organisation des fruitières.*

Tous, ou la plupart des propriétaires de vaches d'un village, s'associent ensemble pour la confection du fromage de gruyère, qui, exigeant de grandes masses de lait, ne peut se faire qu'avec un nombre considérable de vaches. Les intéressés nomment un président et un secrétaire-trésorier ou comptable. Au moyen d'une cotisation réglée ordinairement sur le nombre des vaches que possède chaque intéressé, l'association se procure une maison et les ustensiles nécessaires à la fabrication. On loue un fromager auquel on donne une rétribution par quintal de fromage fabriqué. Tous les associés s'engagent à livrer, à la fruitière, le lait dès qu'il est trait, ne se réservant que la quantité nécessaire à leur consommation, sans pouvoir en faire ni beurre ni fromage. Dans beaucoup de localités, la traite se fait à la fruitière même, sous les yeux du comptable, pour éviter les fraudes. Le comptable inscrit, à chaque traite, la quantité de lait fournie par chaque associé, de même que la quantité de fromage, de beurre et de petit-lait qui lui a été délivrée, et qui lui est comptée en déduction de ce qui lui revient. Le fromage et le beurre sont vendus par le comptable, sous la surveillance de commissaires nommés *ad hoc*,

et l'argent est réparti entre les intéressés au *prorata*
du lait fourni par chacun d'eux.

Ces associations ont eu d'admirables résultats partout où elles se sont établies, et un député bien connu
par un remarquable ouvrage sur l'Algérie, M. Baude,
disait, dans un article intéressant qu'il a publié sur ce
sujet[1], que l'on distingue de loin les villages à fruitières,
au seul aspect des récoltes, des champs et des maisons.

Voilà comme j'entends l'association appliquée d'une
manière régulière à l'agriculture. On remarquera que
toutes les conditions que j'ai posées précédemment sont
ici remplies. Les associés continuent à posséder individuellement leurs vaches, à les soigner, à les nourrir
comme auparavant, ce à quoi ils sont toujours également intéressés, car des soins et de la nourriture
dépend le produit en lait, d'où dépendra ensuite le
produit en argent qui doit revenir à chacun d'eux.

L'association n'existe donc ni pour la possession des
instruments de production, ni pour la création du
produit brut, mais pour la transformation de celui-ci
en produit fabriqué. De plus, cette transformation ne
s'effectue pas par le travail réuni des associés, mais
par celui d'un homme spécial aux gages de ces derniers, de sorte qu'il n'y a réellement, dans cette association, ni travail commun, ni propriété commune,
deux choses également antipathiques à la nature
humaine.

(1) *Journal d'agriculture pratique*, 1re série, T. I, p. 21.

SECTION III. — *Propriété et travail collectifs.*

Je ne veux pas dire qu'il faille bannir d'une manière absolue le travail en commun. Je serais même
très disposé, non pas à en faire la base de la culture
algérienne, mais à lui donner beaucoup plus d'extension qu'il n'en a chez nous. Le travail en commun
deviendra indispensable pour tous les ouvrages d'irrigation, de desséchement, de routes que le gouvernement ne prendrait pas à sa charge. Il est vivement
à désirer qu'il s'applique, en outre, non pas d'une
manière permanente, mais lorsque les circonstances
l'exigeront, à la récolte des champs exposés, et il conviendrait, dans ce but, d'investir le maire d'un pouvoir spécial à cet égard.

Quant à la propriété collective, véritable fléau pour
nos campagnes, cause énorme de pertes pour notre
agriculture, je l'admets néanmoins, comme chose
temporaire, sur une portion plus ou moins restreinte
du territoire de la plupart des villages. Ce seront les
terrains éloignés, mal situés pour la culture, marécageux, etc., qui deviendront propriétés communales et
serviront ainsi au pacage des bestiaux.

Voilà les seuls emprunts qu'il me semblerait rationnel de faire au système de l'association. Tout ce
qui dépasserait cette mesure me paraîtrait essentiellement mauvais.

Si les partisans du travail en commun et de la pro-

I.   24

priété collective avaient été à même de voir, comme
moi et comme presque tous les agriculteurs, les effets
de ce système dans nos campagnes, s'ils avaient vu la
manière dont on travaille aux corvées pour les chemins vicinaux, la façon dont on utilise les terrains
communaux, le tout comparé au travail individuel, à
la propriété particulière, leur admiration en aurait
sans doute éprouvé un échec. Malheureusement, la
plupart de nos hommes de théorie s'occupent trop peu
de pratique et ne sont pas assez convaincus de son
utilité. C'est, du reste, à l'esprit de notre société
française qu'il faut attribuer principalement cette tendance qui pousse dans la fausse voie tant d'hommes
distingués, tant d'intelligences supérieures. Le moyen
d'appeler l'attention, de plaire et convaincre, étant,
non pas de dire de bonnes choses, mais de *bien dire*
quoi que ce soit, à quel propos se préoccuperait-on
de la concordance des faits avec les idées qu'on met en
avant, et de la justesse de ces idées, quand la seule
chose qui importe, c'est de les présenter d'une manière originale et de les exprimer avec élégance? On
arrondit sa phrase, on évite avec soin les hiatus, on
tâche d'acquérir un style nerveux, concis, brillant :
c'est tout ce qu'il faut, pour le fond comme pour la
forme.

L'espèce de *mezzo-termine* qu'on a proposé, et
d'après lequel la propriété serait collective, mais la
culture individuelle, me semble la plus mauvaise de
toutes les combinaisons. Elle a les inconvénients de

l'association, sans en offrir les avantages. Ce système n'est, du reste, pas neuf. Il existe dans plusieurs contrées montagneuses de la France et de l'étranger. Partout il a produit les mêmes résultats, la détérioration du sol et l'appauvrissement des cultivateurs, dont la fortune est toujours invariablement liée à la richesse de la terre et en suit toutes les phases. Partout la suppression de ce système et la transformation de la propriété collective en propriété individuelle ont exercé la plus heureuse influence sur la richesse de la contrée. Le changement radical qui s'est opéré dans beaucoup de villages de la Bavière rhénane, entre autres, par suite de cette transformation, permet d'apprécier cette combinaison, et donne en même temps la mesure de l'effet déplorable que peut produire un système en désaccord avec les tendances naturelles de l'homme.

Les personnes qui ne sont pas complétement étrangères à l'agriculture n'auront pas de peine à le comprendre. La faculté de produire des récoltes n'est pas inhérente au sol même. Elle résulte de la présence de matières fertilisantes dont la quantité varie suivant les sols, mais diminue toujours par l'effet de chaque récolte, et ne peut être augmentée ou conservée que par les engrais ou le repos prolongé, deux choses également coûteuses, à l'emploi desquelles le cultivateur ne craint pas de recourir, lorsqu'il est propriétaire et qu'il a un intérêt d'avenir à bien soigner ses champs, mais qu'il négligerait certainement, s'il n'était qu'usufruitier temporaire d'une terre possédée collectivement. Il est vrai que tous les fermiers en sont là. Mais ils jouissent presque toujours de la terre pendant un nombre assez considérable et fixe d'années, de sorte que, pendant un temps plus ou moins long, ils ont un intérêt identique à celui du propriétaire. On leur impose, en outre, dans les baux, certaines règles de nature à les empêcher de détériorer le sol et dont l'exécution fidèle est surveillée par les propriétaires.

Dans le système de la propriété collective avec culture individuelle, on pourrait, sans doute, assurer au cultivateur la jouissance d'une terre pendant un certain temps et à certaines conditions qui en empêcheraient la détérioration. Mais qui surveillerait l'exécution de ces conditions? Personne en réalité, car personne n'y serait directement intéressé.

D'ailleurs, comment, avec ce système, compter sur ces opérations, si nombreuses en Afrique qui ne donnent de résultats qu'après de longues années, telles que les défrichements, défoncements, plantations de vignes, d'oliviers, orangers, figuiers, amandiers et arbres forestiers, travaux d'assainissement, de terrassement, d'arrosage, etc.? Tout cela ne peut être entrepris que par un propriétaire, et souvent, en le faisant, ce n'est pas même pour lui, c'est pour ses enfants qu'il travaille. Comment, enfin, espérer attirer en Afrique des cultivateurs, et surtout des cultivateurs possédant quelque chose, si on ne leur offre d'autre perspective que celle de devenir *co-propriétaires* d'un vaste communal auquel il ne manque, pour avoir de la valeur, que d'être défriché, assaini, complanté, bien cultivé et fumé ?

J'avoue n'avoir pas compris cette tendance à repousser d'Afrique la propriété et le travail individuels, l'une, stimulant principal, l'autre, base de toute cette activité, de tout ce mouvement qui sont en même temps les signes extérieurs et les causes intimes de la richesse nationale et de la civilisation.

Je ne possède pas une parcelle de terre, pas un moellon, et néanmoins je suis si profondément convaincu de l'immense influence civilisatrice de la propriété individuelle du sol, et de la puissance qu'elle exerce comme stimulant, que j'en recommanderais encore l'introduction en Algérie, lors même qu'elle n'existerait pas en France.

On me pardonnera cette longue digression, en considération du talent avec lequel les idées que je combats ici ont été présentées par leurs auteurs.

Je me résume donc et je dis : propriété individuelle pour les maisons, les jardins, les champs, ainsi que pour le mobilier agricole et domestique. Propriété collective pour une portion plus ou moins restreinte du territoire de chaque village, destinée au pâturage des bestiaux et aux plantations forestières. Travail individuel comme règle; travail collectif comme exception, pour les ouvrages d'irrigation, de desséchement, de routes, et, dans l'occasion et sur l'ordre de l'autorité, pour l'enlèvement d'une partie des produits.

Enfin, association à l'instar des *fruitières* pour le

transformation de plusieurs produits bruts en produits vendables.

Quand la majorité des chefs de famille d'une commune aurait décidé une association de ce genre, tous les autres devraient nécessairement y prendre part et l'association deviendrait alors chose communale.

Pour terminer ce sujet, il me reste à examiner quelles seront les conditions que devront remplir les colons pour devenir propriétaires définitifs des concessions qui leur auront été faites.

SECTION IV. — *Conditions imposées aux colons pour devenir propriétaires.*

Ces conditions devraient nécessairement varier suivant la catégorie à laquelle appartiendrait le village.

Dans la troisième, où les colons ne reçoivent que la terre et l'emplacement préparé pour la maison, les seules conditions pourraient être la construction de la maison et le défrichement du jardin.

Dans les villages de seconde classe, où les colons reçoivent une subvention plus ou moins forte, on ajouterait à ces deux conditions celle de défricher et de mettre en culture une certaine étendue des terres concédées, un huitième, un sixième, un cinquième, suivant la subvention. On pourrait, en outre, imposer plus tard aux colons l'obligation de planter en arbres fruitiers ou forestiers une certaine étendue des terres communales ou des terres réservées par le gouvernement, et, afin d'éviter les inconvénients du travail collectif, on diviserait ce terrain en autant de lots qu'il y aurait de colons, et chacun recevrait le sien, y ferait tous les travaux nécessaires et répondrait du succès de la plantation. Toutefois, il n'y aurait aucun inconvénient à rendre la concession définitive bien avant cette époque, car cette obligation de planter passerait, comme celle de payer l'impôt, du premier occupant à son successeur.

Dans les villages de première classe, où le colon reçoit tout, même une certaine étendue de terres défrichées, on lui imposerait naturellement l'obligation de défricher la totalité ou une grande partie du reste, et de planter également une certaine étendue de terrains communaux ou domaniaux.

Si cela ne devait pas donner lieu à de nombreux abus, j'aurais proposé de faire varier les conditions suivant la situation de chaque lot : ainsi, d'imposer au colon, qui a reçu une terre susceptible d'être arrosée, l'obligation d'y faire les travaux nécessaires pour l'irrigation ; à celui qui possède une terre humide, de l'assainir, etc. Mais, dans tous les cas, j'insiste beaucoup pour que l'on fasse une loi aux colons des trois catégories de villages de complanter en arbres fruitiers, surtout en oliviers, une portion de leurs terres, du dixième au quart, et avant tout, les terres fortement en pente.

En Algérie, comme dans les pays méridionaux de l'Europe, les arbres fruitiers constituent la branche la

plus productive et la plus sûre de l'agriculture. Malheureusement, quand les arbres n'existent pas déjà, et
qu'il faut planter, c'est une spéculation de longue ha-
leine, dont l'avantage n'est pas assez prochain pour que
nos colons soient poussés à le faire spontanément; car
il n'est pas dans le caractère français de s'inquiéter
outre mesure de l'avenir et de lui sacrifier le moindre
petit avantage présent. On pourrait donc craindre,
avec toutes sortes de raisons, que le nombre des arbres
plantés ne fût très restreint, que l'étendue des terres
en pente, défrichées, cultivées à la manière ordinaire, .
et, plus tard, entraînées par les pluies, ne fût au contraire assez considérable, de telle sorte que le pays,
après un certain temps, aurait perdu au lieu de gagner, si l'on n'y mettait ordre par des règlements *ad hoc*.

Pour en revenir à l'ensemble de la question, je
dirai que, dans tous les cas, il serait nécessaire que
les conditions fussent de nature à ce que leur exécution n'exigeât pas un temps trop long, plus de deux
ou trois années, par exemple, sans quoi on découra-
gerait les colons.

§ 1. Impôt comme moyen d'obtenir l'exécution des conditions.

Il y aurait, du reste, un moyen efficace de forcer les
colons à faire ce que j'indique ici : défricher, cultiver
et surtout planter, sans que l'administration fût obligée de recourir à des mesures vexatoires ou du moins
trop sévères; ce moyen serait l'*impôt*, qu'on établirait,

après un temps déterminé, sur toute terre pour laquelle le colon n'aurait pas encore rempli les conditions.

Pour plus de clarté, je prendrai un exemple. Un colon, placé dans un village de première classe, a reçu maison, jardin, 2 hectares de terres défrichées et 10 hectares en friche ; on lui impose comme condition la plantation d'un certain nombre d'arbres fruitiers, la mise en culture et l'ensemencement du jardin et des 2 hectares défrichés ; plus, le défrichement, la mise en culture et l'ensemencement de 4 autres hectares. Après ces travaux, sa concession deviendra définitive ; mais sur les 12 hectares il en est 4 qui doivent être entièrement complantés en oliviers, mûriers, etc., et le reste devra l'être en bordures le long des chemins, sentiers et canaux. Il aura, pour opérer ces travaux, cinq années, après lesquelles il paiera, pour chaque arbre qui aurait dû être planté et ne l'a pas été, un impôt de 5 centimes[1]. Chaque année de retard augmentera cet impôt de 1 centime par arbre manquant. Inutile d'ajouter que l'impôt cesserait à mesure que la plantation aurait eu lieu, pour recommencer néanmoins plus tard, si le colon avait

(1) On déterminera d'avance le nombre d'arbres que doit recevoir un hectare planté en plein, et la distance à laquelle les arbres doivent se trouver dans les plantations en bordures. Rien ne sera donc plus facile que de connaître l'impôt d'un terrain destiné à être planté d'une manière ou d'une autre, et qui ne l'aura pas été ou ne l'aura été qu'incomplétement.

laissé écouler une année, après sommation, sans pro
céder au remplacement des arbres morts.

On en agirait de même pour le défrichement des
quatre hectares restants. Après un délai qui varierait
de trois à six et même dix ans, suivant les circonstances, le colon paierait, pour chaque hectare resté
en friche, un impôt de 15 francs, plus ou moins, impôt qui s'accroîtrait également chaque année et cesserait par le défrichement, la mise en culture et l'ensemencement [1].

Je dois faire ici une observation importante. Parmi
les terrains d'un lot, il en est, dans les parties basses
et ailleurs qui, ainsi que je l'ai déjà dit, sont bien
gazonnés et forment d'excellents herbages naturels. Il
est bien entendu qu'on n'exigerait pas le défrichement
de ces terrains ; cela, du reste, ne présenterait aucune
difficulté : tout le monde est à même de reconnaître
un terrain de ce genre. Il n'en est pas ainsi de certaines terres de nature médiocre ou mauvaise, aujour-
d'hui en broussailles, situées sur des pentes et dont

---

(1) Ce même moyen pourrait être employé, dans l'intérêt de la
colonisation, contre ces agioteurs qui achètent de grandes étendues,
dans les situations qu'ils prévoient pouvoir devenir avantageuses,
dans l'unique but de spéculer sur les colons sérieux, sur les cultivateurs qui viendraient s'y établir plus tard. L'obligation de défricher, cultiver, planter dans un certain laps de temps, sous peine
d'avoir à payer un impôt croissant, calmerait sans doute cette fièvre
de spéculation, et diminuerait très notablement le nombre de ces
faiseurs, qui, sans avoir fait autant de mal qu'on l'a dit, sont loin
d'avoir fait du bien en Algérie.

l'emploi le plus avantageux serait en forêts. Le mieux sera presque toujours de laisser le boisement se faire spontanément, ce qu'on obtiendra en se bornant à garantir les broussailles de la dent des bestiaux et des incendies qui, en général, doivent être formellement interdites à tous les colons, sauf pour les défrichements. Dans un cas pareil, on n'imposerait d'autre obligation au colon que celle d'enclore les terrains de ce genre, et de les soumettre aux règlements forestiers qu'on établira sans doute un jour en Algérie.

Comme il importe néanmoins que les colons n'abusent pas de cette faculté pour se dispenser de défricher, et surtout de planter, il faudrait une autorisation de l'inspecteur des cultures, donnée sur l'avis du maire.

Section V. — *Autorités communales.*

Il ne m'appartient pas de traiter ici la question importante des autorités communales et des attributions dont elles doivent être investies ; je me bornerai à dire que, tout en repoussant les maires transformés en *cheikhs*, en autocrates au petit pied, selon le vœu de quelques personnes, je suis cependant très convaincu de l'impérieuse nécessité de donner à ces fonctionnaires plus de pouvoirs qu'ils n'en ont en France, et de les rendre moins dépendants des administrés. Je sais qu'il en résultera des abus, car il y a dans l'exercice du pouvoir quelque chose d'enivrant pour notre caractère national, et qui pousse à l'arbitraire. Toutefois, de deux maux il faut toujours choisir le moindre, et je crois que, dans la situation où se trouve l'Algérie, les empiétements et même les injustices de l'autorité sont moins dangereux que l'anarchie. C'est là une question digne des méditations des hommes distingués qui composent la commission d'Afrique.

Qu'il me soit permis d'ajouter que l'autorité du maire devra s'étendre au delà du cercle purement administratif. Ainsi, non-seulement il me semblerait devoir être investi, dans les cas simples où il s'agit de valeurs minimes, d'attributions analogues à celles des juges de paix; mais encore il devrait pouvoir ordonner des corvées pour les routes, pour les travaux de défense contre l'ennemi ou les eaux, pour les travaux généraux d'irrigation, et même la levée en masse des colons pour l'exécution de certains travaux pressés, comme l'enlèvement de la récolte dans les champs exposés à l'incendie ou au maraudage des indigènes. Il devrait également pouvoir décréter, lorsque les circonstances l'exigeraient, c'est-à-dire en temps de guerre avec les tribus voisines, des *bans* pour la moisson, la fenaison, les travaux de semailles, etc. Cela demande quelques mots d'explication.

§ 1. Bans de travaux.

On sait que le *ban* qui, en France, ne s'applique plus qu'aux vendanges, est une défense faite aux habitants de la commune de récolter avant une certaine

époque, et a pour but de faire exécuter ce travail le
même jour, par tous les intéressés à la fois. Aujour-
d'hui le ban est une de ces institutions vieillies
dont l'utilité est plus que compensée par les inconvénients qu'elles présentent, dont on désire la suppression presque partout. Mais, à l'époque de sa
création, le ban était sans doute une mesure utile, et
il ne me paraît pas improbable que ce soit l'absence
de sécurité qui l'ait fait adopter.

J'en supposerais, du reste, l'exécution toute différente de ce qu'elle est en France.

Je suppose un ban de moisson ordonné par le maire,
par suite de nouvelles inquiétantes. On commencerait
par les parties du territoire les plus exposées. Les colons, qui auraient des grains dans cette partie, mois-
sonneraient leurs champs, tandis que les autres, bien
armés, placeraient des vedettes et se posteraient de
manière à défendre le village et les travailleurs, à protéger leur retour et la rentrée des récoltes s'ils étaient
attaqués, et à accélérer le travail. Après avoir ainsi
terminé un canton, on passerait à un autre, et à mesure qu'un colon aurait fini sa moisson, il quitterait
la faux pour le mousquet, et réciproquement[1].

J'ai déjà dit un mot sur la conduite du bétail. Je
crois qu'il conviendrait d'imiter, jusqu'à un certain
point, ce qui se pratique dans nos communes de

(1) On remarquera qu'en Algérie, la moisson et la fenaison sont
beaucoup moins compliquées que dans le Nord. Le grain peut être
coupé, lié, rentré et même battu dans l'espace de quelques heures.

France, c'est-à-dire de confier la conduite des troupeaux à un gardien commun, payé par les colons, soit en denrées, soit en travail, comme je l'indiquerai plus loin pour l'instituteur, et recevant en outre une certaine rétribution par tête de bétail. Il est bien entendu qu'à la moindre apparence de danger, un certain nombre de colons serait commandé, à tour de rôle, pour protéger le troupeau. Ce serait encore le maire qui donnerait les ordres en conséquence au chef de la milice.

§ 2. Vaine pâture et parcours.

A cette question du troupeau se rattache celle de la vaine pâture et du parcours. Faut-il admettre l'un et l'autre ?

Je crois que le parcours sur les terres d'une autre commune doit être rejeté d'une manière absolue. Il pourrait être toléré sur certaines portions des terres domaniales, aussi longtemps qu'on n'en aurait pas disposé.

Quant à la vaine pâture, elle serait interdite sur toutes les terres *emblavées*, quelle que fût l'époque. Au moyen d'un signe conventionnel, chaque colon indiquerait celles de ses terres où le bétail ne devrait pas avoir accès. Les terrains arrosés seraient de droit exempts de la vaine pâture ; il en serait de même des plantations et des landes converties en bois jusqu'à l'époque où les arbres n'auraient plus rien à redouter du bétail. Les prés naturels non arrosés pourraient être pacagés par le troupeau commun à partir de la fenaison jusqu'au 15 ou 31 décembre.

Le pâturage à la corde, sous la conduite des enfants, serait interdit comme cause de fainéantise et de déprédations, ou du moins il faudrait une autorisation spéciale du maire pour pouvoir l'exercer.

Les colons seraient libres de tenir des *chèvres ;* mais ils ne pourraient, à moins d'une permission du maire, les joindre au troupeau commun, et devraient les avoir enfermées dans l'étable ou dans la cour.

Un *garde champêtre* surveillerait, dans chaque commune, l'exécution des règlements.

Le gardien serait personnellement responsable des délits commis par le troupeau ; mais il devrait avoir le droit de refuser les animaux d'une conduite trop difficile, tels que les chèvres, les baudets, étalons ou taureaux d'un naturel méchant ; ou bien, après déclaration préalable faite par le gardien et décision du maire, le propriétaire supporterait la moitié de l'amende encourue pour le délit.

Je ne parle pas du *parc*, attendu que, sauf quelques localités exceptionnelles, cette pratique ne devra se faire nulle part.

J'ai à peine besoin de dire que le maire devrait joindre, à ces diverses fonctions, la police intérieure du village. Mais il ne devrait pas borner sa surveillance à la voie publique ; il devrait l'étendre jusqu'à l'intérieur des fermes, veiller notamment à ce que les *fosses à fumier* soient en bon état, entourées d'arbres,

et disposées de façon à ce que nulle portion des eaux
de fumier ne s'en échappe et ne vienne, au détriment
du cultivateur et de la salubrité publique, envahir les
rues du village. Pour la disposition de ces fosses, il
s'entendrait avec l'inspecteur des cultures et veillerait
à ce que ses indications fussent exécutées.

Je le répète, avec une organisation semblable, il
faudrait s'attendre à des abus. Le maire, par exemple,
trouverait certainement moyen de faire exécuter une
bonne partie de ses travaux par les colons réunis, lors
même qu'il n'y aurait point urgence. Si je voulais
raisonner comme beaucoup de personnes, je prouve-
rais les avantages de ma proposition en disant que,
par un bon choix des maires, on éviterait tous les inconvénients; mais je sais que les bons choix sont jus-
tement ce qu'il y a de plus difficile, et sur quoi il faut
le moins compter.

J'admettrai donc ces inconvénients, et malgré cela
je persiste à croire qu'une organisation de ce genre
devrait être adoptée comme nécessaire dans l'état
actuel des choses en Algérie.

Mais à côté de ce pouvoir considérable accordé aux
maires, il serait nécessaire de donner des garanties
aux colons, sans quoi on ne pourrait compter sur ces
petits propriétaires, ces émigrants aisés qu'il est si
désirable de voir se fixer en grand nombre en Algérie.
On devrait même presque renoncer aux émigrants
français.

Quelles seront ces garanties pour empêcher les abus

trop graves, trop fréquents, sans cependant annuler le pouvoir du maire et le réduire au rôle insignifiant de nos magistrats municipaux? C'est là une question beaucoup trop étrangère à un cultivateur pour que je me permette de la traiter. J'ai cru devoir indiquer les attributions qu'il me semblerait utile de donner au chef de la commune, au point de vue de l'agriculture et de la sécurité. Quant au reste, je ne doute pas que les hommes d'État et les administrateurs habiles qui s'occupent aujourd'hui de l'Algérie ne trouvent une solution satisfaisante au problème.

§ 3. Régime hypothécaire.

Je m'imposerai la même réserve en ce qui concerne la législation en général; mais je crois devoir appeler l'attention toute particulière des hommes spéciaux sur le *régime hypothécaire,* en émettant le vœu bien ardent que les lois qui régissent cette matière, en France, ne soient point importées telles quelles en Algérie.

J'ignore quels sont les motifs qui ont déterminé l'adoption de notre régime hypothécaire; mais ce que je sais d'une manière positive, c'est qu'il a exercé la plus triste influence sur notre agriculture. C'est en grande partie à ce régime que l'agriculture française doit d'être une des plus pauvres, une des plus délaissées par les capitalistes. C'est à ce régime enfin que nous devons de n'avoir pu introduire chez nous ces *banques agricoles* qui, en Écosse, en Angleterre, en Prusse,

en Wurtemberg, en Bavière, etc., ont tant contribué
aux progrès de l'agriculture et à la prospérité générale
du pays.

En présence des resultats de cette législation si peu
rationnelle, on s'aperçoit bien du déplorable effet que
peut produire, sur l'agriculture d'un pays, l'absence
de connaissances agricoles chez ses législateurs.

§ 4. Morcellement, indivision.

Il est encore une autre question du même genre
qui intéresse non moins directement l'agriculture.
C'est une question neuve, mais qu'il serait aussi important pour la France que pour l'Algérie de voir
résoudre dans un sens avantageux à l'industrie rurale. Je veux parler de la législation qui règlera, en
Algérie, la transmission des propriétés, par ventes ou
héritages. Existera-t-il, à cet égard, la même liberté
qu'en France, ou fixera-t-on un minimum au-dessous
duquel il ne pourra plus y avoir morcellement, et quel
sera ce minimum? Ou bien enfin déclarera-t-on les
lots tout entiers indivisibles comme le sont non-seulement les majorats et les terres seigneuriales, mais encore les fermes de paysans, dans plusieurs parties de
l'Allemagne?

Sans me dissimuler les inconvénients de cette dernière mesure, inconvénients que j'ai pu apprécier sur
les lieux, je n'aurais aucune répugnance à la voir
adopter en Algérie, tant je suis frappé des effets déplo-

rables du morcellement indéfini et de l'enchevêtrement que notre Code, trop vanté peut-être, loin d'empêcher, favorise.

Nous avons en France beaucoup d'immeubles qui, par leur nature même, sont *indivis* : tels sont les maisons et les usines. Personne ne trouve mauvais qu'on ne puisse vendre un bout de maison, une portion de moulin ou de fabrique. Les colons finiraient sans doute par s'habituer également à considérer leurs lots comme des immeubles compactes et indivisibles.

Cependant, comme une loi pareille aurait nécessairement pour résultat de rendre les mutations plus difficiles, plus rares, et d'empêcher notamment les échanges entre colons, pour remédier aux fautes plus ou moins nombreuses qui auraient pu être commises dans le lotissement, je n'en conseillerais pas l'adoption. Mais ce que je demande, c'est qu'on ne voie pas s'introduire en Afrique ces faits déplorables qui se reproduisent journellement en France, et que nos lois permettent par un respect exagéré pour la propriété, comme, par exemple, dix enfants se partageant en autant de parcelles chacune des dix, quinze ou vingt pièces de terres laissées par leur père.

Comme je l'ai déjà dit, il me paraît indispensable de fixer un minimum et certaines conditions à la division. Un hectare devrait être ce minimum pour tout terrain non arrosé, c'est-à-dire qu'il devrait être interdit de vendre des pièces ou de diviser l'héritage en parcelles qui n'auraient pas cette étendue.

Toute pièce ou portion de pièce, pour être acquise isolément par vente ou héritage, devrait, en outre, donner sur un *chemin*.

Du reste, les règlements financiers offrent un moyen non moins efficace et beaucoup plus en harmonie avec nos mœurs, non-seulement pour prévenir le morcellement, mais encore pour favoriser la conservation intégrale des lots. C'est aussi dans ces règlements que j'aperçois le seul remède à l'effrayant morcellement et enchevêtrement des terres en France. Les mesures efficaces ne manqueront pas du jour où notre administration financière ne bornera plus son immense pouvoir à *tondre* le plus complétement possible, mais s'occupera aussi un peu des moyens de faire croître la laine [1].

(1) Qu'on me permette de citer un exemple pour mieux rendre ma pensée. On s'évertue depuis longtemps à rechercher les moyens de supprimer les étangs de pêche qui couvrent, en France, près de 200 mille hectares, et qui sont, pour une étendue vingt fois plus grande, c'est-à-dire pour 4 millions d'hectares, une cause déplorable d'insalubrité. La Convention, par ses décrets, n'a rien obtenu, et aujourd'hui les enquêtes *de commodo* et *incommodo* n'empêchent pas de nouveaux étangs de se créer journellement. Il y a longtemps que j'ai proposé un moyen qui, de l'aveu de beaucoup de propriétaires d'étangs avec lesquels j'en avais conféré, aurait amené, sans secousses et sans bouleversements ruineux, la suppression de la plupart des étangs de pêche. C'était tout simplement de les placer, sur le cadastre et pour les impôts, sur la même ligne que les terres de première classe ou même que les jardins. J'avais aussi proposé quelque chose d'analogue pour les 500 mille hectares de marais qui empestent encore le territoire de la France, ainsi que pour prévenir le déboisement et arriver au reboisement d'une partie de ces montagnes nues dont l'étendue s'accroît dans une proportion effrayante.

On pourrait, par exemple, établir un droit de muta-
tion fixe, au lieu d'un droit proportionnel, pour toutes
les terres concédées par le gouvernement. Ou bien il
y aurait deux droits : l'un fixe et assez considérable,
l'autre proportionnel et très faible, comme, par exemple, un demi ou un quart pour cent. J'ai à peine
besoin de dire que le droit fixe serait le même pour
un hectare et pour le lot tout entier. Il se baserait sur
la valeur de celui-ci et s'appliquerait aux héritages
comme aux ventes.

Je prévois les objections qu'on pourrait faire à cette
proposition ; mais qu'on veuille bien considérer que,
pendant longtemps encore, la terre ne manquera pas
en Afrique, et qu'il sera désirable de voir, comme
aux États-Unis, les enfants des colons laisser à l'aîné
le patrimoine de la famille, recevoir leur part en
argent et aller se fixer plus loin, dans les nouveaux
établissements que le gouvernement créera sans doute
à mesure que la population s'accroîtra.

SECTION VI. — *Inspecteurs d'agriculture.*

J'ai plusieurs fois mentionné les *inspecteurs d'agriculture*, et tout en reconnaissant l'insuffisance de leur
action dans certains cas, je crois devoir en recom-
mander la création.

Ces fonctionnaires, qui pourraient être choisis parmi
les élèves distingués des instituts agricoles, seraient
placés dans tous les centres autour desquels on établi-

rait des villages. Ils composeraient, avec l'officier du
génie, l'ingénieur des ponts et chaussées, l'architecte
et l'employé du cadastre, la commission chargée du
choix de l'emplacement des villages, de leur construction, du lotissement des terres et de tous les
autres travaux que le gouvernement ferait exécuter.
En outre, ils indiqueraient et dirigeraient les travaux
d'irrigation et les défrichements à faire par l'administration. Ils détermineraient les terrains des lots de la
commune et du gouvernement qui devraient être
laissés en bois, en herbages, ou plantés en arbres fruitiers. Ils délivreraient des autorisations aux colons
pour obtenir des plants d'arbres des pépinières royales, surveilleraient l'exécution des conditions imposées
pour l'obtention de la concession définitive, et les autres travaux qu'auraient à exécuter les colons sous
peine d'impôt. Ils auraient aussi pour mission de
donner des conseils à ces derniers relativement à la culture, et pourraient enfin diriger, dans le lieu de leur
résidence habituelle, une petite ferme expérimentale à
laquelle seraient annexés une pépinière et un jardin de
naturalisation.

A diverses époques de l'année, ils devraient parcourir tous les villages de leur circonscription, séjourner dans chacun d'eux, y faire le relevé des travaux
agricoles exécutés, donner à connaître le résultat des
essais de la ferme expérimentale, répondre aux questions des colons, recueillir les renseignements inté-
ressants qui leur seraient communiqués par ceux-ci,

et donner des instructions orales sur les sujets agricoles intéressant la localité.

Chaque année, dans un rapport adressé au directeur de l'intérieur, ils feraient connaître l'état agricole des divers villages de leur circonscription, et signaleraient les colons les plus habiles et les plus laborieux.

On pourrait commencer par créer trois inspecteurs, dont deux pour la province d'Alger et un pour celle de Constantine. Si cette institution réussissait, ce qui n'est pas douteux si les choix sont bons, on en augmenterait le nombre au fur et à mesure des besoins.

J'ai dit qu'on pourrait les prendre parmi les élèves des instituts agricoles. J'ajouterai, néanmoins, qu'ils devraient être du Midi, ou, ce qui vaudrait mieux encore, avoir déjà séjourné et cultivé en Algérie. On trouverait certainement, parmi les anciens colons de la Mitidja, des hommes qui conviendraient parfaitement à ces fonctions.

Au moment de quitter ce sujet, je lis, dans un ouvrage remarquable sur l'Algérie[1], une page que je demande la permission de reproduire ici.

Après avoir blâmé la direction suivie jusqu'à présent dans la colonisation, direction qui n'a produit jusqu'à ce jour que des fermes isolées, bientôt détruites par les Arabes, et une capitale, une espèce de *petit Paris*, qui a absorbé à elle seule les efforts colonisateurs du gouvernement, l'auteur ajoute :

« Or, tout cela tient à ce que, si nous avons, dans

_____
(1) *Colonisation de l'Algérie*, par M. Enfantin.

notre organisation administrative, civile et militaire,
des corps et des individus qui savent faire et ont l'habitude de faire des ports, des forts, des batteries, des
murailles, nous n'en avons pas qui aient eu encore
mission spéciale et habituelle de faire de l'*agriculture,*
d'étudier ses besoins, de la favoriser ; il en résulte que
lorsqu'on demande au génie civil et au génie militaire
quel est l'emploi le plus utile à faire du budget que la
France consacre à l'Algérie, ils répondent naturellement par ces mots : un très grand *port militaire* et
une très grande *place de guerre,* parce que c'est là, en
effet, que ces deux corps sont habitués à déployer le
mieux leur très incontestable mérite. Or, tant que
notre gouvernement *colonial* n'aura pas créé, pour
l'administration de l'Algérie, un corps nombreux et
puissant, capable de contrebalancer l'influence des
constructeurs de cités, de forteresses et de routes
royales, ou bien tant que le gouvernement n'aura pas
fait sentir aux deux corps du génie civil et militaire
que ce sont surtout des *villages* qu'il faut en Algérie ;
que c'est presque uniquement cela qu'il veut ; que, sans
l'*agriculture,* l'Algérie n'est rien, est moins que rien
pour nous ; qu'il faut, avant tout, qu'elle *produise ;*
en un mot, tant que le gouvernement ne fera pas de la
colonisation, mais seulement de la *guerre* et de l'administration bourgeoise, urbaine et fiscale, l'Algérie
nous coûtera bien des hommes et bien de l'argent,
mais ne produira rien. »

Section VII. — *Instruction publique.*

Je ne puis quitter ce sujet sans dire quelques mots des écoles primaires.

Je crois que tout le monde est convaincu de la nécessité d'avoir une école primaire dans chaque village, et d'y établir un bon système d'instruction et d'éducation morale et religieuse. Mais on ne sent peut-être pas assez la nécessité de faire une position sortable à l'instituteur qui sera chargé de cette mission. C'est néanmoins la première condition à remplir pour atteindre ce but. Heureusement que la chose sera plus facile en Algérie qu'en France.

L'instituteur recevrait un lot complet dans les villages des trois catégories, c'est-à-dire que toujours on lui construirait sa maison, on lui défricherait une partie de ses terres et on lui donnerait quelques bestiaux ; et comme on doit supposer que la plus grande partie de son temps serait employée à l'instruction de la jeunesse, le défrichement du reste des terres, leur plantation en arbres fruitiers et une partie des autres cultures seraient exécutés par les colons, dans la proportion des enfants qu'ils enverraient à l'école.

L'instituteur serait de droit secrétaire de la commune, commissaire voyer et agent du cadastre. Aucune de ces attributions ne s'exclut ; elles serviraient non-seulement à améliorer sa position, mais encore à lui donner plus de relief aux yeux de ses concitoyens

et de ses élèves. Inutile d'ajouter que l'instruction
devrait être toute française, quelle que fût la population du village.

Si je n'étais aussi pénétré de la nécessité de multiplier autant que possible la *famille* en Algérie, je
recommanderais les frères de la doctrine chrétienne
pour tous les villages catholiques; mais cette nécessité me fait donner la préférence aux instituteurs
laïques, à la condition qu'ils seront mariés, comme
devront également l'être tous les autres colons.

Qu'il me soit permis d'émettre ici le vœu de ne pas
voir s'introduire en Afrique cette lutte fâcheuse qui
règne, en France, entre l'Université et le clergé. Quel
moyen prendre pour cela? Faudra-t-il exclure d'une
manière absolue tous les établissements religieux d'instruction, ou les placer d'une manière plus directe
sous la surveillance de l'autorité universitaire? Con-
viendra-t-il, au contraire, de confier la direction suprême de l'instruction, en Algérie, à un ecclésiastique,
relevant toutefois de l'Université? Ce sont là des questions dont je laisse la solution à d'autres plus habiles
que moi. Je me borne à exprimer le désir que l'instruction soit, en Algérie, aussi religieuse que possible. Loin de moi la pensée de vouloir faire de ce pays
un second Paraguay; mais je crois qu'on ne saurait
trop tendre à répandre l'esprit religieux et la moralité
parmi les colons. La présence d'une nombreuse armée est déjà une cause assez puissante de démoralisa-
tion pour qu'il soit nécessaire de la combattre par le

seul moyen vraiment efficace. Le succès de la colonisation en dépend. Il est temps, d'ailleurs, que nous nous montrions aux indigènes sous un autre aspect que celui de mécréants sans foi ni croyance.

Section VIII. — *Colons étrangers.*

Il est une question d'un haut intérêt et qui me paraît encore n'avoir été qu'effleurée, c'est celle des *colons étrangers*. Sans avoir la prétention de la traiter ici d'une manière complète, je dois néanmoins en dire quelques mots et indiquer les points qui me semblent devoir appeler plus spécialement l'attention.

L'avantage principal qu'on a cru voir dans l'admission des étrangers, l'obtention de nouveaux consommateurs, ne me paraît à moi que très accessoire. Je l'ai déjà dit, la population et la consommation individuelle sont choses extrêmement élastiques de leur nature. *A côté d'un pain naît un homme.* Partout où il y a de la place, où chacun trouve facilement à se caser, les familles sont nombreuses, les jeunes gens se marient de bonne heure, la population augmente rapidement. Partout où le travail produit de grands résultats, le travailleur consomme beaucoup. Les vides occasionnés, en France, par l'émigration, se rempliront bien vite, tandis que, d'un autre côté, cette population émigrée et qui, restée en France, n'aurait subi que l'accroissement ordinaire de un cent soixante-neuvième par an, éprouvera une augmentation dou-

ble, triple, quadruple même, comme cela se voit aux
États-Unis ; et puis, tel qui consommait en France, lui
et sa famille, à peine pour une valeur de 6 à 800 fr.,
consommera pour 1,800 et 2,000 fr. en Afrique.

Je ne me préoccupe donc que fort peu du danger
de priver la France d'une partie de sa population et
de l'avantage d'amener en Afrique des consommateurs
étrangers. En revanche, je me préoccupe beaucoup de
la valeur intrinsèque de la population pour laquelle
le gouvernement devra faire de si grands sacrifices.

Je crois qu'il importe, sous le point de vue politique comme sous le point vue matériel, que cette population soit principalement française. Je n'entends
pas exclure les étrangers, mais je crois qu'il n'y aurait
aucun avantage, et qu'il y aurait au contraire danger,
à en former la majorité des colons en général, et
même à en composer la population exclusive d'un seul
village.

Les émigrants des pays méridionaux qui viennent
en Afrique sont en général plutôt des marchands, des
ouvriers, des marins, que des cultivateurs ; et ces derniers, à l'exception des Valenciens et des Mahonais,
sont la plupart peu habiles, sales et paresseux. Du
reste, habitués au climat, initiés à la culture des pays
chauds, ils pourront être utiles.   .

Les Allemands et les Suisses sont presque tous
bons cultivateurs, mais pour leur pays et non pour
l'Afrique. Ils ont en outre, généralement, une constitution physique peu propre à résister au climat de

l'Algérie[1]. Ces deux reproches s'appliquent bien aussi aux Français du nord, mais le dernier à un degré beaucoup moindre[2].

Les Allemands et les Suisses sont en général laborieux, tranquilles, plus maniables, plus disposés à la subordination que les Français ; mais ces avantages sont compensés par un inconvénient grave en Afrique. Je serais très fâché de blesser ici l'amour-propre national de nos voisins ; néanmoins il est des faits qui sont trop patents pour ne pas appartenir désormais à l'histoire, et qu'à ce titre on peut signaler sans offenser qui que ce soit. D'ailleurs, il faut bien en prendre son parti ; il y a de ces choses qui s'excluent mutuellement, et de même qu'un corps ne peut être cubique et sphérique à la fois, de même aucun peuple de la terre ne peut présenter toutes les qualités réunies. Disons donc qu'aucune des nations mentionnées ne possède, au même degré que la nôtre, ce courage et cette bravoure qui sont innés chez les Français, et dont les futurs colons de l'Algérie auront

(1) On en a eu des preuves, avant 1830, par les régiments suisses placés dans le midi, et, depuis, par les légions étrangères qui sont en Afrique.

(2) Beaucoup de faits me portent à croire que les populations des pays du Nord, où les Romains ont longtemps dominé et séjourné, où, par conséquent, il y a eu de nombreux croisements de races, ont subi une modification qui se révèle par la couleur du teint, de la chevelure et des yeux, et qui rend ces populations plus aptes à supporter les climats chauds que celles qui sont restées pures de sang méridional.

souvent à faire preuve, sous peine de voir leur vie et
leur avoir à chaque instant compromis.

Ces diverses circonstances, jointes au danger qu'il
y aurait à installer en Afrique une population compacte d'étrangers, sans liens, sans sympathies pour la
France, me feraient pencher très fort pour une population exclusivement française, si je ne pensais, comme
je l'ai dit, que des colons étrangers, mêlés en petit
nombre aux colons français, ne pussent être utiles,
les méridionaux par leur connaissance de la culture
locale, les Allemands et les Suisses par leurs habitudes morales, laborieuses, et leur esprit de subordination.

Section IX. — *Établissements religieux.*

Deux mots encore sur un sujet qui rentre dans la
question du personnel. On a parlé de fonder en Algérie plusieurs établissements de Trappistes, et, si je ne
me trompe, une concession de terres a déjà été faite à
une communauté de cet ordre dans la jolie plaine de
Staouéli, près Alger [1].

Si ces religieux n'ont pas la *famille,* ils présentent
en revanche deux éléments d'une haute importance
pour l'Algérie, l'élément religieux et l'élément agri-

(1) Depuis que ce paragraphe est écrit, cette concession a eu lieu
et le projet d'établissement est en pleine voie d'exécution. Si j'en
crois, du reste, des correspondances de témoins oculaires, mes pré-
visions, relativement à l'étendue concédée, commenceraient déjà à
se réaliser dans cette nouvelle création.

cole. Il est donc à désirer, non pas que l'on couvre l'Algérie de couvents de Trappistes, ce serait une fort mauvaise mesure, mais qu'on en laisse se créer plusieurs au milieu ou à côté des principaux centres de colonisation. Je le répète, leur présence me paraît devoir exercer une influence heureuse sur la colonisation, non-seulement par l'exemple de leur moralité, mais encore par celui de leur culture.

Sans doute cette culture présentera toujours des caractères exceptionnels, qu'elle empruntera à la position également exceptionnelle des exploitants ; mais il s'y trouvera toujours beaucoup de choses utiles, beaucoup de choses d'une application générale. Aussi ces établissements deviendront, j'en suis sûr, de véritables fermes-modèles.

Leur utilité serait encore accrue si on leur imposait, comme condition, l'obligation de livrer gratis, après un temps déterminé, chaque année, une certaine quantité de plants d'oliviers et autres aux colons des villages environnants.

Quelle serait l'étendue de terre qu'il conviendrait de donner à chaque établissement ? Je crois que 200 hectares seraient, dans presque tous les cas, parfaitement suffisants ; et s'il est vrai, comme on l'a dit, que le gouvernement ait concédé 1,000 hectares à Staouéli, pour le premier établissement de ce genre, je le regretterais, autant pour la colonie que pour les Trappistes, qui, à moins de donner à leur établissement un développement gigantesque, ne pourront jamais utiliser convenablement une superficie pareille, comme je le prouverai en traitant de la culture coloniale.

Si l'on n'avait donné que 200 hectares, il en serait resté 800, qui, vu les avantages de la position et du sol, auraient suffi à l'établissement d'un village de quatre-vingts familles comptant près de quatre cents individus.

Je crois, je le répète, qu'il suffira de 200 hectares, dont environ 50 en bois; 70 en herbages permanents ou alternes, plantés d'arbres fruitiers; 5 en jardin, cour et pépinière, et 75 en culture granifère, fourragère, etc.

Avant de terminer ce chapitre, je devrais parler de la redevance que le gouvernement pourra exiger un jour des colons, pour les concessions et les avances qu'il leur aura faites; mais ce sujet sera mieux placé à la suite de la culture coloniale.

FIN DU PREMIER VOLUME.

EXPLICATION DES PLANCHES

DU PREMIER VOLUME.

FIGURE I. *Maison double*, vue de face.

Cette échelle s'applique aux figures I, II et III; chacune des dix divisions représente 1 mètre. La première est subdivisée en dix décimètres.

a a. Portes d'entrée pour chaque maison.

b b. Portes donnant sur la galerie *c c*, laquelle est soutenue par les poteaux *d d d d*.

e. Cheminée double servant aux deux maisons.

n n. Fenêtres.

26

Figure II. *Plan du rez-de-chaussée.*

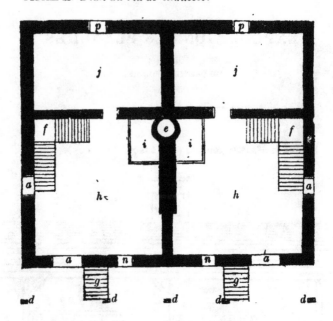

f f. Escaliers conduisant au premier étage.

g g. Escaliers extérieurs conduisant à la cave.

h h. Cuisines servant de chambres communes éclairées par la porte et les fenêtres *n n* et *a a.*

i i. Manteaux de la cheminée *e.*

j j. Petites pièces situées sur la cour et servant de magasin, d'office, de cellier, etc., éclairées par les petites fenêtres *p p.*

FIGURE III. *Coupe latérale.*

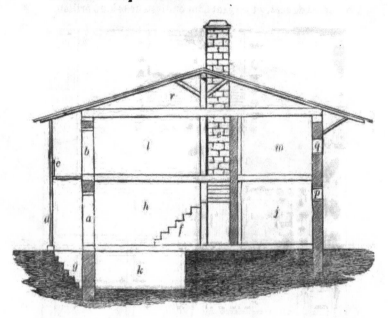

k. Cave.

l. Chambre à coucher donnant sur la galerie *c.*

m. Autre chambre à coucher servant aussi de chambre à blé et à farine, et éclairée par la petite fenêtre *q.*

r. Petit grenier auquel on arrive par la chambre *m* au moyen d'une échelle.

NOTA. Les mêmes lettres indiquent les mêmes objets dans les trois premières figures.

FIGURE IV. *Plan d'ensemble d'une habitation double avec ses dépendances*, et servant à un cultivateur et à un artisan.

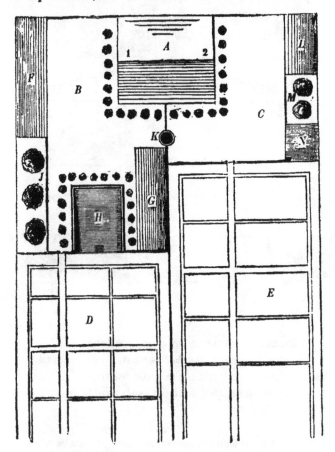

A. Maison d'habitation. — 1. Portion du cultivateur. — 2. Portion de l'artisan.

B. Cour du cultivateur.

D. Son jardin, séparé de la cour par un grillage.

F. Étable et écurie.

G. Bergerie.

H. Fosse à fumier.

J. Emplacement pour les meules de foin et de paille et les silos de racines.

K. Puits commun.

C. Cour de l'artisan.

E. Son jardin.

L. Petite étable pour une ou deux vaches, un âne et quelques porcs.

M. Emplacement pour meules.

N. Petite fosse à fumier.

TABLE ANALYTIQUE

DES MATIÈRES CONTENUES DANS LE TOME I.

DEUXIÈME PARTIE.

Circonstances physiques et culture arabe.

TROISIÈME PARTIE.

Colonisation.

FIN DE LA TABLE DU TOME PREMIER.

CPSIA information can be obtained
at www.ICGtesting.com
Printed in the USA
BVHW031504040122
625443BV00001B/2

9 781168 249685